质量管理统计方法

(日) 铁 健司 著
韩福荣 顾力刚 等译

机械工业出版社

本书依据 ISO 近年来新修订的标准，以基本概念、基本理论、基本方法为线索，以常用的统计方法为中心，对质量管理的统计方法进行了深入浅出的介绍，使读者不仅了解方法，"知其然"，而且知道方法的理论脉络，"知其所以然"，理例结合，突出方法应用的重点，使随机变量所遵循的统计规律，跃然纸上，通俗易懂。

本书可作为高等学校管理类专业"质量管理"相关课程的教材，也可供从事实际工作的质量管理人员阅读。特别需要指出的是，本书所涉及的内容与全国质量专业技术人员职业资格考试的内容相近，可作为其学习的参考用书。

Copyright © Kenji Kurogane 2000

本书中文简体字版由日本科技连出版社授权机械工业出版社在中国大陆境内独家出版发行，未经出版者书面许可，不得以任何方式抄袭、复制或节录本书中的任何部分。

版权所有，侵权必究。

本书版权登记号　图字：01—2005—5059

图书在版编目（CIP）数据

质量管理统计方法/（日）铁健司著；韩福荣等译．—北京：机械工业出版社，2006.3（2024.6 重印）
ISBN 978-7-111-18659-5

Ⅰ. 质… Ⅱ. ①铁… ②韩… Ⅲ. 质量管理-统计方法 Ⅳ. F273.2

中国版本图书馆 CIP 数据核字（2006）第 018077 号

机械工业出版社（北京市百万庄大街 22 号　邮政编码 100037）
策划编辑：曹俊玲　责任编辑：商红云　版式设计：冉晓华
责任校对：张　媛　封面设计：鞠　杨　责任印制：单爱军
北京虎彩文化传播有限公司印刷
2024 年 6 月第 1 版第 12 次印刷
140mm×203mm・8.75 印张・232 千字
标准书号：ISBN 978-7-111-18659-5
定价：29.00 元

电话服务　　　　　　　　网络服务
客服电话：010-88361066　　机　工　官　网：www.cmpbook.com
　　　　　010-88379833　　机　工　官　博：weibo.com/cmp1952
　　　　　010-68326294　　金　书　网：www.golden-book.com
封底无防伪标均为盗版　　　机工教育服务网：www.cmpedu.com

前　言

　　20年前，日科技连出版社出版了《质量管理的统计方法入门》这本书。我作为非数理统计专业的人员初出茅庐，当时撰写的这本书再版了30次，非常感谢读者的厚爱。

　　第二次世界大战后，日本从美国引入了质量管理的理论与方法，质量管理对战后日本经济的发展作出了巨大的贡献。日本的质量管理从当时的统计质量管理（SQC）逐步形成了具有日本特色的全企业质量管理（TQC），面向21世纪，又向着全面质量管理（TQM）、质量经营迈进。以产品、服务的质量为中心，积极地管理、改进、改革工作质量和经营质量，使质量管理渗透到企业各个层次的各种活动之中。

　　日本质量管理的特征之一是质量管理方法的开发与应用。统计方法是以事实为基础，对生产实际作出客观的判断。生产现场应用以统计方法为代表的各种质量管理方法取得了丰硕的成果。

　　质量管理中使用的方法，除了本书介绍的QC七种工具、基本统计方法之外，还有新QC七种工具、多变量解析、质量功能展开、可靠性分析、IE方法等等。本书介绍的数理统计理论和方法不仅是解决众多问题的有效方法，同时也是学习其他方法的基础。

　　企业经营活动的国际化要求对国际标准化组织ISO制定的国际标准和日本国家标准（JIS）进行整合与调整。因此，1998年、1999年相继对质量管理的JIS标准进行了修订。本书中的质量管理术语、假设检验与估计、控制图、抽样检验等也作了相应的改变。

　　纵观日本50年的质量管理活动，迟早要进行整合。但是，这次 JIS 修订内容的普及尚需时日。基于这一原因，斟酌 JIS 的新旧内容，为便于学习撰写了本书。在第一章质量管理与统计方法中，简述了日本质量管理的概况与统计方法的作用，并介绍了各章的内容。从第二章开始，在考虑修订后的 JIS 的同时，根据笔者的判断，如假设检验等仍采用了修订前的程序，修订后的部分内容本书没有采用。

由于计算机在工作场所和家庭日渐普及，所以，即便不使用本书所介绍的繁琐计算公式，也可以轻而易举地获得其结果。但是，为了了解各种方法的真正含义，正确解释其结果，应动手做演算。

本书撰写于20世纪末，那时质量问题接连不断，引起了全社会对质量管理的关注，出现了众多的批评意见，如质量管理出现了制度疲劳、对所制造的产品过于自信，以及有关企业伦理问题等。谦逊地倾听这些声音，21世纪的质量管理首先应回归于产品的质量保证。如果本书能为此尽微薄之力，将不胜荣幸。

在本书脱稿之际，感谢给予帮助的各位同仁，尤其非常感谢日科技连出版社出版部的清水彦康先生和福本一树先生。

铁　健司
2002 年盛夏

目 录

前言
第一章 质量管理与统计方法 ························· 1
　第一节 质量管理 ································· 1
　第二节 质量管理的实施 ··························· 5
　第三节 质量管理与统计方法 ······················ 12
　习题 ··· 17
第二章 数据及其整理方法 ·························· 18
　第一节 质量管理与数据 ·························· 18
　第二节 排列图 ·································· 24
　第三节 直方图 ·································· 27
　第四节 散布图 ·································· 33
　第五节 数据特征值的计算方法 ···················· 37
　习题 ··· 42
第三章 统计方法基础 ······························ 44
　第一节 总体和样本 ······························ 44
　第二节 概率与分布 ······························ 46
　第三节 假设检验与区间估计的基础理论 ············ 57
　习题 ··· 64
第四章 计量值的假设检验与估计 ···················· 65
　第一节 方差的假设检验与估计 ···················· 65
　第二节 平均值的假设检验与估计 ·················· 74
　习题 ··· 90
第五章 计数值的假设检验与估计 ···················· 92
　第一节 不合格品率的假设检验与估计 ·············· 92
　第二节 不合格数的假设检验与估计 ················ 96
　第三节 拟合度的检验 ···························· 98
　第四节 分割表检验法 ··························· 101

第五节　符号检验 ·············· 106
　　习题 ······················· 110
第六章　控制图 ···················· 112
　　第一节　什么是控制图 ············ 112
　　第二节　控制图的种类 ············ 114
　　第三节　控制图的绘制方法 ·········· 116
　　第四节　控制图的观察与分析 ········· 126
　　第五节　控制图的使用方法 ·········· 137
　　习题 ······················· 140
第七章　相关分析与回归分析 ············ 142
　　第一节　相关与回归的概念 ·········· 142
　　第二节　散布图与相关系数 ·········· 143
　　第三节　相关检验与估计 ············ 148
　　第四节　线性回归 ··············· 152
　　第五节　回归分析的简便方法 ········· 156
　　习题 ······················· 159
第八章　方差分析与试验设计 ············ 161
　　第一节　方差分析的基础 ············ 161
　　第二节　单一因子试验的数据分析 ······· 169
　　第三节　二因子试验设计的数据分析 ····· 172
　　第四节　多因子试验的数据分析 ········ 188
　　第五节　试验设计及其结果分析 ········ 190
　　习题 ······················· 195
第九章　抽样检验 ··················· 197
　　第一节　检验及其作用 ············ 197
　　第二节　全数检验与抽样检验 ········· 199
　　第三节　抽样检验的特性* ··········· 202
　　第四节　抽样检验的种类与检验的实施 ···· 207
　　第五节　检验的计划与管理 ·········· 217
　　习题 ······················· 221
第十章　现场改进与统计方法 ············ 222
　　第一节　现场的改进、管理与统计方法 ···· 222

第二节	现场的质量改进	227
第三节	现场管理	230
第四节	应用统计方法的注意事项	235

附录 ………………………………………………………………… 239
 附录 A JIS 修改前后符号的变化（本书采用的符号）………… 239
 附录 B 主要符号一览表 ……………………………………… 240
 附录 C 附表 ……………………………………………………… 244

习题答案 ……………………………………………………………… 259
参考文献 ……………………………………………………………… 266
译后记 ………………………………………………………………… 269

第一章 质量管理与统计方法

质量管理是指"经济合理地提供符合买方质量要求的产品或服务的方法体系"。为了能够积极对应社会需求并提供满足顾客需求的产品,企业必须建立质量方针、目标,在整个企业组织中贯彻、推广。

质量管理的核心是质量保证,始于把握顾客的要求与计划、开发、采购、生产、检查、销售、服务各阶段的活动密切相关。为了有效地开展质量保证工作,企业内部应建立相应的组织机构,开展方针目标管理,推行 QC 小组和标准化等活动。

质量管理强调基于事实的判断、行动。为了准确地把握事实,客观地作出判断,统计方法是不可缺少的。在产品的开发、改进和管理等活动中灵活有效地应用统计方法是日本质量管理的特征之一。

第一节 质量管理

一、什么是质量管理

第二次世界大战后,作为"廉价、粗劣"代名词的日本制造的产品,近年来其质量水平越来越多地获得世界性好评。日本的产品质量提高的原因之一是第二次世界大战后不久,日本工业界从美国引入了统计质量管理技术。各企业在全公司范围内开展的质量管理,逐渐发展成具有日本特色的质量管理。

以 20 世纪 60 年代末期发生的汽车召回问题为契机,通过宣传教育,质量管理一词迅速得到了广泛的普及。企业开展了多种多样的质量管理活动,内容包括试验、质量管理、检查,QC

小组活动,抽样检验和统计方法的应用等。

所谓质量管理是指"经济合理地提供符合买方质量要求的产品或服务的方法体系"。质量管理有时被简称为"QC"。因为现代质量管理应用统计方法,有时也称为"统计质量管理"(Statistical Quality Control,SQC)。

为了有效地实施质量管理,质量管理应贯穿于市场调查、研究、开发、产品计划、设计、生产准备、采购、外协、制造、检查、销售、售后服务,以及财务、人力资源、教育培训等企业的所有活动,包括企业的最高管理者、监督者以及执行者等企业全员都应参加并相互协作。这样的质量管理被称为全公司的质量控制(Company-Wide Quality Control,CWQC),或称为全面质量管理(Total Quality Control,TQC)(JIS Z 8101;1981年质量管理用语:1999年废止)。

1996年4月,为了消除泡沫经济破灭后长期不景气的影响和面向21世纪提高企业素质,日本质量管理的称呼也随之变为Total Quality Management(TQM:全面质量管理,全面质量经营)。国际标准化组织ISO对TQM的定义是:"一个组织以质量为中心,以全员参加为基础,目的在于通过让顾客满意和本组织所有成员及社会受益而达到长期成功的管理途径。"(ISO8402:1994)。

二、戴明环

戴明博士(W. E. Deming,1900—1993)将质量管理的理念从美国引入日本,对日本质量管理后来的发展作出了巨大的贡献。第二次世界大战结束后不久的1950年,戴明来到日本,他非常关注企业的质量管理。戴明强调企业应具有对产品质量的责任感,重视产品质量。在此基础上,强调重视和改进市场调查、设计、制造、销售这

戴明博士

样周期性的循环，即：①调查、研究顾客的需求；②设计使顾客满意的产品；③制造出设计的产品；④销售产品。

图 1-1 为戴明环，该图表明了质量管理的基础。

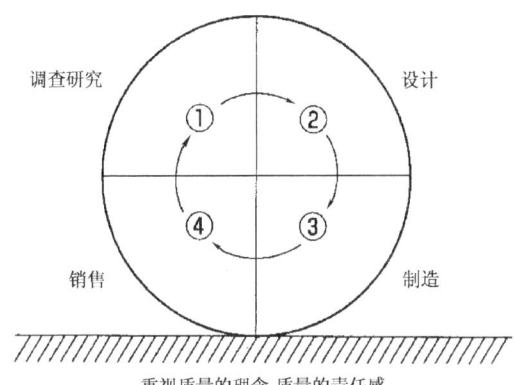

图 1-1　戴明环

质量管理重视顾客的呼声，不仅是制造、检查部门的活动，还需要各部门的通力协作，是全公司的活动。戴明环是在不断循环中前进，并永无止境地持续改进。

为了纪念戴明博士的业绩和友情，为了进一步推动日本的质量管理，日本于 1951 年创设了戴明奖。该奖项为提高日本的质量管理水平，提高企业素质发挥了重要作用，是一项具有权威的奖项。20 世纪 80 年代，美国马尔科姆·波多里奇国家质量奖（MB 奖）等许多国家的质量管理奖的制定都参考了戴明奖。

三、什么是质量

设计质量是在积极调查了解顾客对质量的需求，考虑企业自身的技术、销售能力等的基础上，确定设计、制造何种质量水平的产品。然后，确定为了实现该质量水平所使用的原料、设备及操作标准等。但是，这样制造出来的产品质量还不一定就能达到所希望的质量水平。生产过程所能实现的质量被称为制造质量。

具有一定制造质量的产品，经过流通环节，销售到顾客手中。为了使产品在顾客使用过程中充分发挥其功能，企业还必须提供优质服务，并且把从市场上获得的质量信息反馈到开发、生产部门。企业内部的各个部门在产品质量保证方面还应该发挥各自的作用，最终达到使客满意的质量。

第二次世界大战后的一个时期内，物质匮乏，商品只要生产出来就一定能够卖得出去，即所谓的卖方市场时代。但是，随着生活水平的提高，市场出现了只购买好东西的聪明消费者。企业也积极地以顾客需求为导向，关注市场。20世纪70年代，由于保护消费者运动的兴起，公害、废气排放等成为社会性的环境问题。生产责任问题也成为企业质量管理的重要课题。80年代到90年代，ISO9000族标准成为质量体系认证的国际标准。为了进一步提高全世界对环境的关心程度，又出现了ISO 14000族标准环境管理体系认证制度，它正在全球范围内系统地推进循环使用有限的地球资源。随着经济全球化、经营的系统化，质量的内涵日益扩大。

虽然多数企业，在企业方针目标、规章制度中强调质量的重要性，但是有必要再一次回到"质量第一"的原点，应该进一步强调企业的社会责任，特别是尊重生命、安全等，重新审视企业的"创造质量"的机制。

四、什么是管理

从管理的角度来看戴明环。策划、设计活动对于产品而言是要明确生产什么样的东西，是计划阶段的活动。制造是实施计划阶段的活动。如果该产品能够满足顾客的要求就能取得良好的销售业绩，否则销售将会以失败而告终。销售阶段可称为确认产品能否满足顾客要求的阶段。如果产品出现问题，将进行索赔处理、提供服务的活动，这些信息将会为下次的产品开发提供借鉴。

这样，确定某一目标或目的，制定其实现的计划，在实施的同时确认其结果是否满足既定的要求并为下一次循环提供借鉴。把这样的循环称之为管理循环。

Plan-Do-Check-Action，即 PDCA 循环是质量管理非常重要的方法之一。这一思想看起来似乎没有什么特别之处，但一旦执行起来就没有那么简单了。即使每年都制定了计划，也不能按计划开展工作。计划是计划，实施则另当别论了，这种情况时有发生。还有，制定计划时没有充分讨论，导致执行时走向极端等，因此，关于管理循环的问题需总结的有很多。

第二节 质量管理的实施

一、质量保证活动

通过产品来满足顾客的需求和期望是生产者的使命。企业必须提供使顾客能放心购买产品，满意地使用产品的保证。那么，质量保证（Quality Assuarance，QA）如何实施？我们从戴明环来深入地讨论。

1. 市场调查，掌握顾客的需求和期望

为了清楚什么是能够卖得出去的产品，必须进行市场调查（Market Research，MR）。顾客对产品质量的评价是今后开发、改进产品的重要信息。如果缺乏主动性，只能收集到显现出的问题，无法了解到潜在的问题，更不能知晓顾客的真正心声。

2. 产品的策划与开发

在了解市场要求的质量，竞争对手的质量，考虑本企业的技术能力以及销售体制等基础上，决定必须实现的质量，并明示质量规格（Quality Standard）。因为产品的生命周期逐年缩短，今天的产品不一定就是明天的产品。所以持续不断地致力于产品的研究、开发，适时地推出比其他企业更优异的、能满足顾客需求和期望的产品是企业生存必不可少的条件。

许多企业把新产品开发的能力作为企业发展的原动力。特别是最近，环境、循环利用以及基于生产者责任法的安全设计等，更加重视产品开发阶段的质量保证。在产品开发阶段之前尽可能应用质量功能展开、设计审查、故障分析等可靠性方法、试验设计、新 QC 七种工具、信息技术等，使质量保证更加完善，短缩开发周期。

3. 工艺设计等相关的生产准备

为了在制造过程实现计划、设计质量，应掌握所使用原材料的特性，确定各生产过程每一阶段制造条件等的作业标准。为了实现设计质量，应该首先明确制造过程的制作质量特性，然后，经过试生产搞清楚影响该特性的因素。因此，质量功能展开、质量分析是必要的。

造成产品质量不稳定的原因，一般有原料（Material）、设备（Machine）、操作方法（Method）、操作者（Man）的所谓"4M"因素，此外，检测（Measurement）、操作环境等因素也不可忽视。这些要因的技术性的制造条件和管理方法，诸如原材料规格、进货检验标准、设备管理规定、制造标准、操作标准等各种标准均包含在过程设计之中。

许多企业以过程 QC 图及过程管理图（见图 1-2）的形式对从原材料到成品进行全过程的管理，明确各生产过程由谁负责，怎样管理、检查以及过程异常时的处理方法等。

正常生产后频繁地改变设计，投产初期由质量不稳定引起的故障等是经常碰到的问题。为了避免这些现象的发生，在生产准备阶段应充分确认质量，设备、原材料的供应等不要出现纰漏，各相关部门应加强协作而确保这一阶段的工作质量。在质量管理活动中必须格外重视这些问题。

4. 过程管理与改进

对操作者进行充分的教育培训，使其理解各种标准的内容，依据作业标准进行正确的作业。收集作业结果的质量数据，填入控制图、直方图，掌握作业现状。当生产过程发生异常时，不仅要依据管理程序对过程、产品采取应急对策，还应采取防

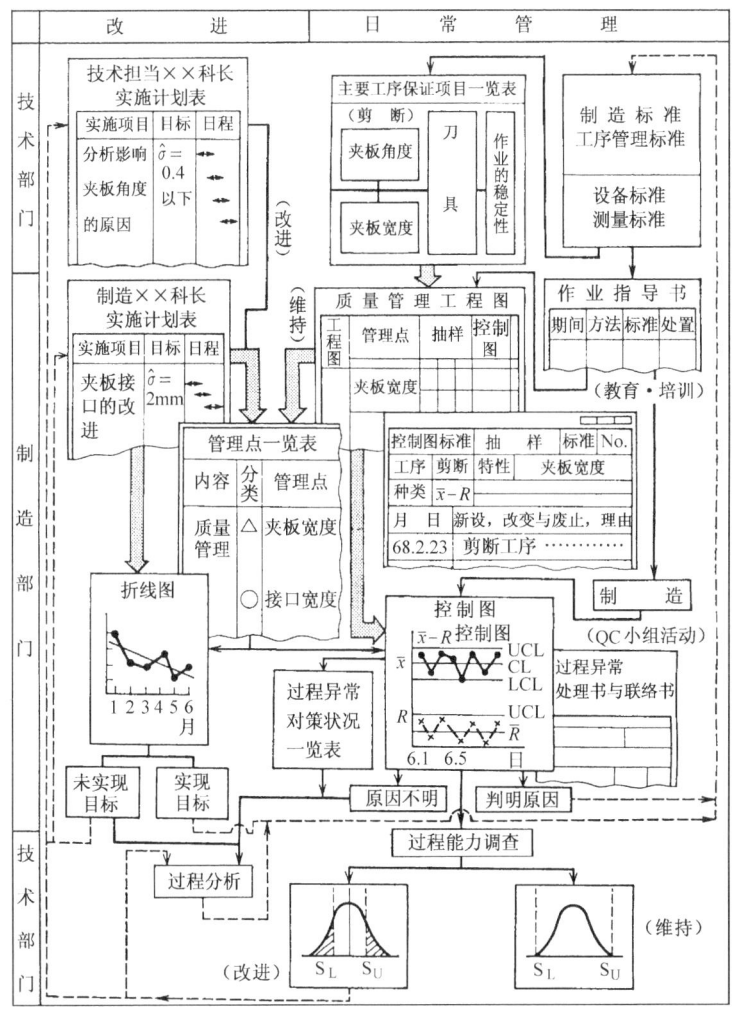

图1-2 制造过程管理体系图

引自柴藤国和：普利斯通轮胎东京工厂的QC工程图，
质量管理，Vol. 26，No. 4，p. 30.

止此类异常再次发生的对策。为使过程处于受控状态，必须对前面提及的"4M"因素加强管理。

在对过程进行管理的同时，如果不通过项目小组、QC小组活动等灵活运用各种方法提高质量水平、消灭不合格品、开展降低成本等改进活动，企业则难以在激烈竞争环境中生存下去。在许多生产现场，通过管理和改进活动把下道工序作为顾客，保证本工序质量，"过程造就质量"的理念正在得到普及。

5. 试验和检验

在原材料的入库及中间过程、最终过程等环节，应通过各种试验和检测进行质量检验。在对质量进行评价的同时，防止劣质品、劣质批流入下道工序，发挥检验的质量保证作用。

为了保证在顾客使用状态下的产品质量，关于产品的寿命、故障等可靠性试验，这些站在顾客的立场上进行检验的方法日益受到重视。

仅仅依靠检查不能够保证质量，也不会减少不合格品。根据过程造就质量的理念，将试验、检验的信息提供给技术、制造、采购等相关部门，进行事前控制，防止不合格品的产生。这是检验的一项非常重要的职能。

6. 正确进行搬运、保管和销售

出厂的产品不论怎么好，如果不能在顾客的手中充分地发挥出良好的功能，生产制造阶段的一切努力将会变得毫无意义。产品在运输、保管等过程中的质量劣化及损伤等，即在流通过程中，由于对产品搬运等方法不当而导致影响产品质量的情况经常发生。在索赔中，由于顾客对产品的使用不当所引起的质量纠纷现象也不少。是否在产品说明书中正确地表示产品质量，是否向顾客说明了使用方法和保管方法是销售部门质量保证活动的重要工作。加强这些常被忽视环节的质量管理不仅会使企业得到良好的经济效益，还会为赢得顾客的满意而发挥重要作用。

7. 完善服务体系，迅速进行索赔处理

为了让产品的功能在顾客手中得以充分的发挥，在对顾客进行培训的同时，应当完善定期点检、提供零部件等服务体系。这是质量保证不可欠缺的一个重要职能。把产品的使用信息、故障信息及时准确地反馈给设计、制造部门是服务部门和销售部门的重要职能。

对于发生的索赔，应当迅速采取让顾客满意的应急对策。为了在公司内避免此类问题再发生，依据索赔的处理程序，向有关的部门反馈相关信息，采取纠正措施。有时要将重要的质量问题进行登记，并采取相应的紧急对策。如果没有这样的完善体系，防止问题再发生的对策就会不知不觉地被搁置，不久也就不了了之了。

8. 质量及质量管理体系的评审

企业应调查市场上的本企业产品的质量，评价产品规格及适用性，出库检查以及在流通过程中的运输及保管是否妥当，还要了解顾客的实际使用状态，与其他企业的产品质量进行比较等。不论怎样改进自己的产品，如果质量水平劣于竞争对手，就会在市场竞争中失败。这样的质量评价信息、售后服务及索赔受理信息在现有产品的改进和未来新产品的开发中可发挥作用，并且有助于发现、改进质量管理体系的有效性。

企业造就质量，面向顾客的评价质量管理的体系，即质量管理体系是否真正完善？各部门之间的联系、调整是否顺畅？在各个环节上是否发挥着各自的作用？标准体系是否已经完善等？依据 ISO 9000 的审查项目，在全企业范围评审质量管理体系，其意义重大。由社长对方针的展开、各部门的质量管理实施的状况、改进管理的活动、标准化（Standardization）及教育的进展状况等进行的质量诊断不仅限于质量保

朱兰博士

证，意在全面改进企业素质。这是日本质量管理的特征，引起了国外的广泛关注。从 1954 年开始曾先后 12 次来日本，把质量管理作为经营管理手段传授给日本的朱兰（J. M. Juran，1904-）博士在 1960 年召开的第一届质量管理国际会议上称赞了"经营

管理者参加质量管理活动"的社长诊断制度。

二、质量管理的实施

企业为了有组织并有效地开展以质量保证为中心的质量管理活动，一般要进行以下活动：

（1）为了推进全企业的质量管理，以由经营者构成的推进组织为核心，根据企业的实际情况设置质量保证、标准化等相关的 QC 小组和委员会等。

（2）明示企业质量、质量管理的基本方针和目标，制定、实施相应的计划。建立评价实施结果，适时进行社长诊断，采取适当措施的管理体系，并贯彻执行（见图1-3）。

（3）在质量管理的规定中，明确各部门的质量责任与权限。确定相应的管理项目，以便确认在日常工作中各部门是否确实履行了各自的质量责任。利用管理图表等掌握具体动态并相应地采取必要的改进措施。

（4）各种标准是企业固有技术、管理技术等的积累。为了避免标准的僵化，应当不断地加入新的信息，关注标准的修订和制定，以及在日常工作中的应用。

（5）质量管理"始于教育终于教育"，是"人本管理"。企业应对包括经营管理者到操作者的各层次的企业员工进行系统的质量管理教育，提高质量意识、开发能力和管理技术水平，培养能够应对变化、具有挑战精神的人才。

（6）企业为了能够在严峻的环境中生存和发展，就必须不断地开展改进和改革活动。企业的重要问题应通过建立在方针管理上的项目团队及各部门来解决。带着问题意识观察生产现场就会发现仍然存在很多问题，这是根植于生产现场的 QC 小组活动等取得巨大成果的原因之一。

（7）信息引导行动。企业内外有很多过程异常、检查、投诉、关于产品质量等的信息。应收集、分析这些信息，并迅速传递给所需要的部门，以便在上述活动中应用。质量管理被称

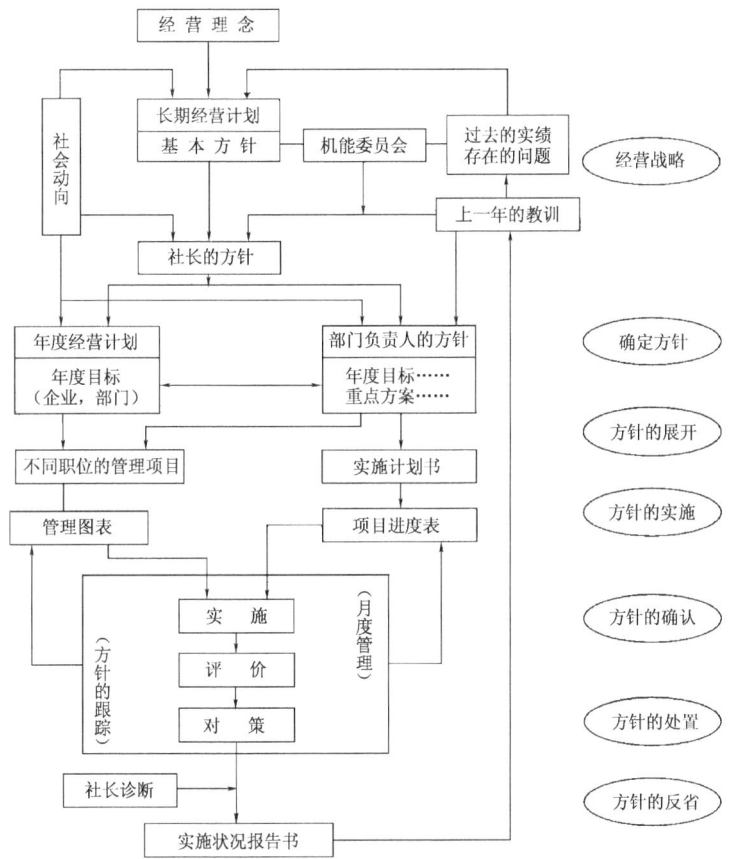

图1-3 方针管理的结构图

为"基于事实的管理"。数理统计的理论和方法对于客观地掌握事实、作出正确判断是非常重要的。在质量管理的各种活动中应坚持应用统计方法。

(8) ISO9000 国际质量管理体系标准的认证制度。日本国内有戴明奖、质量管理奖、日本经营质量奖、通商产业大臣奖等。企业可以利用 ISO9000 标准认证制度和这些奖项提高自身的质量管理水平。

第三节 质量管理与统计方法

一、质量波动与统计方法

在质量管理中重视数理统计的理论和方法是由于每天所生产产品的质量,如铁板的厚度、食品的成分等不断变动的缘故。为了生产出厚度均匀的铁板、成分不变的食品,即使对使用的原料及温度、压力、时间等操作条件作出相应的规定,但实际生产出来的产品的质量仍然存在波动,这是很普遍的现象。使上面所列举的生产条件固定不变是非常困难的事情,生产条件实际上存在着一定程度的波动。即,可以说我们是生存在"波动的世界"中。这样的波动是我们无法避免的。但是,尽管存在波动,也不能允许铁板任意偏离规定的厚度,食品任意偏离规定的成分。如果把这些质量特性绘制成直方图就会发现它们客观上具有统计规律。

质量波动通常被认为是由作业差错、机械故障等引起的。究其原因是在过程管理上必须消除的异常因素引起的波动,以及在生产中一定程度上允许存在的、不必追查的偶然因素引起的波动。把在各种生产条件下生产出来的产品质量用图表表示出来,根据其状况判断过程是处于受控状态还是异常状态。控制图是进行这种客观判断的工具,可利用控制图进行过程控制。

对于质量波动大,将要超过规定标准的过程,必须通过质量改进降低波动程度。

对不同生产过程生产的产品按原材料、设备、作业者等分层,如Ⅰ号机、Ⅱ号机生产的产品质量是否有差异,可利用检验、估计等数理统计方法进行分析。加工温度等作业条件的波动对质量是否有影响,可绘制散布图,利用相关分析、回归分析的方法进行波动分析,作出判断,进行过程的分析与改进。对质量产生较大影响的生产方面的原因,通过进一步加强管理和改进减少波动，提高质量。以往常常是根据技术人员的感觉来进行判断，现在应逐步地学会利用统计方法进行较客观的判断。

无论是产品质量，还是产品制造的过程条件都存在着波动。统计方法能够对这些波动的状况及其相互关系进行定量分析，是管理、改进产品质量非常有用的工具。

二、质量管理中的统计方法

休哈特（W. A. Shewhart，1891—1967）博士等人在 70 多年前提出了以控制图和抽样检验为代表的"统计质量管理"，奠定了美国质量管理发展的基础。日本在第二次世界大战结束后不久，从美国引入了统计方法，从而诞生了日本的质量管理。20 世纪 50 年代，以统计方法为主的质量管理（SQC）在企业的生产领域得到广泛的应用，取得了巨大的成效。其后，日本的质量管理发展成为全公司的质量管理

休哈特博士

（TQC）。即使在企业走向全面质量管理（TQM）的今天，统计方法仍然是质量管理诸活动的重要方法，作为推进质量管理的有效手段，不仅在生产领域，在众多的部门也得到广泛的应用。

应用统计方法与全公司的质量管理活动、QC 小组活动、质量管理诊断、质量管理的教育培训、全国性质量管理推进活动等被认为是日本质量管理的特征之一。

质量管理的统计方法中，有许多复杂的数学方程式和符号，像多变量解析那样不利用计算机就无法计算的困难而复杂的，以及在特定的领域使用的感官检查等多种方法。然而，在企业的各种实践活动中必须采用被大多数人理解并愿意使用的方法。因此，开发诸如 QC 七种工具这样通过画图或是简单的计算、列表就可以进行客观判断的实用的方法，以便避开那些复杂的数

学计算。

三、本书讲述的内容

以下简单介绍一下本书各章的内容：

第一章：质量管理的定义，戴明环及质量保证活动的内容，方针管理及 QC 小组等，在质量管理活动中使用的统计方法的概要，本书讲述的内容及其学习方法等。

第二章：分析生产现场问题的简单方法。排列图、直方图、散布图、折线图、因果图、检查表等，可以简单地将生产现场日常取得的数据绘制成图表。这些方法不仅在 QC 小组活动中被使用，而且在企业的各部门、各领域也得到了广泛的应用，取得了巨大的效果。

第三章：生产现场有很多数据和信息，基于这些数据和信息进行决策时，需要具有总体和样本的关系，概率及分布的概念，检验和估计的思考方法等。有没有统计的思考，判断结果的客观性会有很大的差异。统计的观察方法、思维方式被掌握后就不会忘记，在企业的各种活动中应用这种观察方法和思维方式，会收到显著的效果。

从第四章开始，主要以技术人员为对象讲述质量管理中所需的最低限度的统计方法。对于想进一步学习相关知识的人请阅读书后提供的参考书目。

第四、五章：我们平时所处理的数据分为计量值和计数值两类。计量值是指重量、尺寸等通过测量而取得的数据。计数值是不合格品数、瑕疵数等通过计数来取得的数据。第四章主要介绍检验、估计、设备、作业方法等引起的计量数据平均值和波动的方法。第五章介绍计数值数据的检验、估计方法。不仅讲解了数学方法，还介绍了利用符号检验表的检验方法。

第六章：根据产品的质量特性，利用控制图判断过程是否处于受控状态。简单介绍控制图的绘制方法、观察分析方法和具体实施等。从过程控制角度看，建议与第十章结合起来阅读。

第七章：由于产品的质量受制造温度的影响，产品的成品率受原材料特性的影响等，从这些原因与结果的关系可知，为了取得优良的质量和高的成品率就必须设定制造条件、原材料规格。在第二章散布图的基础上，介绍相关系数、回归分析等定量分析数据间相互关系的方法。

第八章：方差分析是将第四章的 2 组数据平均值差的检验方法，即单因子 2 水平的平均值检验推广到同时考虑多因子、多水平的检验分析。把数据的全体变动分解为因子水平间的差异所引起的变动和误差的变动两部分，利用后者检验前者，了解因子的效果。应有计划地获取分析所需的数据，本章还介绍试验设计的基本思想和典型的试验类型，以及制定试验计划时应注意的事项。

第九章：检验是产品质量保证的职能之一。制造过程要对购入的原材料、零部件进行检验。为对顾客提供质量保证，需要对出库产品进行检验。不一定对全部产品进行检查，经常采用抽样检验，即从送检批抽取一部分样品，根据样品的质量状况作出判断，提供质量保证。本章讨论基本抽样检验方法的统计原理及使用方法。

第十章：以生产现场的改进、管理为中心，讲述了把握和提高过程能力，开展改进、管理活动的程序以及统计方法的作用，应用统计方法时应当注意的事项等内容。

统计方法在企业许多部门的质量设计、过程改进及管理、质量保证等活动中得到广泛的应用。这些方法不仅限于产品的质量管理，也可用于与质量密切相关的产量、成本的改进，工作质量的改进等方面。不仅是与质量管理直接有关的人员，经营者、各部门各层次的所有人员都应具有统计的思维方式，这样才能根据企业的实际情况进行企业诊断，并且有效地开展工作。

四、如何学习统计方法

质量管理的书籍很多，读者常常为选择书而困惑。在参考朋友、学长意见的同时，一般以选择不要过于理论化且适合自己阅读的1~2册为宜。与其一本接一本地买，在桌子上越摞越高，还不如静下心来反复读解、领会当初所选择的书。

只是逐字逐句阅读，当时觉得明白了，一旦自己实际计算时又不会了，这种情况比较常见。尽可能地边看边进行公式的推导和计算，并作读书笔记。本书尽可能使质量管理方法中的用语、符号等标准化，但不同的书籍之间仍然普遍存在差异。开始学习时，对需要记忆大量的符号而感到头疼。应对用语和符号进行整理，以便记忆和学习（请参阅附录）。

学习时，往往由于某一段不懂，很难继续读下去，有时会有挫折。笔者的经验是将难点做上记号，不必过于神经质地死抠，继续往下读。过后再来读解记号的部分，可能会发现理解起来格外简单。希望用适合于自己的学习方法坚持下去。

方法只有在使用时就才能体会到它的妙处。希望读者能积极地用所学的统计方法解决生产现场和身边发生的问题，将问题的解决结果与现场的同事进行交流会进一步提高学习效果。如果采用小组学习的方式，不仅会避免中途放弃的现象，相互间还可以就不懂的地方进行讨论，避免独自一人理解的偏颇。

本书介绍的方法，大多数可以在计算机上利用JUSE-QCAS进行计算，很方便地获得结果，避免了繁琐的手工计算。但是，为了理解计算的内容和应用计算的结果，特别建议读者能自己动手进行笔算。

在参考书中，除了讲解方法的书籍以外，还有以习题为主的书籍和图表。市面上也销售卡片、小球、骰子等做统计实验的用品工具。也有许多视听教材介绍了帕累托图、直方图等生产现场经常使用的"QC七种工具"等方法。如果通过本书的学习能基本理解相关内容，希望读者进一步学习书后提供的参考书目,向更高级的统计方法挑战。《质量管理》、《QC 小组》、《标准化与质量管理》等杂志,以及质量管理大会等都介绍了很多统计方法的应用实例。有幸的是,我们有许多学习的机会,希望能够积极利用这些机会不断钻研学习。

习 题

1. 质量管理在你们公司处于何种地位?
2. 开展质量管理活动的障碍是什么?讨论开展质量管理活动的问题点。
3. 本部门承担的质量保证职能是什么?讨论在哪些方面做得还不够?
4. 阐述统计方法在质量管理中的作用。
5. 简要解释下列概念:

统计质量管理,戴明环,设计质量和制造质量,产品质量责任,4M。

第二章 数据及其整理方法

在生产现场,除了原料、产品成分、重量等显示质量的数据外,还有产量、工时等各种各样的数据。质量管理就是基于这些数据进行的质量改进、管理和提高效率等活动。即使利用相同的原料、设备,所生产产品的质量通常也会有波动。观察那些杂乱无章的原始数据很难获得质量的分布状态、每天的变化状况、原料的成分是否影响产品质量等信息。把数据绘制成直方图、图表、散布图等易于观察分析。

排列图、因果图、直方图、折线图、控制图、散布图、检查表以及分层法等是用来分析现场问题的简单方法。这些方法方便了数据的取得和整理,也是企业的 QC 小组等团队在管理、改进活动中广泛使用的有用的初级方法。

对于波动的数据,为了知道其总体分布的性质,除了用直方图显示之外,也可以用均值和方差来表示。本章阐述利用上述常用图表整理数据的方法,以及利用均值和方差的表示方法。

第一节 质量管理与数据

一、测量数据的目的

在质量管理中,以事实为基础的活动受到重视。产品的质量是否满足技术标准、过程是否处于稳定状态、原料的成分如何影响产品质量,为了回答这些问题,必须通过数据收集、分析产品、原材料质量的状况。这就是质量管理中一直强调的"用数据说话"。

从使用符合标准要求的原材料,按照作业标准生产出来的食品中抽取样本，测量其重量。每个样品的重量真的会一样吗？通常每个样品的重量多多少少会有些不同。这种波动不仅限于食品的重量，在产品的成品率、不满足标准的不合格品、不同的批次和工作日的产品中都存在着这种现象。人们总是关注食品的重量等平均值，但关注显示每个样品重量的波动也是重要的事情。

在工作场所可测得各种各样的数据。我们记录了诸如原料、产品的质量，或产量、工时等与质量、数量、成本、安全、作业条件等有关的众多数据。这些数据到底有什么用呢？如果没有数据会遇到哪些困难？获取数据的目的是掌握现状、调整过程、过程管理、检查原料和产品、过程分析与改进等。但是，在生产现场，无用的数据很多，相反，需要的数据却没有被检测的现象并不少见。好数据是指使用目的明确，具备能够实现其目的的条件的数据。请根据身边的事情确认这一点。

二、数据的种类

从不同的角度对质量管理中使用的数据进行分类，除了按前述测量目的进行分类之外，也可按测量方法分类，如物理化学、生物学、感官测量的数据等。在质量管理中，经常根据数据的统计性质分为计数值数据和计量值数据。

1. 计数值数据

计数值数据为不合格品数、瑕疵数、事故的件数等，可用 1、2、3…表示的数据。假设 200 个产品中有 3 个不合格品，不合格品率为 1.5%，它也是计数值数据。

2. 计量值数据

计量值数据为产品的重量、尺寸、温度、加热时间等可用仪器测量的数据。与取 1、2、3…跳跃式离散数据的计数值不同，计数值数据连续取值。同样使用百分号表示，酒精含量等仍是计量值。

我们处理数据的大多数或是计数值数据，或是计量值数据。

另外,还有 10 点记为满点的点数数据,用 1、2、3 表示排序的顺序数据。

三、数据的整理方法——QC 七种工具的应用

为了发挥数据的作用,与原封不动地使用原始数据相比,经常是做一定程度的整理,绘制成图表进行分析。例如,有 100 个关于食品的含水量与重量的数据,为了了解其分布情况、随时间的变化情况以及相互关系,可对数据进行下列形式的图表化。

1. 直方图

绘制 100 个食品的含水量、重量的频数分布。直方图是用来了解水分、重量分布状况的方法,通过它可以知晓平均值、波动的大小、超出标准的比率等信息(见图 2-1)。

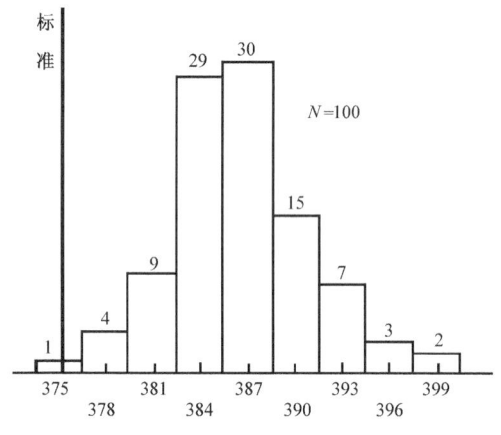

图 2-1　重量的直方图

2. 折线图和控制图

假设隔一定时间每次测量 5 个,共 100 个数据。可用折线图(见图 2-2)或控制图了解 5 个数据的平均值随时间的变化情况。

3. 散布图

散布图(见图 2-3)作为了解相互关系的方法,用来表示每

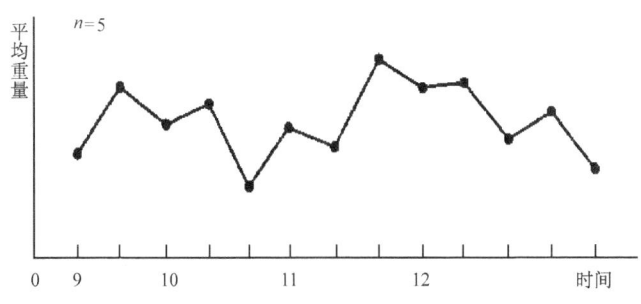

图 2-2 平均重量的变化图

个食品的含水量与重量之间的关系,其相关程度是否强,是否有偏离较大的异常数据。

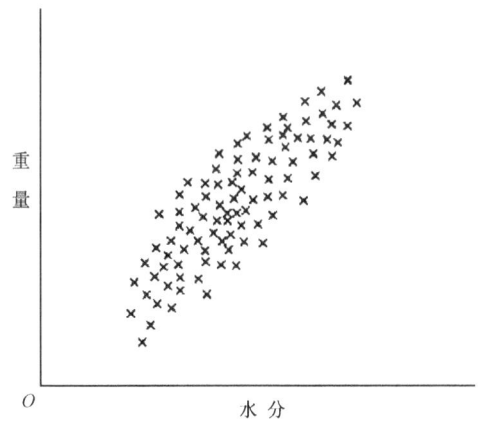

图 2-3 水分与重量的散布图

4. 排列图和因果图

为了减少不合格品,须收集哪种不合格品多的信息,有针对性地减少这种不合格品才会收到良好的效果。排列图(又叫帕累托图)(见图2-4)是确定这种重点主攻对象的有效方法。为了攻克对象,必须确定从哪些因素着手进行改进和管理。因果图(见图2-5)是广泛用于收集与产品生产有关人员智慧,整理改进步骤的方法。

5. 检查表

为了管理、改进而在现场测量新数据时,常常会遇到怕延误作业、感到麻烦等意外阻力的情况,要想办法以简单、便于利用的形式获取数据。因此,检查表(见图2-6)被广泛使用。

上述的直方图、折线图、控制图、散布图、排列图、因果图、检查表作为管理、改进的"QC七种工具"在众多的现场得到广泛的应用。有的书把控制图归入折线图之内,把分层法加入七种工具之中。下面简述排列图、直方图、散布图的画法和使用方法。分层法在本章第三节的直方图中阐述,表示质量随时间变化的控制图在第六章阐述。

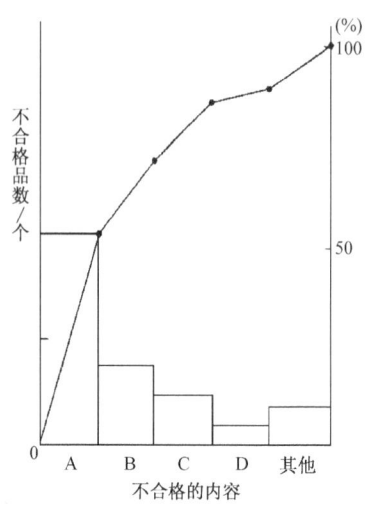

图 2-4 不合格内容的排列图

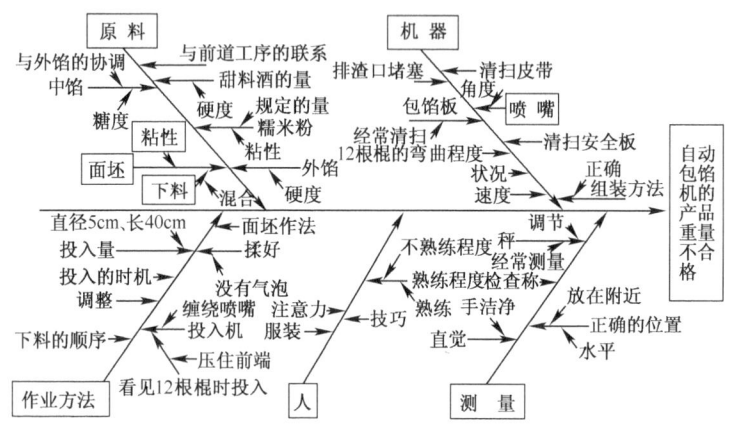

图 2-5 重量不合格的因果图

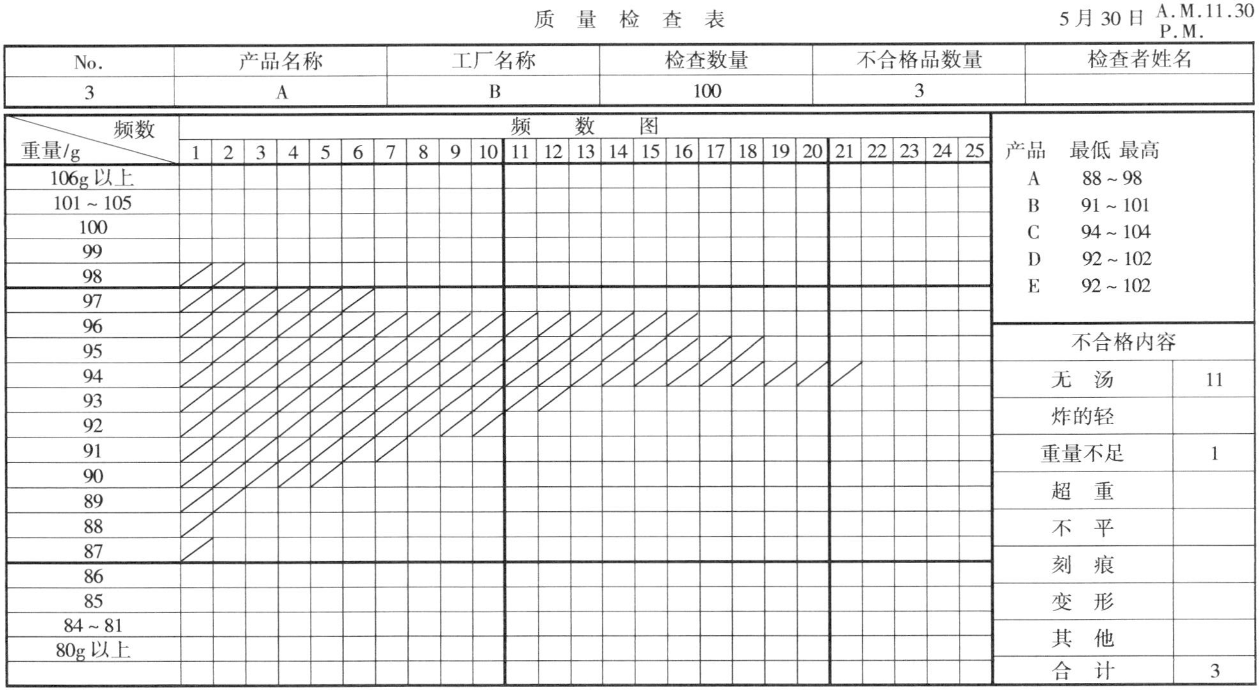

第二章 数据及其整理方法

质量检查表

No.	产品名称	工厂名称	检查数量	不合格品数量	检查者姓名	5月30日 A.M.11.30 P.M.
3	A	B	100	3		

频数	频 数 图																								产品	最低 ~ 最高
重量/g	1	2	3	4	5	6	7	8	9	10	11	12	13	14	15	16	17	18	19	20	21	22	23	24	25		
106g 以上																										A	88~98
101~105																										B	91~101
100																										C	94~104
99																										D	92~102
98																										E	92~102
97																											
96																										不合格内容	
95																										无 汤	11
94																										炸的轻	
93																										重量不足	1
92																										超 重	
91																										不 平	
90																										刻 痕	
89																										变 形	
88																										其 他	
87																										合 计	3
86																											
85																											
84~81																											
80g 以上																											

每批抽取100份进行检查

图 2-6 质量检查表

第二节 排 列 图

对不合格品、瑕疵等质量问题,以及量、成本、安全等问题的数据根据内容、原因进行分层,按其发生状况由大到小的顺序用直方表示的图称为排列图。质量问题的内容及其产生的原因是多种多样的,经常是 2~3 项占据其大部分。利用排列图可以容易知道这些项目的顺序,特定项目在质量问题中所占的比率,据此能够正确地判断出应改进的重点。排列图是确定重点问题所不可缺少的方法。意大利经济学家帕累托(V. Pareto,1848—1923)研究国民收入时提出了被称之为少数人占有大部分财富的帕累托法则。朱兰博士把这一思想用于分析现场发生的问题,使之成为改进活动中确定重点对象的有效方法。

一、排列图的绘制方法

对某一时期内照相机镜头不合格品按内容进行整理,结果如表 2-1 所示。利用这些数据绘制排列图的步骤如下:

表 2-1 不合格品的发生状况

不合格项目	个数
烧 痕	5
破 边	25
厚 度	19
擦 痕	56
材 料	2
其 他	3
合 计	110

(1)对表 2-1 中的数据,按不合格件数的多少排列如表 2-2 所示的顺序。"其他"项排在最后。

(2)计算各个项目所占的比率。从件数最大的项目开始,计算累计件数和累计比率,填入表 2-2 中。

(3)在坐标纸上按以下方法画出纵轴和横轴。在左纵轴上标出表示件数的刻度，在横轴上按件数的大小顺序标出不合格项目，"其他"项放在最后。如图 2-7 所示，画出与各项目件数大小相应的直方。调整刻度的大小，防止图的纵向、横向过长，项目多时适当并入"其他"项。

表 2-2 计算表

不合格项目	件数	比率(%)	累计件数	累计比率(%)
擦痕	56	50.9	56	50.9
破边	25	22.7	81	73.6
厚度	19	17.3	100	90.9
烧痕	5	4.5	105	95.4
材料	2	1.8	107	97.2
其他	3	2.8	110	100.0
	110	100.0	110	100.0

（4）右纵轴的刻度是百分数，从 0~100%。如图 2-7 所示，把各项目的累计比率记入图中，并用折线连接起来。这条曲线称为帕雷托曲线。擦痕占 50.9%，擦痕与破边之和为 73.6%，件数多的项目所占比率一目了然。右纵轴 100% 的位置不一定与左纵轴总个数 110 的位置相对应。这时的排列图曲线如图 2-8 所示，与图 2-7 的画法有些不同。

（5）在排列图的空白处注明产品名称、工序、收集数据的时间，这期间的产量和不合格品率，记录者等，表明排列图的出处。

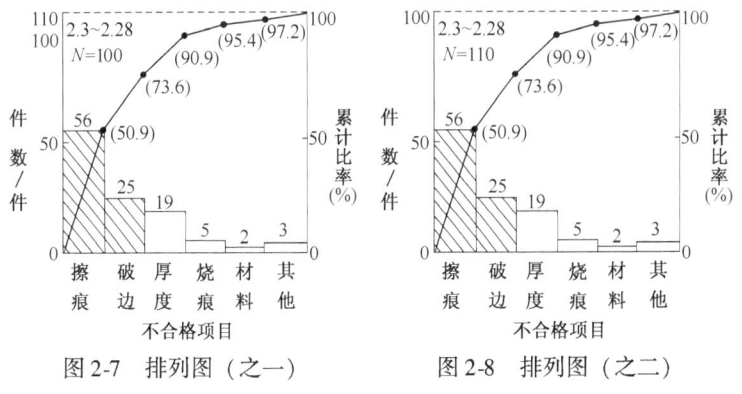

图 2-7　排列图（之一）　　　图 2-8　排列图（之二）

二、排列图的使用方法

由图 2-7 的排列图可知,如果能够采取措施消除排在第 1 位的擦痕,总数的 50.9%,即不合格品减少一半。相反,如果消除第 4 位的烧痕,不合格品的总数减少不到 5%,改进的效果甚微。排列图明确地显示出我们的重点改进目标。

对选定的项目采取各种改进措施后是否收到实效,其程度如何,被采取措施项目的直方的位置发生了什么变化,不合格品的数量是否减少等,可通过比较采取措施前后一定期间内数据的排列图来了解这些内容(见图 2-9)。

排列图是发现、选择问题,确认改进效果的有效方法,被很多的总结报告材料所利用。

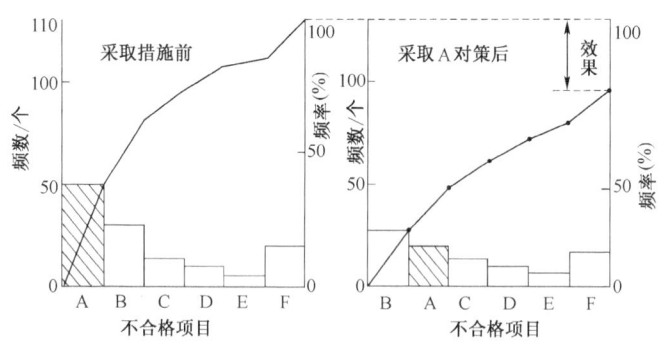

图 2-9 用排列图表示效果的方法

三、绘制排列图的注意事项

(1) 当一个产品有擦痕和破边两项不合格项目,并分别记入所属项目时,各不合格项目之和大于实际不合格品数。

(2) 如果假设项目 A 的返工成本是每个 10 日元,项目 B 造成的废品损失是每个 100 日元,A 是 50 件,B 是 20 件,对哪一项采取措施更为重要?这时需要进行分析,与数量相比,以损失金额为对象绘制排列图是否效果会更好。

(3) 需要从不合格的项目、生产工序、设备、作业者等角度观察不合格品，采取对策。按负责部门、原因进行分类易于采取对策。对排列图第一项的内容进行进一步分解，绘制其排列图则可使问题进一步具体化（见图2-10）。

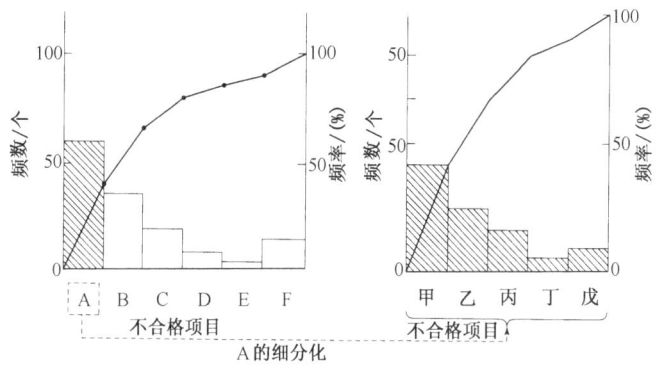

图2-10　细分化的排列图

（4）排列图的第一项不合格项目基本是重点解决对象。这样的项目经常是技术上较难的，需要其他部门、技术人员的协助，花费较长时间才能解决。因此，由本部门负责，易于解决、见效快的项目即使处于靠后的位置也应积极地对其采取行动。

（5）不仅限于排列图，应想办法减少整理数据所花费的时间。例如，把不合格品分成擦痕、破边等项目，或者灵活运用检查表等使绘制排列图作业简便易行是非常重要的。

第三节　直　方　图

100听肉罐头固态物质重量的测量结果如表2-3所示。直接观察表中的数据，难于了解固态物质重量的平均值和波动的程度。如果分别求出固态物质重量相同的罐头的数量，并做成频数表，或绘制成如图2-11所示的直方图，则易于掌握罐头中固态物质重量的分布状态。

直方图是质量管理工具中被广泛使用的方法之一，适用于调查产品质量的分布状态，与标准的关系等许多问题。

一、直方图的绘制方法

以表 2-3 所示罐头的固态物质重量数据为例说明绘制直方图的步骤与方法。

(1) 收集数据 ($N = 100$)。绘制直方图的数据量至少 50 个,100 个左右为宜。

(2) 从表 2-3 找出最大的数 L (最大值) 和最小的数 S (最小值) ($L = 324$, $S = 282$)。

(3) 如图 2-11 所示,计算组距 h,组数为 10。计算数据的范围 R。

$$R = L - S = 324 - 282 = 42$$

用组数 10 除以 R,即 $R/10 = 4.2$。令直方的宽度为固态物质测量单位的整数倍 (由于数据都是 290,304,298 等偶数,测量单位为 2g),则宽度 $h = 4$。

表 2-3　罐头固态物质重量的数据　　　　(单位:g)

290	304	298	298	296
304	296	312	316	304
300	312	304	298	310
304	302	292	306	298
306	298	314	284	308
294	310	300	300	304
302	302	292	294	288
308	282	320	314	294
296	294	294	298	302
302	310	316	298	300
288	304	300	306	296
300	300	290	302	300
306	290	286	296	300
304	294	306	302	324
296	304	298	302	294
300	296	300	290	306
312	302	300	298	304
292	306	300	302	300
308	298	304	298	306
298	302	296	304	298

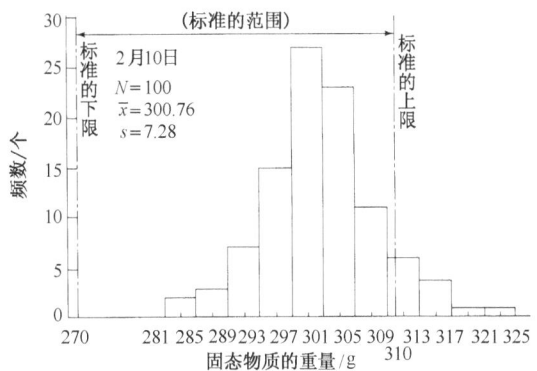

图 2-11　罐头的固态物质重量直方图

(4) 从含有极小值的直方起直到含有最大值止，依次确定直方界限值。为了不使直方的界限值与数据重叠，直方界限值的单位取测量单位（本例为 2）的二分之一。$S=282$，第一个直方的界限值应使它落入第一个组内。由于 $h=4$，比 S 小 1 或小 3 的 281 或 279 就是第一个直方的下界限值（见图 2-12）。下界限值分别加上 $h=4$ 就得到了如表 2-4 所示的直方界限值（在表中，281 是第一个直方的下界限值）。

(5) 如表 2-4 所示，用记号 /、//、///、////、… 或 一、丅、下、正、正、… 统计落入每个组内数据的个数，绘制频数分布表，并确认频数之和是否与步骤（1）中的 N (100) 相一致。

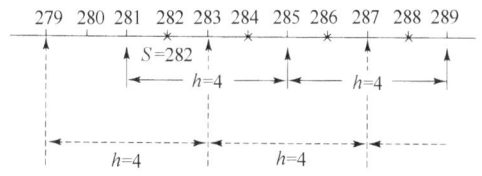

图 2-12　确定分组界限的方法

图中：×表示数据出现的位置；实线表示直方界限值；280 不能作为直方界限值。如果以此值为直方界限值，下一个直方界限值就是 284，这时无法确定把 284 归入哪一个直方。由于表中没有283或285这样的数据，不会出现数据与直方界限值相同的情况。

（6）从表2-4的频数分布表可以大致了解罐头固态物质重量的分布情况。如果绘制成如图2-11所示的直方图更为明了。利用坐标纸绘制直方图时，横轴为组距，纵轴为频数，刻度要适宜，不要使图的纵向、横向过长。

表2-4　罐头的固态物质重量频数分布表

组 No.	组界值/g	中心值/g	频数统计	频数
1	281～285	283	//	2
2	285～289	287	///	3
3	289～293	291	//// //	7
4	293～297	295	//// //// ////	15
5	297～301	299	//// //// //// //// //// //	27
6	301～305	303	//// //// //// //// ///	23
7	305～309	307	//// //// /	11
8	309～313	311	//// /	6
9	313～317	315	///	4
10	317～321	319	/	1
11	321～325	323	/	1

合计 $N = 100$

（7）在直方图的空白处注明数据的名称、测量的目的和日期、测量者、样本大小等。如果计算了平均值 $\bar{x}$、样本偏差 s 也要记上。另外，如果有标准，也应记入图中（罐头固态物质重量的企业标准是 $290g \pm 20g$）。

二、直方图的使用方法

从图2-11所示的直方图可以获得数据表2-3无法显示的各种信息。

1. 了解分布的状况

固态物质重量为300g左右的罐头最多，波动范围为280～325g。没有过大、过小的异常值。如果数据是从稳态工序获取的，一般情况下，重量、尺寸等计量值的分布呈现越向中央越高，左右对称的钟形曲线（正态分布）。因此，直方图呈现如图 2-13 所示的形状时，应调查其原因，并采取相应的对策。

（1）双峰型分布。如果把Ⅰ号机，Ⅱ号机生产的平均值不同的 2 组数据混合在一起时，易于呈现双峰分布。需按机器进行分层绘制直方图。

（2）陡壁型分布。前道工序实施全数检查，不符合标准的被剔除时易于出现这样分布。

（3）孤岛型分布。当工序出现异常或测量有误时容易出现孤岛。

（4）锯齿型分布。当直方的宽度不是测量单位的整数倍，或用偶数刻度的测量仪器读取奇数值，数值的读取有倾向时易于出现这种情况。

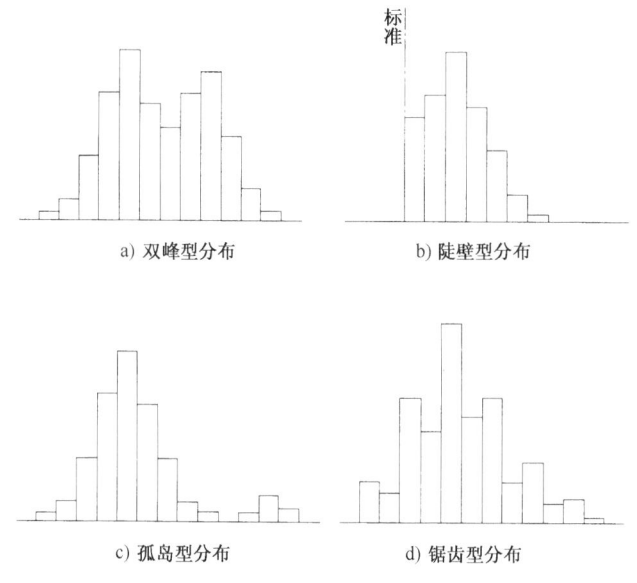

a) 双峰型分布　　　　b) 陡壁型分布

c) 孤岛型分布　　　　d) 锯齿型分布

图 2-13　直方图的异常分布

2. 观察与标准的关系

通过观察图 2-11 的直方图可发现，平均固态物质重量比标准约重10g,相当多的罐头大于标准的上限值。把直方图与标准相比较可以知晓产品是否充分满足标准的要求、产品超出标准的比率有多大、平均值是否处于标准的中央等,获得生产满足标准要求产品的启示。

在机械厂、装配厂等,经常利用过程能力指数(6倍的标准差除以技术规格的公差幅度,见第十章)判断与标准相比质量的波动大还是小。

三、直方图的注意事项

1. 直方图的组数

组数以10为宜。为了便于绘图和计算平均值、样本标准差等,数据量与分组数的参考值如表2-5所示。当存在偏离很大的数据时,除去此数据后按前述的方法分组。然后,绘制直方图时纳入其中即可。

2. 组界

如表2-4所示,组界为281~285,285~289,…。为避免界限值重叠,也可按282~284,286~288,…的分法进行分组(表2-3中没有281,283,285等奇数值)。

表2-5 数据量与分组数

数据量 (N)	分组数 (k)
50以下	5~7
50~100	6~10
100~250	7~12
250以上	10~20

3. 检查表的使用

平时测量数据时,大致知道其出现的范围。预先绘制出标有分组界限值的检查表,不把每次测得的数据填数据表,而是记入检查表,这样即可获得频数分布表。

4. 分层直方图的比较

当对数据按原料、机器、作业者、班次等进行分层,并绘制其直方图时，可以了解平均值、波动的分布是否不同。如果把平均值不同的2个直方图绘成一个，极端情况下会出现双峰分布。即使是对单峰分布进行分层也会呈现出差异。对于认为会有差别的对象，如 A 企业的原料用黑色标记，B 企业的原料用红色标记进行频数统计，分别作成频数表进行分析，如果没有差别即可统一使用。不知道数据的出处就不可能进行分层分析。不要嫌麻烦，注明数据的出处，分层比较原料生产企业、机器之间的差异，消除差异是过程管理、改进的第一步。

第四节 散 布 图

为了确定生产温度，需观察产品的产量与生产温度的关系。在现场，为了管理产品的浓度想知道能否用易于测量的比重来替代，这时需分析浓度与比重的关系。这时，相互对应的两种数据的关系是问题所在。坯料重量是原因为横轴，产品重量是结果为纵轴，把数据在坐标纸打点而得的图称为散布图（见图2-14）。

直方图是了解尺寸、重量等某一质量特性分布状况的工具，而散布图是了解具有对应关系的两组数据相互关系的工具。

一、散布图的绘制方法

1. 收集成对的数据

为了分析食品坯料重量 x 与产品重量 y 一一对应的数据之间是否具有关系，如果可能的话收集30组以上的数据，填入表2-6（$n=30$）。

2. 确定散布图的坐标轴与刻度

当数据的一方为原因（x），另一方为结果（y）时，用横轴表示原因，纵轴表示结果。横轴、纵轴的刻度值分别从左向右、从下向上由小到大。计算 x 与 y 的波动范围（x：455~491g，y：378~405g），标出横纵轴的刻度。

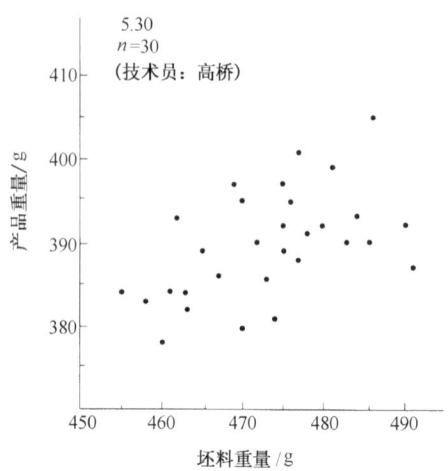

图 2-14 食品坯料重量与成品重量的散布图

表 2-6 食品坯料重量 x 与产品重量 y 的成对数据

No.	x	y	No.	x	y	No.	x	y
1	462	393	11	469	397	21	463	382
2	473	386	12	455	384	22	465	389
3	477	401	13	467	386	23	491	387
4	475	392	14	490	392	24	480	392
5	481	399	15	460	378	25	484	393
6	461	384	16	458	383	26	474	381
7	478	391	17	477	388	27	475	389
8	486	405	18	472	390	28	463	384
9	483	390	19	486	390	29	470	380
10	470	395	20	475	397	30	476	395

3. 数据打点

点 No. 1 的 x 为 462，y 为 393，按图 2-15 所示的方法打点，直到点 No. 30。当数据相同点重叠时，后一点应与前一点稍微错开。

4. 标明数据的出处

在图的空白处或下部写上获取数据的时间、数据量、目的、记录者等。

二、散布图的用法

如图 2-14 的散布图所示,食品坯料的重量 x 在 455~491g、产品的重量 y 在 378~405g 之间波动,具有产品的重量随坯料重量增加而增加的关系。但是,从点的分布状况看,这种关系似乎并不很强。没有偏离很大的异常点。典型的散布图如图 2-16 所示。

(1) x 增大时,y 呈线性增加,x 与 y 之间强正相关。

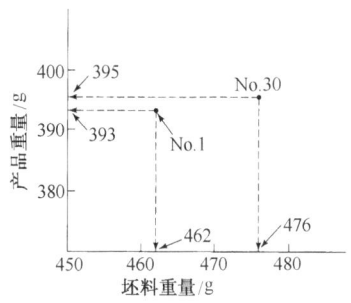

图 2-15 点 No.1、No.30 的打点方法

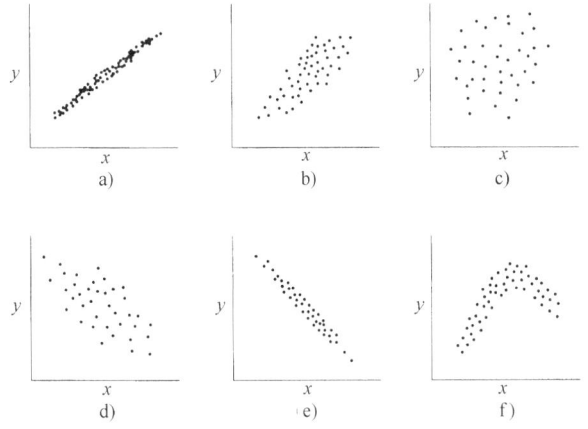

图 2-16 x 与 y 各种关系的散布图

(2) x 增大时,y 呈现出增加趋势,x 与 y 之间正相关。

(3) x 与 y 之间的关系不明显,x 与 y 之间不相关。

(4) y 随 x 的增大呈现下降的趋势,x 与 y 之间负相关。

(5) y 随 x 的增大而线性下降,x 与 y 之间强负相关。

(6) y 随 x 的增大呈现曲线变化。

这些关系的强弱程度可用相关系数定量表示(见第七章)。

在散布图所打的点中,需确认是否有偏离很大的异常点。如果有这样的点应调查其原因。按原料生产厂家、设备等进行分层绘制散布图,常常会得到有效的信息。图 2-17 是按食品烤炉 A、B 进行分层,A 用 ·,B 用 × 打点的散布图。与 A 相比,B 的相关关系不明显,即使坯料的重量相同,A 的成品重量大于 B。分层能够得到更多的信息。

为了使散布图便于观察,纵轴的长度与横轴长度应大致相同,或稍长。另外,最好先计算出 x、y 的波动范围,然后确定两个坐标轴的刻度,以便使所打的点宽松地落到散布图上。

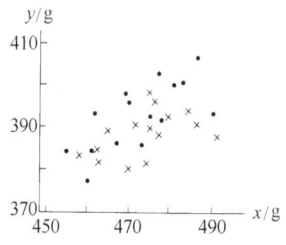

图 2-17 分层的散布图

数据量大于 100 组时,绘制散布图的难度大。像绘制直方图的频数表那样,把散布图的横轴、纵轴分别分成 10 组左右的区间,统计数据落入其中的数量,做成如表 2-7 所示的相关表。它与散布图相同,横轴、纵轴的分组值分别从左向右、从下向上由小到大。

表 2-7　冰激凌超限与重量的相关表

超限(%) 重量	135~ 136	137~ 138	139~ 140	141~ 142	143~ 144	145~ 146	147~ 148	149~ 150
89	1		1					
88		2	3	2				
87		1	3	7	2			
86				9	3	3	1	
85			1	4	18	8	4	
84					11	1		
83					3	4		
82						3	1	1
81							1	2

第五节　数据特征值的计算方法

如直方图所示，产品的重量、尺寸等质量特性值，温度等生产条件，原料成分等数据的分布有以下特性：

> · 分布有一集中位置
> · 分布中心的周围波动大小
> · 分布是否左右对称，是否偏向某一方
> · 分布平缓还是尖陡

利用直方图等可大致知晓这些特性。如果能够定量地描述这些特性，则便于了解和进行比较。在这四个特性之中，中心值表示分布的位置，用分布的幅度表示波动不妨碍实际应用。下面阐述表示分布位置与波动的方法。

一、分布位置的表示方法

分布位置的表示方法，除了经常使用的平均值之外，还有数据按大小顺序排列时位于正中间的中位数、众数（直方图中最大频数对应的分组值）等。根据数据量、计算的难易程度、分布的形状、统计处理上的得失等选择使用其中的哪一个。

1. 均值 $\bar{x}$

5 个产品的尺寸分别为 5.2mm、5.5mm、5.1mm、5.3mm、5.4mm，平均值 $\bar{x}$ 为数据之和除以数据的个数。

$$\bar{x} = \frac{5.2 + 5.5 + 5.1 + 5.3 + 5.4}{5} \text{mm} = 5.30\text{mm}$$

n 个数据 $x_1, x_2, \cdots, x_n$ 的平均值 $\bar{x}$ 的一般表达式：

$$\bar{x} = \frac{x_1 + x_2 + \cdots + x_n}{n}$$

或

$$\bar{x} = \frac{\sum_{i=1}^{n} x_i}{n} \tag{2-1}$$

式中，n 为样本数，$i = 1, 2, 3, \cdots, n$，$\sum_{i=1}^{n} x_i$ 表示从 $i = 1 \sim n$ 对 x_i 求和。平均值的有效位数比原始数据多 1 位，当 n 大于 20 时多 2 位。

手工计算时，可通过数据变换简化计算。可对上述数据做以下变换：

$$X_1 = (5.2 - 5.0)\text{mm} \times 10 = 2\text{mm}$$
$$X_2 = (5.5 - 5.0)\text{mm} \times 10 = 5\text{mm}$$
$$\vdots \qquad \qquad \vdots$$
$$X_5 = (5.4 - 5.0)\text{mm} \times 10 = 4\text{mm}$$

利用 X_i 等于 $2, 5, \cdots, 4$ 等计算 $\bar{x}$：

$$\bar{x} = \left(5.0 + \frac{2 + 5 + \cdots + 4}{5}\right)\text{mm} \times \frac{1}{10} = 5.30\text{mm}$$

数据变换的一般公式为：

$$\underset{\underset{\text{变换后的数据}}{\downarrow}}{X_i} = (\underset{\underset{\text{原始数据}}{\downarrow}}{x_i} - \underset{\underset{\text{假设的平均值}}{\downarrow}}{x_o}) \times \underset{\underset{\text{为了去掉小数点所乘的数}}{\downarrow}}{h} \qquad (2\text{-}2)$$

利用 X_i 计算平均值：

$$\bar{x} = x_o + \frac{\sum X_i}{n} \times \frac{1}{h} \qquad (2\text{-}3)$$

当数据很多时，可以先统计出 x_i 的频数 f_i，然后按下式计算 $\bar{x}$：

$$\bar{x} = \frac{f_1 x_1 + f_2 x_2 + \cdots + f_i x_i + \cdots + f_k x_k}{f_1 + f_2 + \cdots + f_i + \cdots + f_k}$$

或

$$\bar{x} = \frac{\sum f_i x_i}{\sum f_i} \qquad (2\text{-}4)$$

2. 中位数（$\tilde{x}$）

把数据按大小顺序进行排列，处于正中间的数就是中位数。当数据的个数为奇数时取正中间的数，为偶数时取中间两个数的平均值作为中位数。例如 5.2，5.5，5.1，5.3，5.4 按由小到大的顺序排列为 5.1，5.2，5.3，5.4，5.5，中位数是 5.3。当数据为 5.2，5.5，5.1，5.3 时，中位数是 5.2 与 5.3 的平均值 5.25。中位数的优点是即使数据中有异常值存在，与平均值相比所受的影响较小。

3. 众数（Me）

直方图中最大频数所对应的数值称为众数。众数有时会有两个以上。计算众数所需数据的个数基本与直方图相同。

二、分布波动的表示方法

定量表示波动的量有多种多样。经常使用的有平方和、方差、标准差和极差。

1. 平方和（S：sun of squares）

平方和是离差的平方之和，也称为离差平方和。所谓离差是指测量值 x_i 与其平均值 $\bar{x}$ 的差（$x_i - \bar{x}$）。如图 2-18 所示，离差以平均值 $\bar{x}$ 为中心或正或负，离差之和 $\sum(x_i - \bar{x}) = 0$。

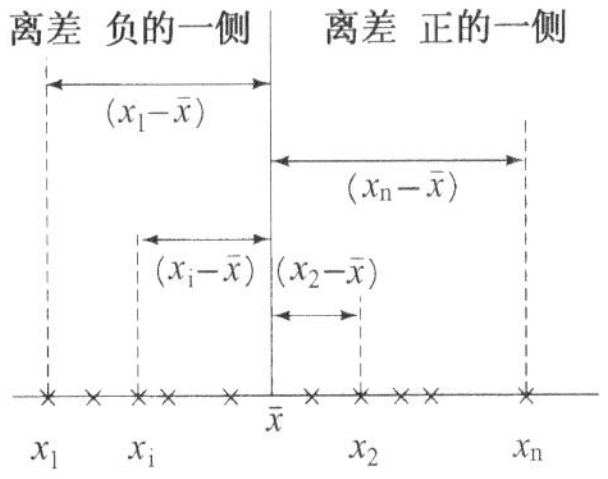

图 2-18 离差

离差的平方之和 S：

$$S = (x_1 - \bar{x})^2 + (x_2 - \bar{x})^2 + \cdots + (x_i - \bar{x})^2 + \cdots + (x_n - \bar{x})^2 \tag{2-5}$$

利用前述的数据：

$$S = [(5.2 - 5.30)^2 + (5.5 - 5.30)^2 + \cdots + (5.4 - 5.30)^2] \text{mm}^2$$
$$= 0.100 \text{mm}^2$$

一般的算式为：

$$S = \sum_{i=1}^{n}(x_i - \bar{x})^2 = \sum(x_i^2 - 2x_i \cdot \bar{x} + \bar{x}^2)$$
$$= \sum x_i^2 - 2\bar{x}\sum x_i + n\bar{x}^2$$

$$= \sum x_i^2 - 2\left(\frac{\sum x_i}{n}\right)\sum x_i + n\left(\frac{\sum x_i}{n}\right)^2$$

$$= \sum x_i^2 - (\Sigma x_i)^2/n$$

所以

$$S = \sum x_i^2 - \frac{(\sum x_i)^2}{n} \tag{2-6}$$

或为

$$S = \left\{\sum X_i^2 - \frac{(\sum X_i)^2}{n}\right\} \times 1/h^2$$

此式被经常使用。$(\sum x_i)^2/n$ 也写为 $n\overline{x}^2$，称为修正项，用 CF 或 CT 表示。用此式计算前述数据的 S 则为

$$S = \left[5.2^2 + 5.5^2 + \cdots + 5.4^2 - \frac{(5.2 + 5.5 + \cdots + 5.4)^2}{5}\right]\text{mm}^2$$

$$= 0.100 \text{mm}^2$$

平方和是计算方差、标准差的基础，在众多的统计方法中被使用。

2. 方差（s^2 或 V：variance）

平方和 S 的值随着数据量的增加而增大。方差与数据量无关，是用来表示波动的测度。方差 s^2 的算式为：

$$s^2 = \frac{S}{n-1} = \frac{\sum(x_i - \overline{x})^2}{n-1} \tag{2-7}$$

以前述的数据为例：

$$s^2 = \frac{0.100}{5-1}\text{mm}^2 = 0.025 \text{mm}^2$$

0.025mm^2 是抽取 5 个样本总体方差的不偏估计，称为不偏方差（mean square），也用 V 表示。

注：S/n 称为样本偏差，以区别于上面的不偏方差。在阅读统计书籍时，必须注意方差是如何定义的。

3. 标准差（s 或 $\sqrt{V}$：standard deviation）

由于平方和、方差都是数据平方的形式，不便于与离差相

比较。方差的平方根称为标准差,是用于表示波动的测度。标准差的计算公式为:

$$s = \sqrt{\frac{S}{n-1}} \tag{2-8}$$

以前述的数据为例,则:

$$s = \sqrt{\frac{0.100}{5-1}} \mathrm{mm} = 0.158 \mathrm{mm}$$

由于 0.158mm 是无偏方差 V 的平方根,也用 $\sqrt{V}$ 表示。

4. 极差(R: range)

极差是样本数据中最大值 L 与最小值 S 之差。

$$R = L - S \tag{2-9}$$

极差是表示波动的最简单方法,一般在数据量小于 10 时使用。显示极差时必须注明数据的个数。以前述的数据为例,$n = 5$,$R = (5.5 - 5.1)$ mm = 0.4mm。

平方和、方差、标准差和极差是 4 个表示波动的数值,它们具有相同的特征,即当不存在波动时为 0,不为负值;当数据聚集在平均值的周围时,数值较小,反之较大。

三、利用频数分布表计算平均值和标准差的方法

利用第二章第三节绘制的罐头固体物重量频数表计算 $\bar{x}$ 和 s。为了便于用表 2-4 计算 $\bar{x}$ 和 s,做成表 2-8。f 表示各组的频数。u 表示便于计算各组中心值而变换的值,频数最大的组为 0,其上方分别取 -1,-2,$\cdots$,下方分别取 1,2,$\cdots$ 等值。设组中心值为 x,频数最大组的中心值为 x_0,组距位 h,u 的值通过式(2-10)数值变换求得。uf,$u^2 f$ 及其和如表 2-8 所示。

$$u = (x - x_0)/h \tag{2-10}$$

1. 计算平均值 $\bar{x}$

$$\bar{x} = x_0 + \frac{\sum uf}{\sum f} \times h$$

$$= \left(299 + \frac{44}{100} \times 4\right) \mathrm{g} = 300.76 \mathrm{g} \tag{2-11}$$

2. 计算标准差 s

$$s = h \times \sqrt{\frac{\sum u^2 f - \frac{(\sum uf)^2}{\sum f}}{\sum f - 1}}$$

$$= 4 \times \sqrt{\frac{348 - \frac{44^2}{100}}{100 - 1}} g \qquad (2\text{-}12)$$

$$= 7.29 g$$

表 2-8 平均值 $\bar{x}$ 与标准差 s 计算表

组号	组中心值	频数 f	u	uf	$u^2 f$
1	283	2	−4	−8	32
2	287	3	−3	−9	27
3	291	7	−2	−14	28
4	295	15	−1	−15	15
5	(x_0) 299	27	0	0	0
6	303	23	1	23	23
7	307	11	2	22	44
8	311	6	3	18	54
9	315	4	4	16	64
10	319	1	5	5	25
11	323	1	6	6	36
合计	—	$\sum f$ (f 的和) 100	—	$\sum uf$ (uf 的和) 44	$\sum u^2 f$ ($u^2 f$ 的和) 348

习　题

1. 把下列数值分为计数值和计量值。
(1) 一年中事故发生的件数。
(2) 每日的出勤率(%)。
(3) 饮料水中 A 成分的浓度(%)。
(4) 黑板表面的划痕数。
(5) 一周的加班时间。
(6) 组装品的返工率(%)。

(7) 磁带的黏着强度。

2. 某罐头工厂一定期间内按原因分类的不合格箱数如下表所示。绘制排列图,并进行分析。

不合格项目	不合格数
外形不合格	12
色泽不合格	40
固态物量不足	28
肉质不合格	80
糖度不足	8
其 他	32

3. 根据图2-1所示的食品重量直方图计算平均值 $\bar{x}$ 和标准差 s。

4. 测量了6件衬衣含游离状态福尔马林的浓度(10^{-6}),获得如下数据:

15.8   15.4   14.2   14.9   14.4   16.2

利用这些数据计算(1) $\bar{x}$;(2) Me,(3) S;(4) s^2;(5) s,(6) R。

5. 结构用钢的含碳量 x 与抗拉强度 y 的关系如下表所示。试绘制散布图,并进行分析。

钢的含碳量 x 与抗拉强度 y 的关系　　(单位:kg/mm^2)

No.	$x(\%)$	y	No.	$x(\%)$	y	No.	$x(\%)$	y
1	20	42	11	20	43	21	23	46
2	22	42	12	24	46	22	23	46
3	26	47	13	22	45	23	22	43
4	21	44	14	23	44	24	24	44
5	25	46	15	25	45	25	23	44
6	26	48	16	28	47	26	24	44
7	20	42	17	22	43	27	26	44
8	26	48	18	27	45	28	25	43
9	23	44	19	24	44	29	26	46
10	22	45	20	23	45	30	24	46

第三章 统计方法基础

在生产现场，经常从所生产的产品或购入的成批产品中抽取若干样本，测量其尺寸等质量特征。根据这些样本的数据推测作为其总体的生产过程的管理状态，判断购入批次是否合格。因此，了解总体与样本之间的关系是十分重要的。产品尺寸、重量等计量值质量特性服从正态分布。不合格品发生情况等计数值数据服从二项分布。产品的瑕疵、事故等计数值数据服从泊松分布。

假设检验与区间估计是以从样本获得的少量数据为基础，对以生产过程产出的产品为总体，进行比较、估计的统计方法。总体分布的性质以及与样本的关系是假设检验、区间估计的基础。本章介绍假设检验、区间估计的基本理论和术语，具体的方法及其应用将在第四章以后讲述。

第一节 总体和样本

一、总体和样本

充填机生产的容量为 1ml 针剂的液体量是否真正为 1ml？为了了解其液体容量是否处于管理状态，每小时从产品中抽取五个样本测量其容量。从批量为 1000 的购入汽车零件中抽取 20 个样本，检验它们是否符合标准，判断是否接受该批零件。这样的事情在工作现场经常可见。

上述测量和检查的目的不是为了知道每小时抽出的 5 个注射剂样本，或从进货批次抽取的 20 个汽车零件样本中不合格品的数量，真正的目的是以这些数据为基础估计生产的产品、购进批次的质量水平,对生产过程或购进批次作出处置。被处置对象所属的集合体称之为总体(population)。为了了解总体而抽出的个体称之为样本(sample)(见图3-1)。

构成总体的个体数称为总体的大小,一般用 N 表示。样本的大小用 n 来表示,以区别于总体。比如,前述的购进批中,总体的大小 N 为 1000,样本的大小 n 为 20。如果利用充填机生产针剂的生产过程稳定,继续生产,可认为总体是无限大的。像被检验批那样,N 是有限的总体时,称为有限总体(finite population),区别于统计学研究的无限总体(infinite population)。

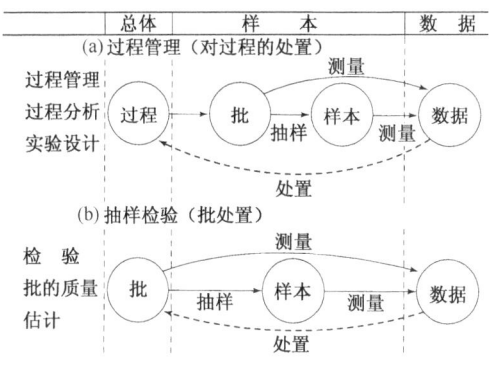

图3-1 总体、样本与数据的关系

二、样本的抽取方法

从总体中抽取一部分作为样本的作业被称为抽样(sampling)。获取数据的目的是通过样本了解总体的状况,从而对生产过程或被检批作出处置。因此,获得真正能够代表总体的样本的抽样方法是十分重要的。即使是用相同的原材料、相同设备生产的产品,其质量特性、不合格品的数量在某种程度上也有所不同。如果从具有波动的总体中有意抽取那些质量好的产品作为样本,将不能了解总体的真正状况。

正确抽样的原则是:
(1)禁止产品生产者进行抽样。
(2)抽样时负责人必须到场。
(3)必须使与抽样有关的人员真正了解抽样的目的与重要

性。

（4）抽样必须在其对象（批）的移动中进行，应避免在静止中进行抽样。

正确地反映总体性质的抽样方法如下：

（1）利用骰子（见图3-2）、随机数表、抽样卡等抽取样本。

（2）把对象物充分混合后进行抽样等。

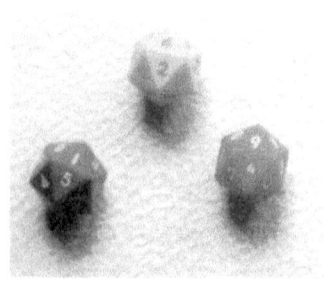

图3-2 生成随机数的骰子

随机抽样（random sampling）是基本的方法，经常被采用。除此之外，还有二级抽样（two-stage sampling）、分层抽样（stratified sampling）、类聚抽样（cluster sampling）等方法。

第二节 概率与分布

我们获得的数据，一类是产品的尺寸、重量、加工温度、时间等，可以在一定范围内连续取值的计量值；另一类是诸如100个产品中的不合格品数、瑕疵、污物等取1、2、3整数的计数值。在质量管理中，总体的分布是计量值服从正态分布，计数值服从二项分布或泊松分布。在讲述这些分布之前，先介绍概率的概念。

一、概率的概念

从由1000个零件构成的一批进货中任意抽取20个，根据其检验结果确定是否可以接受该批零件的问题已经在上一节总体与样本中讲述，本节将通过实验说明这个问题。

容器中有1000个玻璃球，其中白的900个，红的100个。从中任意抽取20个（n），其中有多少个红球？因为红球的比率（P）为10%，20的10%是2，可能含有2个红球。真的有两个红球吗？在被抽出的20个球中一个红球也没有的情况不存在吗？

从1000个玻璃球中抽取20个，记录抽出红球的个数，然后再把这20个球放回容器中进行混合，反复进行这样的实验，每次抽到的红球数如下：

2、1、0、3、2、1、2、3、0、4…

从实验结果可知，在抽出的20个样本中，并非每次都含有2个红球，没有抽出红球或抽出三个红球的情况也存在。我们事先不知道每一次有几个红球能被抽出。但如果去整理一下反复实验的结果，我们便可以看到红球的出现似乎是有规律的。图3-3表示在100次抽样实验中抽出红球个数的频数。可以看出抽出两个红球的可

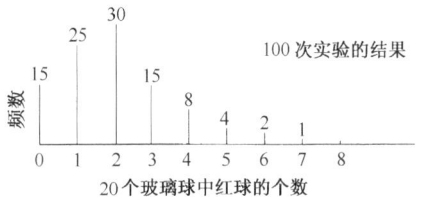

图3-3　红球出现的频数
($P = 0.01$，$n = 20$)

能性最大，但没有抽出红球，或抽出一个、三个、四个的情况也存在。在20个球中，有五个、六个甚至更多红球的可能性也是有的。样本中红球出现的比率，如果0个时为0%，一个时为5%，两个时为10%，每次的实验结果都各不相同。随着试验次数的增加，红球出现率的平均值接近红球占总体的比率10%，这个被期待的出现率被称为红球出现的概率。如果用全部实验的次数去除三个红球出现的次数，那么将得到一个比率，当实验次数增多时，这个比率也将接近某个值，这个比率就是出现三个红球的概率。

抽取20个样本时，红球的可能出现个数为0~20个，可计算出可能出现个数x的概率$P(x)$。当把出现个数作为变量时，则称之为概率变量，它们所对应概率的全体称为概率分布。

设从红球比率为P的总体中抽取n个样本，其中红球个数x为x_1，x_2，…，x_i，…，x_k时的概率分别是P_1、P_2，…，P_i，

…，P_k，x 的期望值 $E(x)$ 为：

$$E(x) = x_1P_1 + x_2P_2 + \cdots + x_iP_i + \cdots + x_kP_k$$

$$= \sum_{i=1}^{k} x_iP_i = nP$$

式中 $\sum_{i=1}^{k} P_i = 1$。

概率变量 x 的出现概率 $P(x)$ 是根据多次试验的结果求得的。在理论上讲，是可以通过下述的超几何分布或二项分布求得的。

概率变量 x 与其期望值 $E(x)$ 之差称为离差，离差平方的期望值称为方差。方差 $V(x)$ 为：

$$V(x) = E[\{x - E(x)\}^2] = E(x^2) - \{E(x)\}^2 = \sum x_i^2 P_i - (\sum x_i P_i)^2$$

$V(x)$ 的平方根为标准差 $D(x)$：

$$D(x) = \sqrt{V(x)} = \sqrt{E[\{x - E(x)\}^2]}$$

上述内容将在下面的分布中讲述。

二、计数值的分布

在概率的概念基础上，首先研究离散量计数值的分布。所谓离散量是指诸如 100 个产品中不符合标准的不合格品个数，某种产品的瑕疵或气泡等的数目(缺陷数)，某一期间内工厂发生事故的次数等的测量值为 0、1、2、3… 的离散值，其分布为离散分布或计数值分布。下面介绍具有代表性的二项分布和泊松分布。

1. 二项分布

在前述的实验中，20 个样本中红球的出现个数服从二项分布。正如"二项"一词所示，当服从二项分布的数据按照某种标准把产品分为好和差两组时，就得到两组产品的个数或比率等。

从不合格品率为 P 的无限总体中抽取 n 个样本时，其中含有 x 个不合格品的概率 $P(x)$ 为：

$$P(x) = \binom{n}{x} P^x(1-P)^{n-x} = \frac{N!}{x!(n-x)!} P^x(1-P)^{n-x}$$

(3-1)

这个公式给出了从不合格品率为 P 的总体中抽取 n 个样本时出现 x 个不合格品的概率称为二项分布，表示为 $B(x;n,P)$ 或 $B(x)$。

图 3-4 和表 3-1 是为了与前述 100 次抽球实验的结果相比较，利用公式

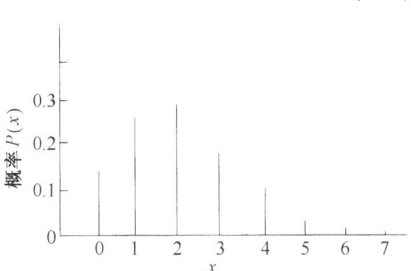

图 3-4　二项分布
($P = 0.10, n = 20$)

(3-1) 计算出的当 $n = 20$、$P = 0.10$ 时的理论值。在 20 个球中，期待红球的平均出现率应为 $nP = 2.0$ 个，没有红球的概率为 12%，出现一个红球的概率为 27% 等，由图或表可得知红球的出现概率。

表 3-1　二项分布表($P = 0.10, n = 20$)

x	$P(x)$	x	$P(x)$
0	0.122	6	0.009
1	0.270	7	0.002
2	0.285	8	……
3	0.190	9	……
4	0.090	合计	1.000
5	0.032		

二项分布的性质如下：

（1）分布不是连续，是间断的离散型。

（2）不合格品的出现个数为 x 时：

期望值　$E(x) = nP$

标准差　$D(x) = \sqrt{nP(1-P)}$　　　(3-2)

当不合格品率 p 为不合格品的出现个数 x 与 n 之比时：

期望值　$E(p) = P$

标准差　$D(p) = \sqrt{P(1-P)/n}$

（3）当 $P = 0.50$ 时，分布在期望值左右呈对称的分布。一般情况下呈现图 3-5 所示的非对称分布。

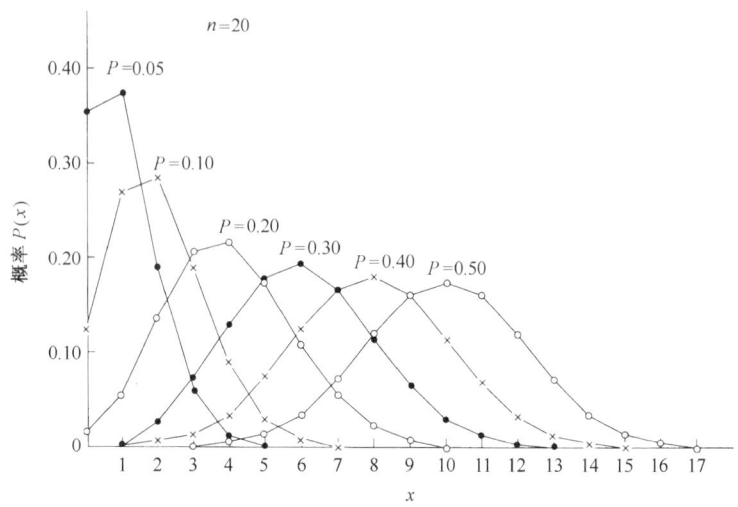

图 3-5　不同 P 值所对应的二项分布

（4）当 nP 或 $n(1-P)$ 均大于 5 时，二项分布近似于具有上述期望值和标准差的正态分布，利用正态分布求其概率，不影响实际应用。正态分布将在后面讲述。

在抽球实验中，假设红球的出现个数 x 服从二项分布，但实际上服从超几何分布。设 $N(1000)$ 个玻璃球中有 $M(100)$ 个红球，从 N 中任意抽取 $n(20)$ 个样本，其中含有 x 个红球的概率 $P(x)$ 为：

$$P(x) = \frac{\binom{M}{x}\binom{N-M}{n-x}}{\binom{N}{n}}$$

期望值与标准差为：

$$E(x) = nP \quad (P = M/N)$$
$$D(x) = \sqrt{nP(1-P)(N-n)/(N-1)}$$

如果样本 n 小于总体 N 的 1/10 时，用二项分布替代超几何分布计算概率，不影响实际应用。$D(x)$ 中的 $(N-n)/(N-1)$ 称为有限总体修正项。

2. 泊松分布

产品的气泡，黑板的擦痕，工厂每月的事故等问题时有发生。泊松分布实际上是以很少发生的现象为对象的分布。从平均不合格品为 m 的总体中，例如从具有

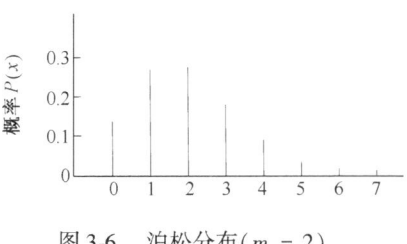

图 3-6　泊松分布 ($m=2$)

一定面积的大量黑板中随机抽取一块黑板，这块黑板出现 x 各瑕疵的概率 $P(x)$ 服从泊松分布：

$$P(x) = m^x e^{-m}/x! \qquad (3-3)$$

式中，e 为自然对数的底 (2.718…)。$m=2$ 时的分布如图 3-6 和表 3-2 所示。

表 3-2　泊松分布表 ($m=2$)

x	$P(x)$	x	$P(x)$
0	0.135	6	0.012
1	0.271	7	0.003
2	0.271	8	0.001
3	0.180	⋮	⋮
4	0.090	合计	1.000
5	0.036		

泊松分布也可以用 $P(m)$ 来表示，其具有以下性质：

(1) 与二项分布相同，也是离散型分布。

(2) 不合格数 x 的期望值与标准差为

期望值　$E(x) = m$

标准差　$D(x) = \sqrt{m}$

(3) 当 m 较小时，与二项分布相同，为右尾长的非对称的分布。当 m 大于 5 时，其分布大体上左右对称。

(4) 与二项分布相同，当 m 大于 5 时，用具有上述期望值和标

准差的正态分布求其概率不影响实际应用。

（5）泊松分布近似于 n 较大、P 较小,把 nP 作为 m 时的二项分布。因此,对于 $P \leq 0.10$ 的二项分布,x 的分布可用 $m = nP$ 的泊松分布近似。

三、计量值的分布

重量是计量值的质量特性数据。把从处于稳定状态下生产的产品测得的一定量的重量数据绘制成如图 3-7 所示的直方图。随着数据的增加,组距逐渐减小,相对频数分布的极限通常为平滑的频数分布曲线。当测量值为产品的尺寸、重量、生产过程中的加工温度和时间等连续量时,其分布也是连续的,称之为连续分布或计量值分布,正态分布是其典型的分布。

在上一章第三节表示罐头固态物质含量的直方图中,如果第 i 组所含数据的频数为 f_i,数据总数为 N,则频率为 f_i/N,即图 3-7 中的阴影部分。各组频率之和显然等于 1。进一步增加数据量,大大地缩小组距,即可获得频率分布曲线 $y = f(x)$。令频率分布曲线与横轴之间所包络的面积为 1,那么当组的上限为 b,下限为 a 时,数据落入第 i 组的比率为:

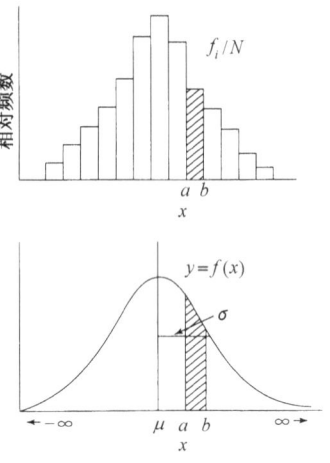

图 3-7 频数分布图与频率分布曲线

$$\int_a^b f(x) \, dx \qquad (3\text{-}4)$$

其中分布曲线 $f(x)$ 虽然不是概率本身,但却与概率的大小有关,所以称为概率密度函数。

正态分布是表示生产过程处于稳定状态下所生产产品的尺寸、重量等的分布。正态分布是以平均值为中心,左右对称的钟形分布,其概率密度函数为

$$f(x) = \frac{1}{\sqrt{2\pi}\sigma} e^{-\frac{(x-\mu)^2}{2\sigma^2}} \quad (3\text{-}5)$$

式中的 μ 和 σ 分别为总体的平均值和标准差，π 为圆周率 (3.141…)，e 为自然对数的底 (2.718…)。即使总体的分布是矩形分布、三角分布等偏离了正态分布，但从这些分布中抽取的样本数 n 大于 4 时，其平均值的分布可视为正态分布，这并不妨碍实际应用。这一点将在平均值的分布之中讲述。

正态分布的性质取决于分布的平均值 μ 和标准差 σ，表示为 $N(\mu, \sigma^2)$。确定 μ 和 σ 的值也就确定了总体的分布。这样的数值称为参数。总体的平均和标准差分别用 μ、σ 表示，以区别于从样本获得的统计量 $\bar{x}$ 和 s 等。二项分布中的参数是 P，泊松分布的参数是 m。

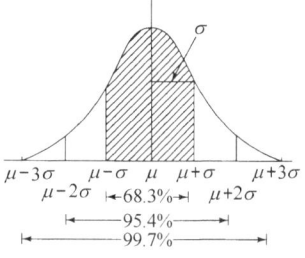

图 3-8　正态分布与概率

在正态分布中，以 μ 为中心，$\pm 1\sigma$ 范围内占全体的 68.3%，$\pm 2\sigma$ 内占 95.4%，$\pm 3\sigma$ 内占 99.7% (见图 3-8)。通过下面的标准变换，这些概率很容易从正态分布表中查得。

产品质量特性数据 x_i 服从 $N(\mu, \sigma^2)$，以标准差 σ 为单位表示它与总体平均 μ 的偏离程度 u_i。

$$u_i = \frac{x_i - \mu}{\sigma} \quad (3\text{-}6)$$

u_i 服从标准正态分布 $N(0, 1^2)$，运用附录的正态分布表可以很容易地求得大于 u_i 的概率值。公式 (3-6) 被称为标准变换，标准变换的过程如图 3-9 所示。

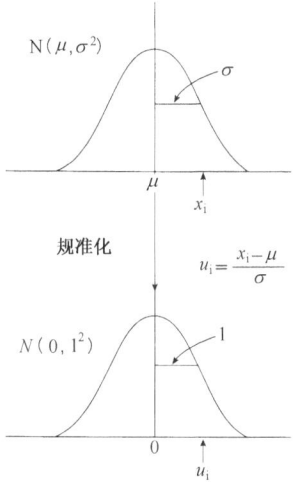

图 3-9　标准变换

四、统计量的分布

表 3-3 是从 $\mu = 50$、$\sigma = 2$ 的正态分布总体中任意抽取 k 组,每组样本 $n = 5$ 的数据。表中仅列除了其中的 6 组数据。样本的平均值 $\bar{x}$、中位数 $\tilde{x}$、平方和 S、方差 s^2、标准差 s 以及极差 R 的计算值也一同列入了表中。即使是从同一总体中抽样,每组样本的 $\bar{x}$、s 等统计量的数值都不同。统计量的分布与总体的分布之间具有某种关系。利用这种关系,可根据从样本获得的统计量估计反映其总体分布性质的参数。

表 3-3 样本的数据及其各种统计量

No.	x_1	x_2	x_3	x_4	x_5	$\bar{x}$	$\tilde{x}$	S	s^2	s	R
1	49	49	50	53	47	49.6	49	19.2	4.80	2.19	6
2	49	51	52	50	53	51.0	51	10.0	2.50	1.58	4
3	51	51	52	47	49	50.0	51	16.0	4.00	2.00	5
4	48	49	52	48	52	49.8	49	16.8	4.20	2.05	4
5	52	49	47	52	48	49.6	49	21.2	5.30	2.30	5
6	52	49	49	46	47	48.6	49	21.2	5.30	2.30	6

1. 平均值 $\bar{x}$ 的分布

如表 3-3 所示,平均值 $\bar{x}$ 的值为 49.6,51.0,50.0,… 等。当抽样的组数 k 增大时,通过观察 $\bar{x}$ 分布的直方图可发现它接近于平均值 $\mu = 50$、方差 $\sigma^2/n = 2^2/5$ 的正态分布。当 k 无限大时,$\bar{x}$ 的分布如图 3-10 所示,其平均值的期望值 $E(\bar{x})$ 和标准差 $D(\bar{x})$ 为:

$$E(\bar{x}) = \mu$$
$$D(\bar{x}) = \sigma/\sqrt{n} \tag{3-7}$$

总体的分布不是正态分布,即使是矩形分布、三角分布,式 (3-7) 仍成立。当样本数 n 大于 4 时,$\bar{x}$ 分布的形状近似于正态分布,在实际应用中可利用正态分布表计算其概率。

2. 中位数 $\tilde{x}$ 的分布

中位数分布的参数为:

$$E(\tilde{x}) = \mu$$
$$D(\tilde{x}) = m_3 \sigma/\sqrt{n} \tag{3-8}$$

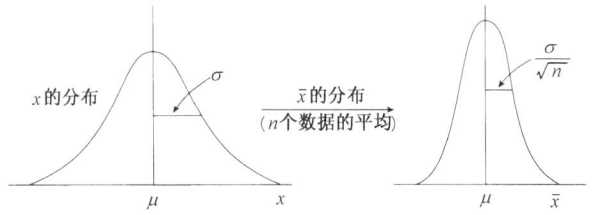

图 3-10　平均值 $\bar{x}$ 的分布

m_3 取决于样本的大小 n 和分布的形状,对于从正态总体中抽出的样本,与 n 相对应的 m_3 的值如表 3-4 所示。由于 $n = 2$ 时的中位数与平均值 $\bar{x}$ 一致,所以当 $n = 2$ 时的 m_3 的值等于 1。$n \geqslant 3$ 时的 m_3 大于 1,由此可知,对于相同的 n,中位数分布的标准差比平均值的大。

表 3-4　系数值

n	c_4	c_5	d_2	d_3	m_3
2	0.798	0.603	1.128	0.853	1.000
3	0.886	0.463	1.693	0.888	1.160
4	0.921	0.389	2.059	0.880	1.092
5	0.940	0.341	2.326	0.864	1.198
6	0.952	0.308	2.534	0.848	1.135
7	0.959	0.282	2.704	0.833	1.214

3. 平方和 S 的分布

利用 n 个样本计算的平方和 S 不取负值,其分布是右尾长的非对称分布,期望值 $E(S)$ 和标准差 $D(S)$ 如图 3-11 所示

$$E(S) = (n-1)\sigma^2$$
$$D(S) = \sqrt{2(n-1)}\sigma^2 \quad (3-9)$$

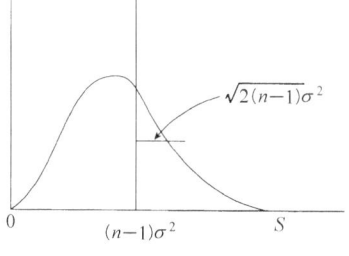

图 3-11　平方和 S 的分布

4. 方差 s^2 的分布

方差 s^2 是 $(n-1)$ 除以离差平方和 S 的商。所以,n 个样本的方差 s^2 的期望值和标准差为:

$$E(s^2) = \sigma^2$$
$$D(s^2) = \sqrt{2/(n-1)}\sigma^2 \quad (3\text{-}10)$$

由上式可知,如果用 $S/(n-1)$ 即可获得 σ^2 的无偏估计。因此,s^2 也被称为无偏方差。

方差也可以用 S/n 求得,但它不是 σ^2 的无偏估计,其值略小于用 $(n-1)/n$ 计算的 σ^2 值。

5. 标准差 s 的分布

标准差 s 的分布的期望值和标准差为:

$$E(s) = c_4\sigma$$
$$D(s) = c_5\sigma \quad (3\text{-}11)$$

c_4、c_5 的值取决于分布的形状和样本数。因此,对于从正态总体中抽取的样本,$n = 2 \sim 7$ 时 c_4、c_5 的值如表3-4所示。σ 可表示为 s/c_4,可以利用统计量 s 进行估计。

6. 极差 R 的分布

极差 R 的分布的期望值和标准差为(见图3-12):

$$E(R) = d_2\sigma$$
$$D(R) = d_3\sigma \quad (3\text{-}12)$$

d_2、d_3 也取决于分布的形状和 n。对于从正态分布中抽取的样本,d_2、d_3 的值如表3-4所示。可利用 R/d_2 估计 σ。极差 R 作为波动的测度,直观,易于理解,也易于计算。在 n 个数据中,极差的计算只使用最大值和最小值两个数据,当 n 较大时,估计 σ 的效率低下。在利用 R 估计 σ 时,n 小于10为宜。

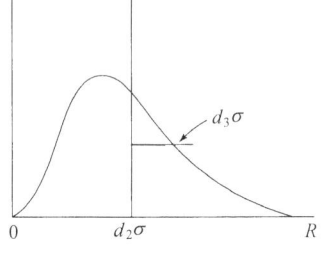

图3-12 极差 R 的分布

7. 计量的函数的分布

$\bar{x}$、$\tilde{x}$、S、s^2、s、R 等统计量的分布作为多种统计方法的基础是十分重要的。这些统计量构成的 x^2、t、F 等统计量函数的分布提供了统计假设检验和区间估计的标准。这些内容将在第四章的假设检验中讲述。

第三节 假设检验与区间估计的基础理论

工厂每天从生产的产品中抽取一些产品,测量、记录其尺寸、重量或水分等质量特性。这项工作的目的不仅是了解被抽样品的特性,而是通过测量值了解生产样本总体的生产过程,或当天生产批次质量特性的平均值和波动状态。判断质量是否处于稳定状态,是否符合标准。如果出现异常状态,须采取措施使其恢复正常。假设检验(test)与区间估计(estimation)是客观地进行这种判断的方法。

尺寸、重量、水分等计量值的假设检验和区间估计方法将在第四章讲述。不合格产品数量、缺陷数量等计数值的假设检验和区间估计方法将在第五章讲述。本节只介绍假设检验和区间估计的基础理论。

一、假设检验的理论

工厂的奶酪成形装箱作业一直是手工作业,产品重量的平均值为 252.0g,标准差为 0.9g。为了满足需求的增长,最近改用自动成形装箱机替代手工作业。现在从自动成形装箱机生产的产品中抽取 20 个样本,测量其重量,平均为 251.52g。每个产品重量的波动程度与原来相比无明显变化。是否可以断定装箱作业从手动变为自动使产品重量的平均值发生了变化。我们思考一下这个问题。

1. 假设检验的思路与术语

某位作业者即使使用相同的原料和机械,按照标准进行作业,他所生产的产品重量也存在着一定程度的波动。无论以往的产品中有相当多的产品重量低于 251.52g,或相反,改用机器后生产产品的重量有的超过了 252.0g,通过其平均值和标准差的大小即可容易知晓这些情况。因此,要判断生产过程的变化是否真正引起了产品重量的变化,在比较平均值时必须考虑产品重量的波动。

首先提出原假设。把"改用机器后产品重量的平均值与原来的没有变化"作为原假设 H_0。然后对这一假设正确与否进行统计判断。这种判断被称为假设检验。在进行假设检验之前建立对立假设 H_1:"改用机器后产品重量的平均值与原来的不同"或"改用机器后产品重量的平均值比原来的小",作为原假设被拒绝时可以接受的假设。从总体平均 μ_0(252.0g)、总体标准差 σ_0(0.9g)的正态总体 $N(\mu_0, \sigma_0^2)$ 中任意抽取 20 个样本,样本平均值 $\bar{x}$ 的分布如图 3-13 所示,为 $N(\mu_0, \sigma_0^2/n)$。

n 个样本的平均值 $\bar{x}$ 大于 $\bar{x}_1$ 或小于 $\bar{x}_2$ 的概率相当于图 3-13 中阴影部分的面积所占的比率。当这一概率值充分小时,从总体平均为 μ_0、总体标准差为 σ_0 的总体中任意抽取 n 个样本,其平均值几乎不会大于 $\bar{x}_1$、小于 $\bar{x}_2$。

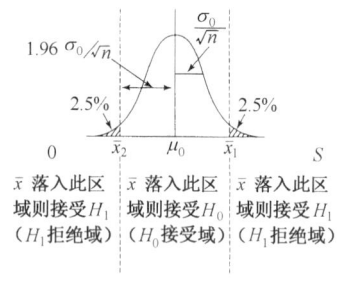

图 3-13　均值分布的原假设接受域与拒绝域
（显著性水平 $\alpha = 5\%$）

从不知是否与 $N(\mu_0, \sigma_0^2)$ 总体相同的总体中抽取 n 个样本,假设样本平均值 $\bar{x}$ 落在阴影部分内,必须判断属于下列哪种情况:

（1）这两组样本总体的平均值相同,但样本出现了偶尔可能发生的情况。

（2）因为这两组样本的总体均值不同,所以 $\bar{x}$ 的值落入了 μ_0 偶尔出现的阴影范围内。

这时我们拒绝(1),接受(2),即两组样本总体的平均值不同,可以断定改用机器前后产品重量的平均值发生了变化。

即使是从总体平均为 μ_0 的总体中抽取样本的 $\bar{x}$ 有可能大于

$\bar{x}_1$ 或小于 $\bar{x}_2$，落入阴影范围。在这种情况下做出的上述判断是错误的。尽管原假设（两组的平均值没发生变化）是正确的，但错误地接受了对立假设（两组的平均值发生了变化），这种错误判断称为第一种错误。一般采用5%或1%的概率，用 α 表示，称之为显著性水平。

假设改为机器后的总体均值为251.0g，是不同于 μ_0 的总体。从中抽取 n 个样本的平均值 $\bar{x}$ 落在 $\bar{x}_1$ 和 $\bar{x}_2$ 之间，有可能处于 $\mu_0 = 252.0g$ 的附近（见图3-14）。在这种情况下，我们接受原假设，就犯了"总体均值没有差异"的错误。尽管原假设是不正确的，但接受了这一假设。这种错误判断被称为第二种错误，用 β 表示。在统计假设检验中把显著性水平 α 设定为犯第一种错误概率，判断假设的取舍。在图3-14中，设显著性水平为5%，根据平均值的分布以及正态分布的性质可知，$\bar{x}_1$、$\bar{x}_2$ 位于 $\mu_0 \pm 1.96\mu_0/\sqrt{n}$ 的位置上。

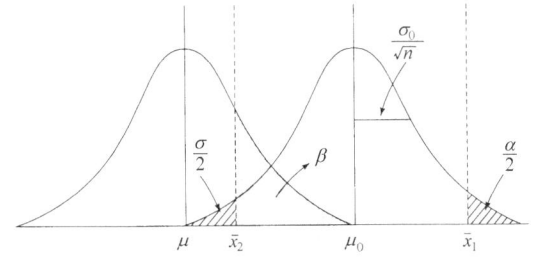

图3-14 α 与 β 的关系

2. 假设检验的步骤

（1）建立原假设。$H_0: \mu = \mu_0$（成形装箱作业改用机器后产品重量的总体均值 μ 与手工作业的总体均值 μ_0 相同）

（2）建立对立假设 $H_1: \mu \neq \mu_0$（成形装箱作业改用机器后产品重量的总体均值 μ 与手工作业的总体均值 μ_0 不同）。

（3）确定显著性水平，$\alpha = 0.05$（或0.01）。

（4）计算用于假设检验的统计量。首先计算 $n = 20$ 的样本平均值 $\bar{x}$，然后用下式计算 u_0：

$$u_0 = \frac{\bar{x} - \mu_0}{\sigma_0/\sqrt{n}} = \frac{251.52 - 252.50}{0.9/\sqrt{20}}g = -2.358g$$

(3-13)

上式是用 20 个样本的平均值的标准差 $\sigma_0/\sqrt{n}$ 除以改用机器后的样本平均值 $\bar{x}$ 与手工作业的总体平均 μ_0 的离差,相当于正态分布中所讲的标准变化公式。把图 3-15 中的 $\bar{x}_1$ 的值代入此公式的 $\bar{x}$ 中,u_0 为 1.96,如果将 $\bar{x}_2$ 的值代入公式中,则 u_0 为 -1.96,即 u_0 的值就是 $N(0,1^2)$ 的离差,利用正态分布表可以容易求得相应的概率值。

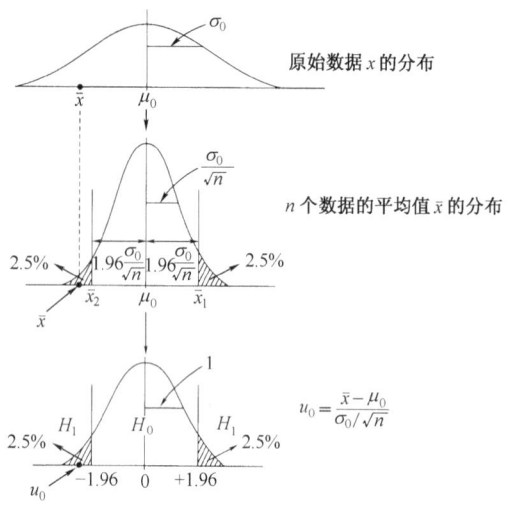

图 3-15　假设检验的步骤与判断

（5）把从公式(3-13)所得到的 μ_0 的值与从正态分布表中查得的双侧概率 $\alpha = 0.05$ 分位点的值进行比较(见图 3-15)。如果 $|u_0|$ 大于 1.96,则拒绝原假设 H_0,接受对立假设 H_1,成形装箱作业改用机器前后产品重量的平均值发生了变化。相反,如果 $|u_0|$ 小于 1.96,则接受原假设 H_0,也就是不能说改用机器前后产品重量的平均值发生了变化。此处的 1.96 表示平均值为 0,标准

差为1的标准正态分布双侧概率为5%分位点的值为±1.96。

3. 假设检验的注意事项

以上讲述了假设检验的思路和一般步骤,下面讲述几点注意事项。

(1) 双侧假设检验和单侧假设检验。在举例中把 $H_1:\mu \neq \mu_0$ 作为对立假设。如果改变装箱作业的目的是降低产品的平均重量,那么对立假设应是 $H_1:\mu < \mu_0$,改为机器后的产品平均重量小于改变前的平均重量。因此,显著性水平 $\alpha = 0.05$ 不是两侧各取2.5%的拒绝区,只在右尾设置5%的拒绝区,根据 u_0 是否落入拒绝区判断是否显著。在双侧设置拒绝区的称为双侧假设检验,仅在右尾或左尾设置拒绝区的假设检验被称为单侧假设检验,可根据建立对立假设的方式来区分。

(2) 假设检验结果的解释。在双侧假设检验中,u_0 的绝对值大于1.96时,在5%的显著性水平下平均值的差异显著,即改用机器前后产品重量的总体平均值发生了变化。u_0 为负值,可以断定总体的平均重量下降了。相反,如果 u_0 的绝对值小于1.96,则平均值之间差异不显著,即不能说改用机器前后产品重量的总体平均发生了变化。须注意的是没有明确地给出"总体平均相同"的结论。

接受对立假设时,因为将 α 设定为把没发生变化却被判定为发生了变化的错误的显著性水平,所以在这种条件下可以明确给出平均值发生了变化的结论。相反,在上述的检定中没有设定发生了变化却被判定为没发生变化的错误概率 β,所以在接受原假设时不得不给出"不能说总体平均发生了变化"这样的结论。

(3) 差异显著。根据 u_0 的大小从统计上判定是否差异显著。由公式(3-13)可知,增加 $\bar{x}$ 与 μ_0 的差、减小 σ_0、增加 n(样本数)可使 u_0 的值增大。换言之,假设检验就是依据标准差 σ_0 和样本数 n,从统计上判断 $\bar{x}$ 与 u_0 之差的大小是否有考虑价值。

二、区间估计的基本理论

根据假设检验结果获得的结论是成形装箱作业改用机器前后产品重量存在差异。必须通过估计才能知道重量究竟发生了多大程度的变化,改用机器后产品重量的总体均值是多少。

1. 估计的思路与术语

在讲述平均值分布时说过,从总体平均 μ、总体标准差为 σ 的正态总体 $N(\mu, \sigma^2)$ 中任意抽出的 n 个样本的平均值 $\bar{x}$ 服从平均值也是 μ、标准差为 $\sigma/\sqrt{n}$ 的正态分布 $N(\mu, \sigma^2/n)$。由此可知,$\bar{x}$ 落入 $\mu \pm 1.96\sigma/\sqrt{n}$ 范围内的概率为95%,落入这一范围之外的概率仅为5%。样本的平均值 $\bar{x}$ 通常接近其总体的平均值 μ,可用 $\bar{x}$ 估计总体平均。用一个值 $\bar{x}$ 估计 μ 被称为点估计(point estimation),$\bar{x}$ 则为 μ 的点估计值($\hat{\mu}$)。

一般把 $\bar{x}$,有时也把中位数 $\tilde{x}$ 作为总体平均 μ 的点估计值,把方差 s^2 作为总体方差 σ^2 的点估计值,把 R/d_2 或 $\bar{R}/d_2$ 作为标准差 σ 的点估计值。

从相同的总体中抽取的 n 个样本的 $\bar{x}$ 值并不是真正的 μ。通过观察若干次抽取 n 个样本的 $\bar{x}$ 可以发现,每次样本平均值都不同(见表3-3)。$\bar{x}$ 以 μ 为中心聚集其左右,距 μ 越远 $\bar{x}$ 的值越少,约95%的 $\bar{x}$ 落入 $\pm 1.96\sigma/\sqrt{n}$ 的范围内。如果以样本的 $\bar{x}$ 值为中心设置宽度为 $\pm 1.96\sigma/\sqrt{n}$ 的区间,总体平均 μ 在这一范围内的概率为95%,不在其内的概率为5%(见图3-16)。即:

$$\bar{x} \pm 1.96\sigma/\sqrt{n} \qquad (3\text{-}14)$$

公式(3-14)被称为置信度或置信水平(1 - 0.05),称为 μ 的95%置信界限(confidence limits)。上限值称为置信上限,下限值称为置信下限,由上下置信界限构成的区间被称为置信区间(confidence interval)。依据置信度(置信水平)对 μ 和 σ 等范围进行的估计称之为区间估计(interval estimation)。

由公式(3-14)可知,样本数 n 越大、标准差越小,置信区间的

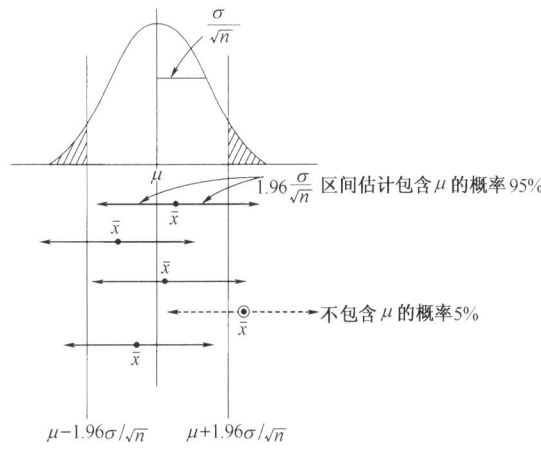

图 3-16 置信度 95% 的置信区间

范围也就越小,估计的精度就越高。置信度从 95% 提高到 99%,公式中的 1.96 变为 2.58,置信区间随之增大。如同假设检验把显著性水平 α 确定为 5% 或 1% 那样,估计通常把置信度 (1 − α) 确定为 95% 或 99%。

2. 估计的步骤

装箱作业改用机器后产品重量总体平均值 μ 的估计步骤如下:

(1) 计算改用机器后的 20 个样本的平均值 $\bar{x}$:

$\bar{x} = 251.52$ g ⋯⋯ 总体平均 μ 的点估计值

(2) 确定置信度 (1 − α)。α = 0.05,1 − α = 95%。

(3) 95% 的置信范围为 $\pm 1.96\sigma/\sqrt{n}$。

(4) 计算总体平均置信度为 95% 的置信区间:

置信区间上限:$\bar{x} + 1.96\sigma_0/\sqrt{n}$

$= (251.52 + 1.96 \times 0.90/\sqrt{20})$ g $= 251.91$ g

置信区间下限:$\bar{x} - 1.96\sigma_0/\sqrt{n}$

$= (251.52 - 1.96 \times 0.90/\sqrt{20})$ g $= 251.13$ g

装箱作业改用机器后的产品重量总体平均在 251.13 ∼

251.91g 区间内的可靠度为 95%。

以上概述了总体平均的假设检验与区间估计的基本思路、步骤、术语等，详细内容将在第四章以后讲述。

习 题

1. 各举 3 个例子说明我们生活中的哪些数据服从二项分布、泊松分布和正态分布。

2. 某零件的尺寸服从平均值为 250mm、标准差 2mm 的正态分布。企业的标准是 248 ~ 254mm。求超出标准的零件的比率。

3. 从 $N(50,2^2)$ 的总体中随机抽取的 4 个数据，计算其统计量 $\bar{x}$、S、s^2 和 R 的期望值。

4. 求从 $N(50,3^2)$ 的总体中随机抽取 9 个样本的平均值 $\bar{x}$ 大于 51 的概率。

5. 某产品过去装配时间的平均值为 100min，标准差为 5min。最近改变了部分装配作业的顺序，观测了 9 台产品的装配时间，其平均值为 96min。假设标准差不变，试回答下列问题：

(1) 是否可以说装配时间发生了变化？

(2) 估计改变作业顺序后的装备时间（置信度 95%）。

第四章 计量值的假设检验与估计

本章将讨论产品重量、尺寸、加工温度、工作时间等服从正态分布的计量值数据,在改变作业等条件下,总体分布的平均值及方差是否发生变化。介绍检验两个总体分布是否存在差异、估计其差异大小的方法。假设检验与估计方法随对象分布的方差或平均值而异。也因方差或平均值的信息是否精确而有所不同,根据具体问题选用 χ^2(卡方)分布、F 分布、t 分布或正态分布等。

第一节 方差的假设检验与估计

质量管理就是要生产出质量波动小的产品。反映波动大小的方差和平均值是决定概率分布的两个重要参数。方差的假设检验与估计往往容易被忽略,其实它与平均值的假设检验和估计具有同样的重要性。本节介绍总体方差的假设检验与估计,以及两个总体方差之差的假设检验方法。

一、总体方差的假设检验与估计

从总体方差为 σ^2 的正态分布中随机抽取大小为 n 样本,其测量值的平方和记为 S,则 S/σ^2 服从自由度 $\nu = (n-1)$ 的 χ^2 分布。据此可以进行总体方差的假设检验与估计。

1. χ^2 分布

从标准正态分布 $N(0, 1^2)$ 中随机抽取大小为 n 的样本,其测定值为 $x_1, x_2, \cdots, x_n$,则:

$$\chi^2 = x_1^2 + x_2^2 + \cdots + x_n^2 \tag{4-1}$$

χ^2 服从自由度为 $\nu = n$ 的 χ^2 分布。

从正态分布 $N(\mu, \sigma^2)$ 中抽取的样本，其测量值 x_i 的标准变换为：

$$\chi^2 = \sum_{i=1}^{n}(x_i - \mu)^2/\sigma^2 \qquad (4-2)$$

χ^2 服从自由度为 $\nu = n$ 的 χ^2 分布。如用 n 个样本的平均值 $\bar{x}$ 代替总体均值 μ，则：

$$\chi^2 = \sum_{i=1}^{n}(x_i - \bar{x})^2/\sigma^2 = \frac{S}{\sigma^2} \qquad (4-3)$$

χ^2 服从 $\nu = (n-1)$ 的 χ^2 分布。不同自由度的 χ^2 分布的形状如图4-1所示。由于不取负值，分布呈右尾长的形状，其平均值为 ν、标准差为 $\sqrt{2\nu}$。

χ^2 分布除了用于总体方差的估计和假设检验外，在本书第五章计数值的假设检验中，用于判断分布异同的拟合度假设检验等。

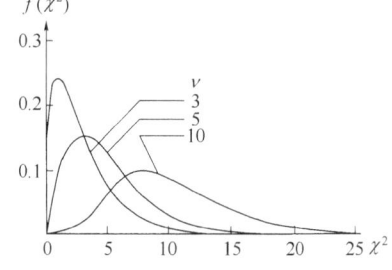

图4-1　$\nu=3, 5, 10$ 的 χ^2 分布

表4-1是 χ^2 分布表的一部分。例如，当由自由度 $\nu = 5$ 时，$P = 0.05$ 所在的列与 $\nu = 5$ 所在行交点的数字为11.07。这表明自由度为5的 χ^2 分布，χ^2 的值大于11.07的概率（上侧概率）P 为0.05（5%）（图4-2）。这一点被称为自由度为5的 χ^2 分布上侧概率5%点，亦称5%分位数（下侧概率95%点，称为95%分位数）。记为 $\chi^2_{0.95}(5) = 11.07$，通常用 $\chi^2_{1-P}(\nu)$ 或 $\chi^2_{1-\alpha}(\nu)$ 表示。

由上图的 $\chi^2_{1-P}(\nu)$ 可知，原来上侧概率 P 的 χ^2 分位点在新JIS中用 $\chi^2_{1-P}(\nu)$ 和下侧概率 $(1-P)$ 表示。t 分布和 F 分布也是如此。

2. 总体方差的假设检验

工厂生产某种产品的回收量一直比较稳定，平均82.0kg，标准差 4.0kg。最近改变了部分生产方法,从已生产的产品中随机抽取 10 批产品,数据为 82,89,81,90,84,83,88,80,85,90(单位:kg),新旧方法回收量的波动有差异吗?

表 4-1 χ^2 分布表(P:上侧概率,ν:自由度)

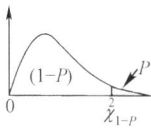

P $(1-P)$ ν	0.975	0.95	0.05	0.025
	0.025	0.05	0.95	0.975
1	0.000982	0.00393	3.84	5.02
2	0.0506	0.103	5.99	7.38
3	0.216	0.352	7.81	9.35
4	0.484	0.711	9.49	11.14
5	0.831	1.145	11.07	12.83
6	1.237	1.635	12.59	14.45
7	1.690	2.17	14.07	16.01
8	2.18	2.73	15.51	17.53
9	2.70	3.33	16.92	19.02
10	3.25	3.94	18.31	20.5

由上图的 $\chi^2_{1-P}(\nu)$ 可知,原来上侧概率 P 的 χ^2 分位点在新 JIS 中用 $\chi^2_{1-P}(\nu)$ 和下侧概率 $(1-P)$ 表示。t 分布和 F 分布也是如此。

在这个问题中,原生产过程长期稳定,回收量能够反映其总体的情况。用 χ^2 分布检验改变生产方法后,其回收量是否可以看作总体方差为 $\sigma_0^2 = 4.0^2$ 的总体的样本。假设检验的步骤如下:

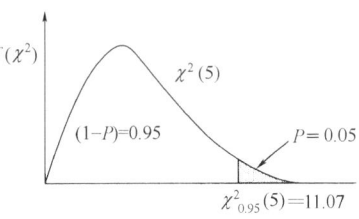

图 4-2 $\nu=5$ 的 χ^2 分布

$\chi^2_{0.95}(5) = 11.07$

(1) 建立假设，确定显著性水平

$H_0: \sigma^2 = \sigma_0^2$（原假设：新方法回收量的方差 σ^2 与原方差 σ_0^2 相同）。

$H_1: \sigma^2 \neq \sigma_0^2$（对立假设：$\sigma^2$ 与 σ_0^2 不同。方差发生变化）。

$\alpha: 0.05$（显著性水平为 5%）。

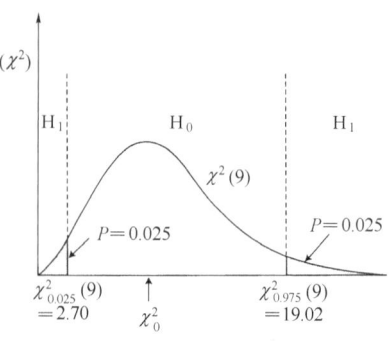

图 4-3 $\nu = 9$ 的 χ^2 分布下侧、上侧概率为 2.5% 的值（χ^2 分布与假设检验）

(2) 根据新生产方法的回收量数据计算平方和 S（表 4-2 计算辅助表）。

为了计算方便，表 4-2 进行了以下数据变换：

$$X_i = (x_i - x_0) \times h$$
$$= (x_i - 85) \times 1$$

则：

$$S = \sum (x_i - \bar{x})^2$$
$$= \sum x_i^2 - (\sum x_i)^2/n$$
$$= \{\sum X_i^2 - (\sum X_i)^2/n\} \cdot 1/h^2$$
$$= (130 - 2^2/10) \text{kg}$$
$$= 129.6 \text{kg}$$

(3) 用公式 (4-3) 计算 x_0^2，则：

$$x_0^2 = \frac{S}{\sigma_0^2} = \frac{129.6}{4.0^2} = 8.10$$

(4) 查 χ^2 分布表，求自由度 $\nu = (n-1) = 9$、双侧概率为 5% 的 χ^2 值（图 4-3）。每侧取 2.5%。

下侧概率取 2.5% 时，$\chi^2_{0.025}(9) = 2.70$。上侧概率取 2.5% 时，$\chi^2_{0.975}(9) = 19.02$。

表 4-2 计算辅助表　　　　　（单位：kg）

x（回收量）	$X = x - 85$	X^2
82	-3	9
89	4	16
81	-4	16
90	5	25
84	-1	1
83	-2	4
88	3	9
80	-5	25
85	0	0
90	5	25
合计	2	130

(5) 进行假设检验。如图 4-3 所示，$x_0^2 = 8.10$ 大于 $x_{0.025}^2$ (9)，小于 $\chi_{0.975}^2$ (9)，处于二者之间。即 $\chi_{0.025}^2$ (9) $< x_0^2 < x_{0.975}^2$ (9)

因此，不能拒绝原假设，不能说新旧两种生产方法回收量的波动有差异，即得出结论是不能说发生了变化。

注：1) 检验使用新生产方法的回收量波动是否比原方法的波动大时，应比较 x_0^2 和 $x_{0.95}^2$ (9)，决定接受或拒绝原假设。此时的对立假设为 H_1：$\sigma^2 > \sigma_0^2$。

2) 假设 $x_0^2 = 1.50$，它小于下侧的值 $x_{0.025}^2$ (9)，拒绝原假设。新旧两种生产方法的产量波动有差异、发生了变化。另外，$x_0^2 = 20.0$，大于 $x_{0.975}^2$ (9)，同样拒绝原假设。前者是新生产方法的产量波动小于旧生产方法，后者是大于旧生产方法。

3. 总体方差的估计

利用上面随机抽取的 10 批产品回收量的数据来估计方差。方差的点估计值 $\hat{\sigma}^2 = V$ 或 S^2，根据公式 (2-7)：

$$\hat{\sigma}^2 = \frac{S}{n-1} = \frac{129.6}{10-1} \text{kg}^2 = 14.4 \text{kg}^2$$

估计置信度 $(1-\alpha)$ 的方差置信区间的方法如下：

利用从方差为 σ^2 的总体中抽取的样本计算 S/σ^2。设小于 χ_1^2 的概率为 $\alpha/2$，大于 χ_2^2 的概率为 $\alpha/2$，如图 4-4 所示，S/σ^2 的概率为 $(1-\alpha)$。

$$\chi_1^2 < \frac{S}{\sigma^2} < \chi_2^2 \qquad (4\text{-}4)$$

把公式（4-4）变为：

$$\frac{S}{\chi_2^2} < \sigma^2 < \frac{S}{\chi_1^2} \qquad (4\text{-}5)$$

即为置信度 $(1-\alpha)$ 条件下，总体方差 σ^2 的置信区间。因此，置信度为 95% 时，新生产方法回收量的总体方差的估计值是：

$$\frac{S}{\chi_{0.975}^2(9)} < \sigma^2 < \frac{S}{\chi_{0.025}^2(9)}$$

即

$$\frac{129.6}{19.02} < \sigma^2 < \frac{129.6}{2.70}$$

所以 $6.81 < \sigma^2 < 48.0$，方差的置信区间为 $6.81 \sim 48.0 \text{kg}^2$。

二、两组数据方差之差的假设检验

分别计算从具有相同方差的正态分布中抽取的两组样本的方差，并求其方差比 F_0。因为此值服从 F 分布，所以可以利用 F 分布检验两组数据的方差是否有差异。

1. F 分布

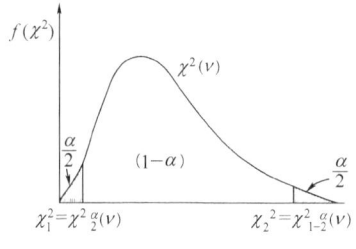

图 4-4 χ^2 分布与估计

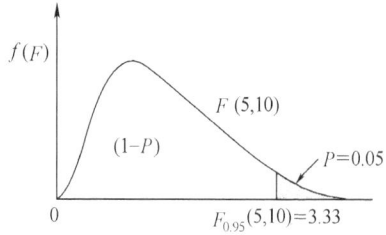

图 4-5 F 分布（$\nu_1=5$，$\nu_2=10$）

第四章　计量值的假设检验与估计

从具有相同方差 σ^2 的正态分布中抽取数量为 n_1、n_2 的两组样本，分别计算方差 V_1（或 s_1^2）及 V_2（或 s_2^2），求其方差比：

$$F = \frac{V_1}{V_2} \tag{4-6}$$

F 值服从自由度 $\nu_1 = (n_1 - 1)$、$\nu_2 = (n_2 - 1)$ 的 F 分布。F 分布的形状随分子、分母的自由度而变化，与 χ^2 分布类似，不取负数值，如图 4-5 所示，右尾长。

F 分布除了用于总体方差之差的假设检验，还可用于方差分析（请参照第八章）等多组平均值之差的假设检验。表 4-3 是 F 分布表的一部分。

表 4-3　F 分布表（上侧概率）

$\nu_2 \backslash \nu_1$	1 … 5 … 10
1	161 … 230 … 242
⋮	⋮
5	6.61 … 5.05 … 4.74
⋮	⋮
10	4.96 … 3.33 … 2.98

$F_{0.95}(5, 10)$

例如，分子的自由度 $\nu_1 = 5$、分母的自由度 $\nu_2 = 10$ 时，上侧概率 $P = 0.05$ 的 F 值可从上侧概率 $P = 0.05$ 的 F 分布表中查得，F 值为 3.33。称之为自由度 5、10 的上侧概率 5% 点（下侧概率 95% 点），记作 $F_{0.95}(5, 10)$。一般表示为 $F_{1-P}(\nu_1, \nu_2)$ 或 $F_{1-\alpha}(\nu_1, \nu_2)$。$F$ 分布表一般分别给出上侧概率为 5%、2.5%、1%、0.5% 等的分布表。根据这些分布表，利用公式

(4-7) 可以求出下侧概率为 5%、2.5% 等的值。

$$F_\alpha(\nu_1, \nu_2) = \frac{1}{F_{1-\alpha}(\nu_2, \nu_1)} \quad (4-7)$$

例如，自由度为 10，5，则下侧概率 5% 的值为

$$F_{0.05}(10, 5) = \frac{1}{F_{0.95}(5, 10)} = \frac{1}{3.33} = 0.30$$

2. 两组数据方差之差的假设检验

某化学药品的填充作业由 A、B 两个填充机完成。为了知道两台填充机之间的填充量（g）是否有差异，通过调查获得了两台机器填充量的数据如下，填充量的方差是否存在差异。

A：20.8　19.6　20.4　20.0　20.9　20.1　20.6　20.1　20.3　19.9

B：20.3　20.8　20.7　20.9　20.3　20.8　21.0　21.0

这个问题需要检验 A、B 填充量的平均值是否存在差异，这一点将在下一节平均值之差的假设检验中讲述，本节先讲述比较填充量波动的步骤。

（1）建立假设，确定显著性水平。

H_0：$\sigma_A^2 = \sigma_B^2$（A、B 两填充机填充量的方差不存在差异）

H_1：$\sigma_A^2 \neq \sigma_B^2$（$A$、$B$ 两填充机填充量的方差存在差异）

α：0.05

（2）分别计算 A、B 的平方和及方差（见表 4-4）。

为了计算方便，进行 $X_i = (x_i - 20.0) \times 10$ 的数据变换。

$$S_A = \{\sum X_A^2 - (\sum X_A)^2/n_A\} \times 1/h^2 = \left\{225 - \frac{(27)^2}{10}\right\} \times \frac{1}{10^2} = 1.521$$

$$S_B = \{\sum X_B^2 - (\sum X_B)^2/n_B\} \times 1/h^2 = \left\{476 - \frac{(58)^2}{8}\right\} \times \frac{1}{10^2} = 0.555$$

则

$$V_A = \frac{S_A}{n_A - 1} = \frac{1.521}{10 - 1} = 0.169$$

$$V_B = \frac{S_B}{n_B - 1} = \frac{0.555}{8 - 1} = 0.0793$$

表 4-4 辅助计算表

$X_i = (x_i - 20.0) \times 10$ （填充量单位：g）

x_A	X_A	X_A^2	x_B	X_B	X_B^2
20.8	8	64	20.3	3	9
19.6	-4	16	20.8	8	64
20.4	4	16	20.7	7	49
20.0	0	0	20.9	9	81
20.9	9	81	20.3	3	9
20.1	1	1	20.8	8	64
20.6	6	36	21.0	10	100
20.1	1	1	21.0	10	100
20.3	3	9			
19.9	-1	1			
202.7	27	225	165.8	58	476

（3）利用公式（4-6）计算方差比 F_0。

$$F_0 = \frac{V_A}{V_B} = \frac{0.169}{0.0793} = 2.13$$

（4）求 F 分布表的值。求分子自由度 $\nu_A = 9$、分母自由度 $\nu_B = 7$，每侧均为 2.5%，两边之和 5% 的 F 分布表的值（见图 4-6）。上侧 2.5% 的值：

$$F_{0.975}(9, 7) = 4.82$$

下侧 2.5% 的值

$$F_{0.025}(9, 7)$$
$$= \frac{1}{F_{0.975}(7, 9)}$$
$$= \frac{1}{4.20} = 0.238$$

（5）进行假设检验。

$F_0 = 2.13$ 大于 $F_{0.025}(9, 7)$，小于 $F_{0.975}(9, 7)$，即

$$F_{0.025}(9, 7) < F_0 < F_{0.975}(9, 7)$$

因此，不能拒绝原假设，不能说 A、B 两填充机的填充量波动

有差异。

注1）本例中 $V_A > V_B$。如果 $V_A < V_B$，(3) 中 F_0 的值小于 1，那么就要根据 F_0 大于或小于下侧 2.5% 的界限值来决定接受还是拒绝原假设。在实际检验中，第 (3) 步计算 F_0 时，把较大的方差作为分子，把较小的方差作分母，使 F_0 大于 1。如果显著性水平为 α，把 F_0 与上侧概率 $\alpha/2$ 的值

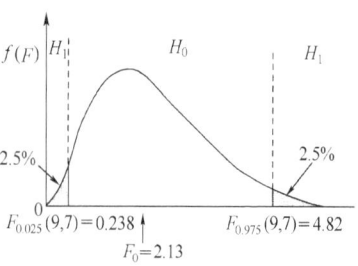

图 4-6 F 分布及假设检验

$F_{1-\frac{\alpha}{2}}(\nu_1, \nu_2)$ 进行比较。如果 $F_0 \geq F_{1-\frac{\alpha}{2}}(\nu_1, \nu_2)$，则认为在显著性水平 α 下两组数据的方差之间存在差异。须注意的是，此时 ν_1 表示分子自由度，ν_2 表示分母自由度，确定的分子、分母应使 F_0 大于 1。

2) A、B 每组数据方差的估计，按照本章第一节一中所述，依据 x^2 分布用公式（4-5）即可。因为两组数据的方差不存在差异，所以可认为它们是相同的，可按照以下步骤估计共同方差。

点估计值为：

$$V \text{ 或 } s^2 = \frac{S_A + S_B}{(n_A - 1) + (n_B - 1)}$$

即

$$V = \frac{1.521 + 0.555}{10 - 1 + 8 - 1} = 0.130$$

区间估计值（置信度 95%）：

$$\frac{S}{\chi^2_{0.975}(\nu)} < \sigma^2 < \frac{S}{\chi^2_{0.025}(\nu)}$$

式中 $S = S_A + S_B$，$\nu = \nu_A + \nu_B = n_A + n_B - 2$，即

$\frac{2.076}{28.8} < \sigma^2 < \frac{2.076}{6.91}$，$0.072 < \sigma^2 < 0.300$

3) 三组以上数据方差之差的假设检验方法有 Bartlett, Hartley, Cochran 方法等，都有相应数值表。也可以使用极差进行简易假设检验。

第二节 平均值的假设检验与估计

第三章阐述了假设检验、估计平均值的思路。本节讲述总

体均值及两组数据平均值之差的假设检验与估计。前者是以样本的平均值为基础,检验抽取样本的总体均值与某个总体均值是否有差异,并估计其总体均值。后者以两组样本的平均值为基础,检验样本所属总体的平均值是否存在差异,并估计其差异。

一、总体均值的假设检验与估计

总体均值假设检验是当改变作业方法或部分设备时,用变更后的 n 个数据的平均值 $\bar{x}$,检验以往的实绩或期望值的总体均值与变更后的总体均值是否不同。总体均值估计是运用变更后的 n 个样本的值估计变更后的总体均值。在进行总体均值的假设检验与估计时,一种是在总体方差已知条件下检验、估计总体均值,另一种是总体方差未知,利用 n 个样本的方差估计值检验、估计总体均值。这两种情况下所用的假设检验与估计公式不同。前者用第三章讲述的正态分布进行检验和估计,后者则必须用下面要讲述的 t 分布(t - distribution)进行假设检验和估计。

1. t 分布

从标准差为 σ 的正态分布 $N(\mu, \sigma^2)$ 抽取 n 个样本的均值 $\bar{x}$ 的分布,服从分布 $N(\mu, \sigma^2/n)$。用公式(4-8)对 $\bar{x}$ 进行标准化:

$$u = \frac{\bar{x} - \mu}{\sigma/\sqrt{n}} \qquad (4\text{-}8)$$

则 u 服从标准正态分布 $N(0, 1^2)$。假设 σ 是未知的。如果用 n 个样本数据的标准差 s 替代 σ,把 s 带入公式(4-8),则 u 不服从标准正态分布,而服从自由度为 $(n-1)$ 的 t 分布。

$$t = \frac{\bar{x} - \mu}{s/\sqrt{n}} \qquad (4\text{-}9)$$

t 分布以 0 为中心,左右对称,形状随自由度的变化而变化。当自由度 ν 为 ∞ 时,形状与正态分布一致。t 分布经常用于

平均值及相关系数等的假设检验与估计。表 4-5 是 t 分布表的一部分。例如，自由度 ν 为 10，t 的绝对值 $|t|$ 为某个值以上的概率 P（双侧概率）为 0.05 时，t 的值为 2.228。图 4-7 中两侧阴影部分的合计为 P（双侧概率），记为 $-t_{0.025}(10) = t_{0.975}(10) = 2.228$，称为自由度 10 的 t 分布两侧 5% 点（单侧 2.5% 点）。通常表示为：

$$-t_{\frac{P}{2}}(\nu) = t_{1-\frac{P}{2}}(\nu)$$

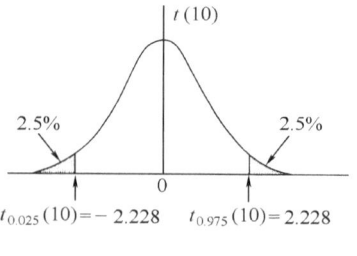

图 4-7　t 分布（$\nu = 10$，$P = 0.05$）

表 4-5　t 分布表（P：双侧概率，ν：自由度）

ν \ P	0.10	0.05	0.02	0.01
$1-\frac{P}{2}$	0.95	0.975	0.99	0.995
1	6.314	12.706	31.821	63.657
2	2.920	4.303	6.965	9.925
3	2.353	3.182	4.541	5.841
4	2.132	2.776	3.747	4.604
5	2.015	2.571	3.365	4.032
⋮	⋮	⋮	⋮	⋮
10	1.812	2.228	2.764	3.169
⋮	⋮	⋮	⋮	⋮
∞	1.645	1.960	2.326	2.576

2. 总体方差已知时总体均值的假设检验与估计

再次以第三章假设检验与估计思路中提出的问题为例，说明在总体方差已知情况下，检验、估计总体均值的步骤。

奶酪的成形装箱作业以前是手工作业，产品的平均重量为

252.0g,标准差为 0.9g,比较稳定。最近改为机器自动成形,抽取 20 个样本,其平均重量为 251.52g。如标准差不变,那么自动化生产的产品重量与以往的平均重量是否存在差异呢?另外,自动化生产的产品重量的总体均值是多少?手工操作的奶酪重量数据是长期稳定的,即

$\mu_0 = 252.0$,$\sigma_0 = 0.9$

1. 总体均值的假设检验

(1) 建立假设,确定显著性水平。

H_0:$\mu = \mu_0$(自动化后产品重量总体均值 μ 与手工操作的总体均值 $\mu_0 = 252.0$ 相同)。

H_1:$\mu \neq \mu_0$(μ 与 μ_0 不同)。

α:0.05

(2) 计算自动化后产品重量的平均值。

$N = 20$,$\bar{x} = 251.52$ g

(3) 利用公式(4-8)计算 u_0。

$$u_0 = \frac{\bar{x} - \mu_0}{\sigma_0/\sqrt{n}} = \frac{251.52 - 252.0}{0.9/\sqrt{20}} = -2.385$$

(4) 利用正态分布表求显著性水平 5%(双侧概率)的值,并与 u_0 进行比较。因为 t 分布的自由度 ν 趋于 ∞ 时为正态分布,所以从表 4-5 可以求出:

$|u_0| = 2.385^* > u_{0.975} = 1.96$

或者

$u_0 = -2.385 < u_{0.0025} = -1.96$

在显著水平 5% 条件下拒绝原假设 H_0(u_0 的值标注 *。显著水平为 1% 时一般标注 **),即可以说自动化后产品重量的总体均值与手工生产时产品重量的总体均值不同。另外,由于 $\bar{x}$

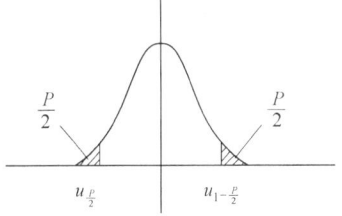

图 4-8 正态分布表

小于 u_0,可以得出自动化后产品重量下降的结论。

注)在正态分布中,图4-8中两侧阴影部分合计为 P(单侧 $P/2$),两个分位点的关系为:

$$-u_{\frac{P}{2}} = u_{1-\frac{P}{2}}$$

2. 总体均值的估计

把 $\bar{x}$ 作为自动化后产品重量平均值的点估计值。

点估计值:$\hat{\mu} = \bar{x}$,251.52g

下面介绍置信度为95%时,自动化后产品重量总体均值 μ 的区间估计。

(1)利用自动化后的20个样本数据计算样本平值 $\bar{x}$:

$n = 20$,$\bar{x} = 251.52$g

(2)确定置信度($1-\alpha$)。设 $\alpha = 0.05$(5%),置信度为95%。

(3)查正态分布表,求出显著性水平5%(双侧概率)的值。

$u_{0.975} = 1.96$

(4)计算总体均值置信度为95%的置信界限。由公式(3-14)可知置信界限为

$$\bar{x} \pm u_{1-\frac{\alpha}{2}} \sigma / \sqrt{n} \qquad (4\text{-}10)$$

所以,

上置信界限:$\bar{x} + u_{1-\frac{\alpha}{2}} \sigma / \sqrt{n}$:($251.52 + 1.96 \times 0.9 / \sqrt{20}$)g $= 251.91$g

下置信界限:$\bar{x} - u_{1-\frac{\alpha}{2}} \sigma / \sqrt{n}$:($251.52 - 1.96 \times 0.9 / \sqrt{20}$)g $= 251.13$g

在置信度为95%时,自动化后产品重量总体均值在251.13~251.91g 的区间内。

3. 总体方差未知时总体均值的假设检验与估计

总体方差未知时,由大小为 n 样本的值估计总体均值。用公式(4-9)求得:

$$t = \frac{\bar{x} - \mu}{s / \sqrt{n}} \quad \text{或} \quad \frac{\bar{x} - \mu}{\sqrt{V/n}}$$

计算 t 的值,并与从自由度 $\nu=(n-1)$ 的 t 分布表查得的 $t_{\frac{\alpha}{2}}(n-1)$ 或 $t_{1-\frac{\alpha}{2}}(n-1)$ 或进行比较,判断平均值是否发生了变化。

总体均值的区间估计可由公式(4-11)求得:

$$\bar{x} \pm t_{1-\frac{\alpha}{2}}(\nu)\, s/\sqrt{n} \qquad (4\text{-}11)$$

在上面问题中,利用自动化后的 20 个样本数据(表 4-6)计算标准差,用它进行总体均值的假设检验及估计。

表 4-6 自动化后奶酪重量的辅助计算表($n=20$)

$X_i = (x_i - 251.5) \times 10$

x_i	X_i	X_i^2
252.9	14	196
252.3	8	64
251.5	0	0
250.4	-11	121
251.3	-2	4
252.2	7	49
251.7	2	4
251.9	4	16
252.9	14	196
252.0	5	25
250.5	-10	100
251.4	-1	1
252.2	7	49
251.3	-2	4
250.2	-13	169
251.3	-2	4
250.5	-10	100
251.7	2	4
250.9	-6	36
251.3	-2	4
合计 5030.4	4	1146

1）总体均值的假设检验

① 建立假设，确定显著性水平（与总体方差已知时相同）。

② 利用表 4-6 计算 $\bar{x}$ 及 s。

③ 利用 $X_i = (x_i - 251.5) \times 10$ 进行数据变换

$$\bar{x} = \left(251.5 + \frac{4}{20} \times \frac{1}{10}\right)g = 251.52g$$

$$S = \left\{1146 + \frac{4^2}{20}\right\}g^2 \times \frac{1}{10^2} = 11.452g^2$$

$$s = \sqrt{\frac{11.452}{20-1}}g = 0.776g$$

④ 计算 t_0：

$$t_0 = \frac{\bar{x} - \mu_0}{s/\sqrt{n}} = \frac{251.52 - 252.0}{0.776/\sqrt{20}} = -2.766$$

⑤ 查 t 分布表，求得显著性水平 5% 的值，并与 t_0 进行比较。

$$-t_{0.025}(19) = t_{0.975}(19) = 2.093$$

所以

$$|t_0| = 2.766^* > t_{0.975}(19) = 2.093$$

在显著性水平 5% 的条件下拒绝 H_0，接受 H_1。采用自动化生产后，产品重量总体均值与手工作业时相比发生了变化，重量减轻了。

2）总体均值的估计。估计方法同上。

点估计值：$\bar{x} = 251.52g$

区间估计值（置信度为 95%）由公式（4-11）求得：

$$(251.52 \pm 2.093 \times 0.776/\sqrt{20})g = 251.16 \sim 251.88g$$

在置信度为 95% 的条件下，自动化后产品重量总体均值的区间为：

251.16~251.88g

注）关于本章第一节中讲述总体方差假设检验时提出的改变生产方法前后回收量的平均值问题。利用生产方法变更后 10 批产品的数据计算平均

值与标准差。由表 4-2 可知：

$$\bar{x} = \left(85.0 + \frac{2}{10}\right)\text{kg} = 85.2\text{kg}$$

$$s = \sqrt{\frac{S}{n-1}} = \sqrt{\frac{129.6}{10-1}} = 3.79$$

由本章第一节的假设检验结果可知，生产方法变更前后方差无差异。因此，在总体均值的检验时，可以使用正态分布：

$$u_0 = \frac{\bar{x} - \mu_0}{\sigma_0/\sqrt{n}} = \frac{85.2 - 82.0}{4.0/\sqrt{10}} = 2.53^*$$

进行假设检验，也可使用由数据求出的 s：

$$t_0 = \frac{\bar{x} - \mu_0}{s/\sqrt{n}} = \frac{85.2 - 82.0}{3.79/\sqrt{10}} = 2.67^*$$

进行假设检验。

但是，用 u_0 的公式时，根据不能说生产方法改变前后方差有差异的结论，按方差相等的假设进行检验。但是，当方差的假设检验得出有差异的结论时，必须使用 t_0 公式。即使得出方差无差异的结论，用 t_0 公式也没有错。当数据较少时，根据利用数据估计的方差（标准差）的置信点，从表求得的 t 值远远大于 u 值。因此，用 u_0 公式检验平均值，即使得出有差异的结论，用 t_0 也可能得出不显著的结论。

二、两组数据平均值之差的假设检验与估计

用下面两个例子说明两组数据平均值之差的假设检验问题。第 1 个例子是本章第一节两组数据方差之差的假设检验。

例 1：由 A、B 两台填充机进行化学药品的填充。讨论两个填充机的填充量是否有差异（单位：g）。

A：20.8　19.6　20.4　20.0　20.9　20.1　20.6　20.1　20.3　19.9

B：20.3　20.8　20.7　20.9　20.3　20.8　21.0　21.0

例 2：把 A、B 两种型号的电计量器设置在条件不同的 10 个地点，放置一段时间之后进行耐久性试验，其结果如下。A、B 两种型号电计量器的耐久性是否存在差异？这些数据是在施加一定电压时计量器达到一定转数时所需的时间。

(单位：s)

条件 型号	1	2	3	4	5	6	7	8	9	10
A	143	145	133	137	132	129	139	122	141	130
B	137	134	125	140	131	119	126	120	131	135

这两个比较平均值问题的例子看似相同。实际上，例 1 是非配对的两组数据平均值之差的检验，例 2 是配对的两组数据平均值之差的检验，它们的检验方法不同。

例 2 中，每种条件下均设置 A、B 两种型号计量器，并获得了耐久性数据。当然可以预见不同环境条件引起的耐久性变化，所以在比较两种型号计量器耐久性的差异时必须消除环境条件的影响。计算配对数据之差，如果 A、B 两种型号计量器的耐久性无差异，那么这个差将是 0。利用配对数据的误差检验是否可以认为差为 0。但是，这个误差中必须不含环境条件的差异。这是检验、估计配对的两组平均值之差的基本思想。

与例 2 相比，在例 1 中，A、B 两台填充机的数据并不配对。A 的填充量为 19.6～20.9g，B 的填充量为 20.3～21.0g，对于同样的填充机，填充量的这种变化相当于误差。以此误差为基础检验填充机 A、B 的填充量之差，这种非配对的两组数据平均值之差的假设检验将在下面讲述。此时，检验方法因 A、B 的方差（误差）是否相同而不同，所以需要事先进行方差之差的检验。

1. 非配对数据平均值之差的假设检验与估计

利用 A、B 两组样本的平均值 $\bar{x}_A$、$\bar{x}_B$ 检验两组数据的总体均值有无异时，首先用 F 分布检验 2 组数据方差之差。当差异不显著时，用以下方法检验平均值之差。设：

两组样本的大小：n_A，n_B

两组样本的平均值：$\bar{x}_A$，$\bar{x}_B$

两组样本的平方和：S_A，S_B

因为方差的差异不显著，用公式（4-12）估计两组数据共同的标准差。

$$s = \sqrt{\frac{S_A + S_B}{(n_A - 1) + (n_B - 1)}} \qquad (4\text{-}12)$$

如果两组数据的总体均值 μ_A，μ_B 没有差异，则下面的统计量服从自由度为 $\nu = (n_A - 1) + (n_B - 1) = n_A + n_B - 2$ 的 t 分布。

$$t = \frac{\overline{x}_A - \overline{x}_B}{s \sqrt{\frac{1}{n_A} + \frac{1}{n_B}}} \qquad (4\text{-}13)$$

把公式（4-13）计算出的 t 值与自由度 ν 的 t 分布值的进行比较，检验平均值之差。

两组数据总体均值之差的估计公式：

点估计值：$\widehat{\mu_A - \mu_B} = \overline{x}_A - \overline{x}_B$

区间估计值：置信度为 $(1 - \alpha)$ 时的置信界限为：

$$(\overline{x}_A - \overline{x}_B) \pm t_{1-\frac{\alpha}{2}}(\nu)\, s \sqrt{\frac{1}{n_A} + \frac{1}{n_B}} \qquad (4\text{-}14)$$

式中，s 由公式（4-12）求得的，$\nu = (n_A + n_B - 2)$。

利用公式（4-11）计算 A、B 两组数据总体均值的区间估计值：

$$\overline{x} \pm t_{1-\frac{\alpha}{2}}(\nu)\, s/\sqrt{n}$$

此处的 s 可使用 A、B 两组数据中任何一个的标准差。但是，由于方差的差异不显著，可以使用公式（4-12）计算的 s。这时的自由度不是 $\nu_A = n_A - 1$ 或 $\nu_B = n_B - 1$，而是 $\nu = n_A + n_B - 2$。

注）A 产品的质量特性 x 服从平均为 μ_x、方差为 σ_x^2 的正态分布，B 产品的质量特性 y 服从平均为 μ_y、方差为 σ_y^2 的正态分布。当 x 与 y 之间相互独立时，下图所示的"方差可加性"成立，即 $x \pm y$ 服从平均为 $\mu_x \pm \mu_y$、方差为 $\sigma_x^2 + \sigma_y^2$ 的正态分布。

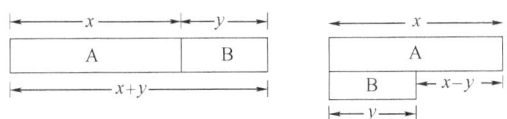

由方差的可加性可知，在公式（4-13）所示的 2 组数据平均值之差的检验式中，分子 $(\overline{x}_A - \overline{x}_B)$ 对应的分母方差为 $(S_A^2/n_A + S_B^2/n_B)$。由于用 A、

B 的共同方差 S^2，则为 $\left(\dfrac{1}{n_A}+\dfrac{1}{n_B}\right)s^2$。

例1 平均值之差的假设检验与估计。因为在本章第一节的讨论中，已经获得了两组数据的方差之间不存在差异的结论，所以可按以下步骤进行平均值的假设检验与估计。

1) 平均值之差的假设检验

① 建立假设，确定显著性水平。

H_0：$\mu_A = \mu_B$（A、B 两台填充机的填充量 μ_A 与 μ_B 相同）。

H_1：$\mu_A \neq \mu_B$（A、B 两台填充机的填充量 μ_A 与 μ_B 不同）。

α：0.05

② 计算假设检验所需的统计量（见表4-4）。

$$\bar{x}_A = 20.0 + \dfrac{\sum X_A}{n_A} \times \dfrac{1}{h} = 20.0 + \dfrac{27}{10 \times 10} = 20.27$$

验算 $\dfrac{\sum x_A}{n_A} = \dfrac{202.7}{10} = 20.27$

$$\bar{x}_B = 20.0 + \dfrac{58}{8 \times 10} = 20.725 \longleftrightarrow \dfrac{165.8}{8} = 20.725$$

由本章第一节可知

$S_A = 1.521$

$S_B = 0.555$

所以利用公式（4-12）可以计算出共同标准差 s。

$$s = \sqrt{\dfrac{S_A + S_B}{n_A + n_B - 2}} = \sqrt{\dfrac{1.521 + 0.555}{10 + 8 - 2}} = 0.360$$

③ 利用公式（4-13）计算 t_0。

$$t_0 = \dfrac{\bar{x}_A - \bar{x}_B}{s\sqrt{\dfrac{1}{n_A}+\dfrac{1}{n_B}}} = \dfrac{20.270 - 20.725}{0.360\sqrt{\dfrac{1}{10}+\dfrac{1}{8}}} = \dfrac{-0.455}{0.171} = -2.66$$

④ 求 t 分布的值，并与 t_0 进行比较。

α：0.05，$\nu = n_A + n_B - 2 = 16$

所以，$t_{0.975}(16) = 2.120$

$|t_0| = 2.66^* > t_{0.975}(16) = 2.120$

A、B 两台填充机的药品填充量存在差异。

2) 总体均值之差的估计。A、B 的总体均值之差点估计与区间估计。

点估计值：$\widehat{\mu_B - \mu_A} = \bar{x}_B - \bar{x}_A = 0.455\text{g}$

区间估计值（置信度 95%）：由 $(\bar{x}_B - \bar{x}_A) \pm t_{1-\frac{\alpha}{2}}(\nu) s \times \sqrt{\frac{1}{n_A} + \frac{1}{n_B}}$ 得出：

$\left(0.455 \pm 2.120 \times 0.360 \times \sqrt{\frac{1}{10} + \frac{1}{8}}\right)\text{g}$

$= (0.455 \pm 0.362)\text{g} = 0.093 \sim 0.817\text{g}$

另外，各填充机的区间估计值，例如 A 的区间估计值可以用 $\bar{x}_A \pm t_{1-\frac{\alpha}{2}}(\nu)/s\sqrt{n_A}$ 计算。但是要用 s_A 替代 s，也可用由公式 (4-12) 计算出的共同 s。使用 s_A 还是 s，t 分布的自由度分别为 $n_A - 1$ 或 $n_A + n_B - 2$。如果用共同的 s，则

$(20.270 \pm 2.120 \times 0.360/\sqrt{10})\text{g}$

$= (20.270 \pm 0.241)\text{g}$

即机器 A 填充量的总体均值在 20.029 ~ 20.511g 之间的置信度为 95%。

3) 威尔齐检验法。当方差存在差异时，计算很繁琐。因此，可使用与方差之差无关的威尔齐（Welch）检验法。

$$t = \frac{\bar{x}_A - \bar{x}_B}{\sqrt{\frac{V_A}{n_A} + \frac{V_B}{n_B}}} \quad (4-15)$$

t 分布的自由度 ν 可由下式求得。

$$\frac{1}{\nu} = \frac{c^2}{n_A - 1} + \frac{(1-c)^2}{n_B - 1}, \quad c = \frac{V_A}{n_A} \bigg/ \left(\frac{V_A}{n_A} + \frac{V_B}{n_B}\right) \quad (4-16)$$

通过比较 t 与自由度为 ν 的 t 分布值进行假设检验。

下面用威尔齐法来检验上面的问题。

$$t_0 = \frac{\bar{x}_A - \bar{x}_B}{\sqrt{\dfrac{V_A}{n_A} + \dfrac{V_B}{n_B}}} = \frac{20.270 - 20.725}{\sqrt{\dfrac{0.169}{10} + \dfrac{0.0793}{8}}} = \frac{-0.455}{0.1637} = -2.78$$

$$c = \frac{V_A}{n_A} \bigg/ \left(\frac{V_A}{n_A} + \frac{V_B}{n_B}\right) = \frac{0.169}{10} \bigg/ \left(\frac{0.169}{10} + \frac{0.0793}{8}\right) = 0.630$$

$$\frac{1}{\nu} = \frac{c^2}{n_A - 1} + \frac{(1-c)^2}{n_B - 1} = \frac{0.63^2}{9} + \frac{0.37^2}{7} = 0.0637 \quad \therefore \nu = 15.71$$

$$t_{0.975}(15.71) < t_{0.975}(15) = 2.131 < |t_0| = 2.78^*$$

即,可以得出平均值存在差异的结论。这里求 t 值的自由度 ν 为 15.71,是非整数,所以 t 分布表中没有列出。这种情况下的检验方法有以下两种。

(1) 用 $\nu = 15.71$ 前后自由度的 t 分布表值计算 t 的值 $t_{0.975}$ (15.71),并与 t_0 进行比较。

$t_{0.975}(15) = 2.131$

$t_{0.975}(15.71) = ?$

$t_{0.975}(16) = 2.120$

$t_{0.975}(15.71) = t_{0.975}(15) \times 0.29 + t_{0.975}(16) \times 0.71 = 2.123$

因此,$|t_0| = 2.78^* > t_{0.975}(15.71) = 2.123$

当自由度小于 30 时,可以像上面那样用线性插值法从 t 表或 F 表求出自由度对应的值。当自由度大于 30 时,用 $120/\nu$ 进行线性插值。例如,$t_{0.975}(36)$ 的值如下:

$t_{0.975}(30) = 2.042$

$t_{0.975}(36) = ?$

$t_{0.975}(40) = 2.021$

$t_{0.975}(36) = t_{0.975}(30) \times 0.333 + t_{0.975}(40) \times 0.667 = 2.028$

(2) 安全一侧的检验。要得出差异显著的结论时,与比所求自由度小的自由度的 t 值进行比较,如果 t_0 比这个值大,则认为差异显著。

$t_{0.975}$ (15.71) < $t_{0.975}$ (15) = 2.131 < $|t_0|$ = 2.78 *
　　所求自由度　　比所求自由度
　（但 t 表中没有）　小的自由度

相反，要得出不显著的结论时，与比所求自由度大的自由度的 t 值进行比较，如果这个值比 t_0 大，则判定为不显著。

$t_{0.975}$ (15.71) > $t_{0.975}$ (16) = 2.120 > t_0 = 2.00

当 t_0 在 2.120 与 2.131 之间时，无法进行安全一侧的检验，必须用插值法求 $t_{0.975}$ (15.71)，并与 t_0 进行比较。

2. 配对的两组数据平均值之差的假设检验

在例 2 中，根据对 A、B 两种计量器的多次试验结果来比较其耐久性。当不同试验环境下耐久性差异很大时，同一种计量器之间耐久性波动的误差大，前述的"非配对两组数据平均值之差的假设检验"难以检验出两种计量器之间的差异。应从同种计量器之间的波动中除去环境条件引起的耐久性的差异，然后检验两种计量器之间是否有差异。因此，采用下述的检验与估计方法。

计算第 i 种环境条件下两组测定值 x_{Ai} 及 x_{Bi} 的差 d_i。

$$d_i = x_{Ai} - x_{Bi}$$

设配对数据的数目为 n，求 d_i 的平均值及标准差。

$$\bar{d} = \sum_{i=1}^{n} d_i / n$$

$$s_d = \sqrt{\sum (d_i - \bar{d})^2 / (n-1)}$$
$$= \sqrt{\{\sum d_i^2 - (\sum d_i)^2 / n\} / (n-1)}$$

利用公式（4-17）计算 t 值，并与自由度 $\nu = (n-1)$ 的 t 分布值进行比较，检验配对的两组数据平均值的差是否显著。

$$t = \frac{\bar{d}}{s_d / \sqrt{n}} \tag{4-17}$$

在配对的 2 组数据平均值之差的假设检验中，分别计算配对数据的差 d_i，将其作为原始数据，对 d_i 总体均值为 0 的原假设进行检验。如果 A、B 的总体均值无差异（$\mu_A - \mu_B = \delta \to 0$），公式（4-17）的 t 服从自由度为（$n-1$）的 t 分布。

平均值之差的估计：

点估计值：$\widehat{\mu_A - \mu_B} = \bar{d}$

区间估计值：置信度（$1-\alpha$），其置信界限由：

$$\bar{d} \pm t_{1-\frac{\alpha}{2}}(\nu)\, s_d/\sqrt{n} \tag{4-18}$$

给出。在这里 ν 是配对数据的数目 n 减 1。

在配对的 2 组数据平均值之差的假设检验中，计算配对数据之差 d_i，并以此作为原始数据进行检验，所以不需要检验 2 组数据的方差之差。

数据是否配对由技术决定，但有时也不知道数据是否是有配对的关系。在这种情况下，按照

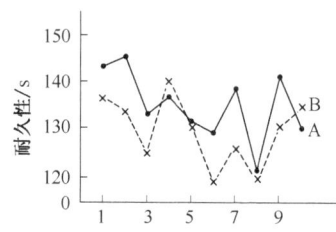

图4-9 A、B 电计量器耐久性数据图

获得数据的顺序画图，例如，用例 2 的数据绘制图 4-9，或把 A 作为 x、B 作为 y 绘制散布图。如果 A 与 B 具有同样的变动趋势，散布图具有正相关关系，则可作出大致的判断。

下面对例 2 进行检验与估计。

（1）建立假设，选定显著性水平。

H_0：$\mu_A = \mu_B$ 或 $\delta = \mu_A - \mu_B = 0$（两种计量器耐久性的平均值相同）。

H_1：$\mu_A \neq \mu_B$（两种计量器耐久性的平均值不同。）

α：0.05

（2）计算假设检验需的统计量（见表 4-7）。

$d_i = x_{Ai} - x_{Bi}$

$\bar{d} = \sum_{i=1}^{n} d_i/n = 53/10 = 5.3$

$s_d = \sqrt{\{\sum d_i^2 - (\sum d_i)^2/n\}/(n-1)}$

$$= \sqrt{\{629 - 53^2/10\}/9} = 6.22$$

(3) 利用公式 (4-17) 求 t_0。

$$t_0 = \frac{\bar{d}}{s_d/\sqrt{n}} = \frac{5.3}{6.22/\sqrt{10}} = 2.69$$

(4) 求自由度为 $\nu = (n-1) = 9$ 的 t 分布值，并与 t_0 进行比较。

$$t_0 = 2.69^* > t_{0.975}(9) = 2.26$$

在显著性水平 5% 条件下拒绝 $\mu_A = \mu_B$（电计量器 A 与 B 耐久性相同）的原假设，耐久性有差异。

表 4-7 A、B 电计量器耐久性数据与辅助计算表

条件	x_A	x_B	$d = x_A - x_B$	d^2
1	143	137	6	36
2	145	134	11	121
3	133	125	8	64
4	137	140	-3	9
5	132	131	1	1
6	129	119	10	100
7	139	126	13	169
8	122	120	2	4
9	141	131	10	100
10	130	135	-5	25
合计	1351	1298	53	629

(5) 估计两种计量器耐久性之差。

点估计值：$\bar{d} = 5.3$ (s)

区间估计值：置信度 95%：

$$\bar{d} \pm t_{1-\frac{\alpha}{2}}(\nu) \, s_d/\sqrt{n}$$

$= (5.3 \pm 2.26 \times 6.22/\sqrt{10})$ s $= 0.9 \sim 9.7$ (s)

在置信度为 95% 的条件下，电计量器 A 达到一定转数所需

的时间比 B 长 0.9~9.7s。

注1) 如果将这个问题作为非配对的 2 组数据平均值之差的假设检验，由公式（4-13）可知 $t_0 = 1.66 < t_{0.975}(18) = 2.10$，结论变为两计量器耐久性无差异。

2) 将上述问题置换为单侧检验，即检验 A 型电计量器耐久性的测量值是否比 B 型的大，其检验方法如下。黑体字表示发生变化的部分。

① 建立假设，选定显著性水平。

$H_0: \mu_A = \mu_B$

$H_1: \mu_A > \mu_B$（A 型比 B 型大，**单侧**假设检验）。

$\alpha: 0.05$

② 计算假设检验所需统计量。

$d_i = x_{Ai} - x_{Bi}$

$\bar{d} = 5.3$

$s_d = 6.22$。

③ 用公式（4-17）计算 t_0。

$t_0 = 2.69$

④ 求自由度为 $\nu = (n-1) = 9$ 的 t 分布值，并与 t_0 进行比较。**取单侧概率 5%（双侧 10%）的分布值**。$t_{0.95}(9) = 1.833$

$t_0 = 2.69^* > t_{0.95}(9) = 1.833$

在显著性水平 5% 的条件下，拒绝 $\mu_A = \mu_B$（电计量器 A 与 B 耐久性相同）的原假设，结论是 A 型电计量器耐久性特性值比 B 型的好。

3) 3 组以上数据平均值之差的检验方法请参照第八章方差分析与实验设计中单一因子实验的方差分析部分。

习　题

1. 长期以来一直从 A 企业购入材料，平均交货期为 28 天。最近，从交货迅速的 B 企业购入 9 次材料，交货期如下（单位：天）：

22　29　21　30　24　23　28　20　31

(1) 是否可以认为 B 企业交货迅速？

(2) 计算 B 企业交货期的波动（方差）。

(3) 估计 B 企业的平均交货期。

2. 下列数据是在 A、B 两种成形条件下生产的合成树脂的抗弯曲强度（单位：kg/mm^2）：

A：13.7 14.5 13.8 15.2 24.7 14.1 13.4 14.2 11.5 11.5

B：12.3 11.1 11.5 13.9 10.8 12.5 11.5 13.5 14.0 12.1

（1）检验不同成形条件下的方差和平均值是否有差异？

（2）估计平均值的差。

3. 分别测量了 8 块铁板 A、B 两处的厚度，获得的数据如下表。认为制造方法 A 比制造方法 B 生产的厚度大。

样本	1	2	3	4	5	6	7	8
A	5.25	5.16	5.24	5.20	5.24	5.32	5.23	5.28
B	5.20	5.09	5.18	5.22	5.21	5.25	5.17	5.25

（1）通过假设检验确定 A 是否比 B 厚？

（2）估计 A 与 B 厚度差的置信区间（置信度95%）。

第五章 计数值的假设检验与估计

在我们收集的数据中,除前一章中产品的尺寸和重量等计量值外,还有根据标准被认定为不合格产品数及划痕、事故数等以 1,2,3…表示的量,以及用百分比表示的不合格品率,每单位的不合格数(缺陷数)等计数值数据。如第三章所述,计数值数据服从二项分布或泊松分布,假设检验和估计的基本思路与计量值数据相同,但由于统计量不同,假设检验公式也不同。

利用二项分布或泊松分布的公式或图表可直接求出计数值数据分布的概率。由于这些分布同 F 分布或 χ^2 分布有关,在质量管理中我们获得的数据量一般都相当大,用正态分布近似计数值数据分布可使假设检验和估计变得简单,且不影响实际应用。

第一节 不合格品率的假设检验与估计

一、总体不合格品率的假设检验与估计

A 工序不合格品率高达到 7.3%。最近,对工序作了部分调整,寻求降低不合格品率的对策。新工序生产的 250 个产品中有 9 件不合格品,调整工序是否真正使不合格品减少了?能估计出新工序的不合格品率是多少吗?

假设工序调整后不合格品的发生情况与原来相同,还是 0.073。

从不合格品率为 P 的总体中取 n 个样品,其中包含 r 个不合格品的概率服从二次分布,其平均个数 μ 和标准差 σ 如公式

(3-2) 所示:

$$\mu = nP$$
$$\sigma = \sqrt{nP(1-P)}$$

在 $P \leq 0.5$、$nP \geq 5$ 或 $P > 0.5$、$n(1-P) \geq 5$ 时,即如果不合格品及合格品的期望值全都在 5 以上,二项分布近似于正态分布,可以用正态分布求其概率。因此:

$$u = (r - nP)/\sqrt{nP(1-P)} \quad (5\text{-}1)$$
$$(\text{离差})(\text{标准差})$$

或者
$$u = (r/n - P)/\sqrt{P(1-P)/n} \quad (5\text{-}2)$$

服从 $N(0, 1^2)$ 的标准正态分布。

上面的问题是 $n = 250$,$P = 0.073$,因为满足正态分布的近似条件,所以可利用这个公式进行假设检验。

1. 总体不合格品率的假设检验

(1) 建立假设,确定显著性水平。

H_0: $P = P_0$(新工序的总体不合格品率 P 同原来的总体不合格品率 $P_0 = 0.073$ 相同)。

H_1: $P < P_0$(新工序的总体不合格品率 P 比原来的总体不合格品率低;单侧检验)。

α: 0.05

(2) 利用式 (5-1) 或式 (5-2) 计算 u_0。

由 $n = 250$,$r = 9$,$P_0 = 0.073$,则:

$$u_0 = \frac{r - nP_0}{\sqrt{nP_0(1-P_0)}} = \frac{9 - 250 \times 0.073}{\sqrt{250 \times 0.073(1-0.073)}} = -2.25$$

(3) 从正态分布表求得显著性水平 $\alpha = 5\%$ 的值(单侧概率),并与 u_0 进行比较。

$$|u_0| = 2.25^* > u_{0.95} = 1.64$$

因为 u_0 是负值,在显著性水平 $\alpha = 5\%$ 的条件下拒绝 H_0。通过调整工序降低了不合格品率。

2. 总体不合格品率的估计

新工序的不合格品率可用下式进行估计。

点估计： $P = r/n$ (5-3)

区间估计：置信度 $(1-\alpha)$：

$$p \pm u_{1-\frac{\alpha}{2}} \sqrt{p(1-p)/n} \quad (5-4)$$

（1）新工序不合格品率的点估计。

$$p = r/n = 9/250 = 0.036$$

（2）计算置信度 $(1-\alpha)$。

置信度 $(1-0.05) = 0.95$，即 95%。

（3）从正态分布表求得 $u_{0.975} = 1.96$。

（4）计算总体不合格品率置信度95%的置信区间。

置信上限 P_U：$p + u_{1-\frac{\alpha}{2}} \sqrt{p(1-p)/n}$：$0.036 + 1.96 \times \sqrt{\dfrac{0.036(1-0.036)}{250}} = 0.036 + 0.023 = 0.059$

置信下限 P_L：$p - u_{1-\frac{\alpha}{2}} \sqrt{p(1-p/n)}$：$0.036 - 0.023 = 0.013$

在置信度为95%的条件下，新工序不合格品率置信区间的上限为5.9%，下限为1.3%。

二、2组产品不合格品率之差的假设检验和估计

用A、B两台设备加工产品，A设备生产的350个产品中有64个不合格，B设备生产的200个产品中有22个不合格。两台设备的不合格品率是否不同？如果不同，能估计出其差异有多大吗？

利用2组样本的个数 n_A、n_B，以及各自的不合格品数 r_A、r_B 计算不合格品率 p_A、p_B。两组产品不合格品率是否存在差异的假设检验就是把利用公式（5-5）计算的 u_0 与正态分布表中的值相比较。

$$u_0 = \frac{p_A - p_B}{\sqrt{\bar{p}(1-\bar{p})\left(\dfrac{1}{n_A} + \dfrac{1}{n_B}\right)}} \quad (5-5)$$

$\bar{p}$ 是所有样本的不合格品率。

$$\bar{p} = \frac{r_A + r_B}{n_A + n_B} \quad (5\text{-}6)$$

置信度 $(1-\alpha)$ 下,2 组产品不合格品率之差的置信区间可用公式 (5-7) 求得。

$$(p_A - p_B) \pm u_{1-\frac{\alpha}{2}} \sqrt{\frac{p_A(1-p_A)}{n_A} + \frac{p_B(1-p_B)}{n_B}} \quad (5\text{-}7)$$

1. 两组产品不合格品率之差的假设检验

(1) 建立假设,设定显著性水平 $\alpha = 0.05$。

$H_0: p_A = p_B$(A 和 B 的不合格品率没有差异)。

$H_1: p_A \neq p_B$(A 和 B 的不合格品率有差异)。

$\alpha: 0.05$

(2) 计算各设备的不合格品率 p_A、p_B 及平均不合格品率 $\bar{p}$。

$$p_A = \frac{r_A}{n_A} = \frac{64}{350} = 0.183, \quad p_B = \frac{22}{200} = 0.110$$

$$\bar{p} = \frac{r_A + r_B}{n_A + n_B} = \frac{64 + 22}{350 + 200} = 0.156$$

(3) 利用公式 (5-5) 计算 u_0。

$$u_0 = \frac{p_A - p_B}{\sqrt{\bar{p}(1-\bar{p})\left(\frac{1}{n_A} + \frac{1}{n_B}\right)}} = \frac{0.183 - 0.110}{\sqrt{0.156 \times (1 - 0.156)\left(\frac{1}{350} + \frac{1}{200}\right)}}$$

$$= \frac{0.073}{0.0322} = 2.27$$

(4) 与正态分布表的值进行比较,并作出判断。

$$u = 2.27^* > u_{0.975} = 1.96$$

在显著性水平 $\alpha = 5\%$ 条件下拒绝 H_0。A、B 两台设备的不合格品率不同。

2. 两组产品不合格品率之差的估计

可利用公式 (5-7) 估计两组产品不合格品率之差。

点估计:$p_A - p_B = 0.183 - 0.110 = 0.073$(7.3%)

区间估计（置信度95%）：

$$(p_A - p_B) \pm u_{1-\frac{\alpha}{2}} \sqrt{\frac{p_A(1-p_A)}{n_A} + \frac{p_B(1-p_B)}{n_B}}$$

$$0.73 \pm 1.96 \sqrt{\frac{0.183(1-0.183)}{350} + \frac{0.110(1-0.110)}{200}}$$

$$= 0.073 \pm 0.059 = 0.014, 0.132$$

即 A、B 两台设备的不合格品率有 7.3% 的差别。在置信度有 95% 条件下的置信区间为 1.4%～13.2%。可利用公式（5-4）对 A、B 两设备不合格品率的区间进行估计。例如 A 的置信区间为：

$$p_A \pm u_{1-\frac{\alpha}{2}} \sqrt{p_A(1-p_A)/n_A}: 0.183 \pm 1.96 \sqrt{0.183(1-0.183)/350}$$

$$= 0.183 \pm 0.041 = 0.142, 0.224$$

置信度为 95% 条件下的置信区间是 14.2%～22.4%。

也可以利用后面叙述的拟合度检验或分割表法对不合格品率进行假设检验和估计。3 组以上不合格品率之差的假设检验，请参阅本章第四节的列联表。

利用二项概率纸或估计纸作图就能很容易地进行二项分布的假设检验和估计，在此不作阐述。

第二节　不合格数的假设检验与估计

产品的瑕疵、气泡等的出现数量（缺陷数），设备的故障、工厂事故等的发生次数服从泊松分布，可用与上一节同样的方法来进行假设检验和估计。

A 工厂最近的 6 个月共发生非停产的事故 42 起。同类企业相同规模的工厂每月发生 11 件。与此相比，是否可以认为 A 工厂非停产事故的发生次数少？A 工厂每月事故发生次数的估计值是多少？

瑕疵数、事故次数等服从泊松分布，参数为 m 的泊松分布其均值和标准差分别为：

$$\mu = m, \sigma = \sqrt{m}$$

如果 m 大于 5，泊松分布近似于正态分布。设从参数为 m 的泊松分布抽取大小为 n 样本的平均值为 $\bar{c}$。如果 $m \geq 5$，则：

$$u = \frac{\bar{c} - m}{\sqrt{m/n}} \tag{5-8}$$

服从 N（0，1）的正态分布。用公式（5-8）即可对上述数据进行假设检验。如公式（5-9）所示，利用 $\bar{c}$ 即可求得 m 的置信度（$1-\alpha$）的置信区间：

$$\bar{c} \pm u_{1-\frac{\alpha}{2}} \sqrt{\frac{\bar{c}}{n}} \tag{5-9}$$

一、总体不合格数的假设检验

（1）建立假设，确定显著性水平。

H_0：$m = m_0$（A 工厂的事故次数为 m，同类型企业的事故次数为 $m_0 = 11.0$ 没有差异）。

H_1：$m < m_0$（单侧检验）。

$\alpha = 0.05$

（2）计算 A 工厂的平均事故次数 $\bar{c}$。

$$\bar{c} = \frac{42 \text{ 次}}{6 \text{ 月}} = 7.0 \text{ 次／月}$$

（3）利用公式（5-8）计算 u_0。n 为观测月数（$n = 6$）。

$$u_0 = \frac{\bar{c} - m_0}{\sqrt{m_0/n}} = \frac{7.0 - 11.0}{\sqrt{11.0/6}} = -2.95$$

（4）将 u_0 与正态分布表的值相比较，进行判定。

$$|u_0| = 2.95^* > u_{0.95} = 1.64$$

因此，在显著性水平 5% 的条件下拒绝 H_0，A 工厂的事故次数较一般工厂的要少。

二、总体不合格数的估计

A 工厂每月事故次数的估计。

点估计：$\bar{c} = \dfrac{42 \text{ 次}}{6 \text{ 月}} = 7.0$ 次/月

置信度95%的区间估计：

$$\bar{c} \pm u_{1-\frac{\alpha}{2}} \sqrt{\dfrac{\bar{c}}{n}}$$

$\left(7.0 \pm 1.96 \sqrt{\dfrac{7.0}{6}}\right)$ 次/月 $= (7.0 \pm 2.12)$ 次/月，

4.88 ~ 9.12 次/月

2 组以上数据不合格数的假设检验请参阅下节的拟合度检验。

第三节 拟合度的检验

把产品的尺寸等观测值绘制成直方图，看其是否真正服从正态分布；观察色子各个数字出现的频率确定 1~6 各个数字是否以相同的比例出现；新的生产过程不合格品的发生情况是否与原来的一样等，需要通过检验确定观测频数与理论计算的频数（期望频数）是否一致。此时，可利用公式（5-10）计算 χ^2，并与自由度 $(k-l)$ 的 χ^2 分布表上侧概率5%或1%的值相比较后，即可作出判断：

$$\chi^2 = \sum_{i=1}^{k} \dfrac{(\text{实测值} - \text{理论（期望）值})^2}{\text{理论（期望）值}} = \sum_{i=1}^{k} \dfrac{(f_i - t_i)^2}{t_i}$$

(5-10)

式中，k 是应比较的实测值与理论值配对的数目，l 是计算理论值时所用的总体参数中由实测值估计的数，将实测值和期望值的频数合在一起时，作为 l 中的一个来计算。

一、总体不合格品的假设检验

对本章第一节的问题进行拟合度检验。

(1) 设新工序的不合格品率与原工序的不合格品率 p_0 相同，

为 7.3%。在 250 个产品中：

不合格品的期望值：$np_0 = 250 \times 0.073 = 18.25$

合格品的期望值：$n(1-p_0) = 250 \times (1-0.073) = 231.75$

（2）新工序的不合格品、合格品的实测值为：

不合格品的实测值：$r = 9$

合格品的实测值：$n - r = 241$

利用（5-10）计算 χ^2。

$$\chi_0^2 = \underbrace{\frac{(r-nP_0)^2}{np_0}}_{\text{（不合格品项）}} + \underbrace{\frac{\{(n-r)-n(1-P_0)\}^2}{n(1-P_0)}}_{\text{（合格品项）}}$$

$$= \frac{(9-18.25)^2}{18.25} + \frac{(241-231.75)^2}{231.75} = 5.06$$

（3）在上式中 $k = 2$，l 是总频数，为实测值与期望值的频数之和，故为 1。因此，与自由度 $\nu = k - 1 = 1$ 的 χ^2 分布相比较。

$$\chi_0^2 = 5.06^* > \chi_{0.95}^2(1) = 3.84$$

在显著性水平 5% 条件下，新旧工序的不合格品率有差异。

注 1）上述的假设检验仅取 χ^2 分布上侧的 α。如果采取正态分布的假设检验形式，应是两侧检验。如果采取本章第一节一中所述的单侧检验，应是 $\chi_0^2 = 5.06^* > \chi_{0.90}^2(1) = 2.71$。此时的 χ^2 检验与本章第一节一中的正态分布检验相同，$u_0 = -2.25$ 的平方即为 $\chi_0^2 = 5.06$。

2）在 χ^2 分布的表中，这种情况下的 α 不包含下侧概率。仅取上侧概率是因为只把拟合性差作为问题焦点。如果以实测值和期望值非常相近（χ_0^2 近似于 0）为问题的焦点时，α 包含下侧概率。

二、不合格数的假设检验

A 工厂 4~9 月不停产的事故次数分别为 6、8、5、12、4、7。每月不停产的事故次数有差异吗？

（1）假设每月发生事故的次数没有差异，平均值为：

$$\frac{6+8+5+12+4+7}{6} 件 = 7.0 件$$

(2) 计算 χ_0^2。

$$\chi_0^2 = \frac{(6-7.0)^2}{7.0} + \frac{(8-7.0)^2}{7.0} + \cdots \frac{(7-7.0)^2}{7.0}$$

$$= \frac{1}{7.0}(1+1+4+25+9+0) = 5.71$$

(3) 与 χ^2 分布表的值相比较。相加的项为 6, 故 $k=6$。l 与前例相同，也为 1。

$$\chi_0^2 = 5.71 < \chi_{0.95}^2(5) = 11.07$$

因此，仅由这些数据还不能说每月发生事故的次数有显著差异。

三、分布的拟合度检验

是否可以把观测值的直方图看作正态分布。可按以下程序进行拟合度检验，不作详细阐述。

利用 N 个数据绘制直方图。由直方图的频数求得平均值 $\bar{x}$ 和标准偏差 s。假定正态分布具有这个平均值与标准差，把上述的直方图看作是正态分布的相同分组，利用正态分布表求这个正态分布各组的概率。各组的概率乘以 N, 求得期望频数 t_i。为使期望频数大于 5, 把左右频数少的相邻分组合并。这样做的目的是提高上述假设检验公式的近似程度。实测值的直方图也参照上面的正态分布把左右频数少的分组作相应的合并，计算实测频数 f_i。结果为：

$$\chi_0^2 = \sum_{i=1}^{k} \frac{(f_i - t_i)^2}{t_i}$$

将其与 $\nu = (k-3)$ 的 χ^2 分布值进行比较。如果 $\chi_0^2 < \chi_{1-\alpha}^2(\nu)$, 在显著性水平 α 条件下，可以得出不能说这个直方图不是正态分布的结论。如果 $\chi_0^2 \geq \chi_{1-\alpha}^2(\nu)$, 则得出不能把这个分布视为正态分布的结论。这一检验的程序如图 5-1 所示。

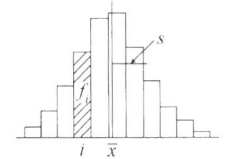
利用测量的数据绘制直方图，计算各组实测频数 f_i，平均值 $\bar{x}$ 和标准偏差 s。

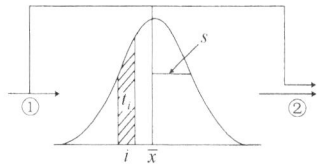
把 $N(\bar{x}, s^2)$ 作为正态分布，其分组与直方图相同，计算各组的概率（利用正态分布表），并乘以 N，计算期望频数 t_i。

计算 $\chi_0^2 = \sum_{i=1}^{k}(t_i - t_i)^2 t_i$，并与 $\chi_{1-\alpha}^2(k-3)$ 进行比较

如果 $\chi_0^2 \geq \chi_{1-\alpha}^2(k-3)$，不能认为直方图是正态分布

如果 $\chi_0^2 < \chi_{1-\alpha}^2(k-3)$，可以认为直方图是正态分布

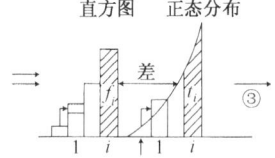
把较小的期望值相加使之大于 5。把期望频数小于 5 的组与其相邻的组合并，计算各组的实测频数 f_i 与期望频数 t_i 之差 $(f_i - t_i)$。

图 5-1 拟合度的检验（正态分布情况）

注 这个检验是利用测量的数据计算 $\bar{x}$ 和 s，并假设其服从正态分布，因为全体频数之和为 N，自由度则为 $(k-3)$。利用泊松分布进行假设检验时，仅根据数据估计总体参数 m，所以自由度为 $(k-2)$。

第四节 分割表检验法

以第五章第一节中，A、B 两台设备的生产情况为例，把产品合格品数和不合格品数，或者将采购的原材料分为 1、2、3 等时，从 A_1、A_2、A_3、A_4 四家原料供应商购入各等级的采购批量等绘制成如表 5-1 或表 5-2 所示的分割表。根据行和列的数，把表 5-1 称为 2×2 分割表，表 5-2 称为 3×4 分割表，一般称为 $l \times m$ 分割表。在分割表中，如果栏的值小于 5，可以用精确的计算法进行检验，但是一般都用 χ^2 进行近似检验。

表 5-1 2×2 分割表

合格、不合格 \ 设备	A 设备	B 设备	合计
合格品	286	178	464
不合格品	64	22	86
合计	350	200	550

在表 5-1 中，利用分割表检验的原假设为"A、B 两台设备的不合格品率没有差别"，表 5-2 的原假设为原料供应商的 1、2、3 等级原料出现的比例没有差别"。以表 5-2 的 3×4 分割表中的记号为例，说明利用 χ^2 的分割表检验程序。

表 5-2 3×4 分割表

等级 \ 原料供应商	A_1	A_2	A_3	A_4	合计
1	f_{11}	f_{12}	f_{13}	f_{14}	$T_{1.}$
2	f_{21}	f_{22}	f_{23}	f_{24}	$T_{2.}$
3	f_{31}	f_{32}	f_{33}	f_{34}	$T_{3.}$
合计	$T_{.1}$	$T_{.2}$	$T_{.3}$	$T_{.4}$	$T_{..}$

利用合计栏的频数 $T_{1.}$、$T_{2.}$、$T_{3.}$、$T_{.1}$、$T_{.2}$、$T_{.3}$、$T_{.4}$ 及总观测频数 $T_{..}$ 计算各栏目实测频数 f_{ij} 所对应的期望频数。

$$t_{ij} = \frac{T_{i.}}{T_{..}} \times \frac{T_{.j}}{T_{..}} \times T_{..} = \frac{T_{i.} \times T_{.j}}{T_{..}} \quad (5-11)$$

利用期望频数和公式（5-12）计算 χ^2 的值。

$$\chi_0^2 = \sum_{i=1}^{3} \sum_{j=1}^{4} \frac{(f_{ij} - t_{ij})^2}{t_{ij}} \quad (5-12)$$

χ_0^2 值的自由度为 $\nu = (3-1)(4-1)$，把 χ_0^2 值与 χ^2 分布表上侧概率 α 的值进行比较，判定是能否采用原假设。$l \times m$ 分割表的自由度为 $(l-1)(m-1)$。

一、2×2 分割表

利用分割表对表 5-1 所示的数据进行检验，建立的假设与本章第一节的问题相同。

计算1行1列的期望频数（A设备合格品的实测频数 f_{11} = 286 对应的期望值）t_{11}。

$$t_{11} = \frac{T_{1.} \times T_{.1}}{T_{..}} = \frac{464 \times 350}{550} = 295.3$$

可用同样的方法计算 t_{12}，t_{21}，t_{22}，通常按下式简便方法计算。

$$t_{12} = T_{1.} - t_{11} = 464 - 295.3 = 168.7$$
$$t_{21} = T_{.1} - t_{11} = 350 - 295.3 = 54.7$$
$$t_{22} = T_{.2} - t_{12} = 200 - 168.7 = 31.3$$

因此，$\chi_0^2 = \frac{(286-295.3)^2}{295.3} + \frac{(178-168.7)^2}{168.7} + \frac{(64-54.7)^2}{54.7}$
$+ \frac{(22-31.3)^2}{31.3} = 5.15$

将 χ_0^2 与自由度 $\nu = (2-1) \times (2-1) = 1$ 的 χ^2 分布表的值相比较，

$$\chi_0^2 = 5.15^* > \chi_{0.95}^2(1) = 3.84$$

可以说A设备和B设备的不合格品率有差别。

注1）此处的 χ^2 检验法与本章第一节中利用正态分布的检验法相同。
在数据修约的误差范围内，$u_0 = 2.27^2$ 等于 $\chi_0^2 = 5.15$。

2）2×2 分割表有更为简单的计算法。分割表的符号如表5-3所示，则：

$$\chi_0^2 = \frac{(ad-bc)^2 T}{T_1 T_2 T_A T_B}$$

表5-3 2×2 分割表

	A	B	
1	a	c	T_1
2	b	d	T_2
	T_A	T_B	T

如果把表5-1的数据带入上式：

$$\chi_0^2 = \frac{(286 \times 22 - 64 \times 178)^2 \times 550}{464 \times 86 \times 350 \times 200} = 5.12$$

χ_0^2 的值虽然与前面的计算结果有些差异,但这种计算法很简便,计算产生的误差小。

二、$l \times m$ 的分割表

"3个作业组(Ⅰ,Ⅱ,Ⅲ)涂装不合格项目的发生数如表5-4所示。作业组之间不合格内容是否不同。数据是一周的调查结果,每组每天约生产400件产品。"

表5-4 实测数据

项目 \ 作业组	Ⅰ	Ⅱ	Ⅲ	合计
擦痕	98	120	82	300
流漆	8	15	7	30
灰尘	23	11	36	70
其他	26	32	42	100
合计	155	178	167	500

利用 χ^2 检验各组之间的擦痕、流漆、灰尘等不合格项目出现的比例是否不同。

(1)利用公式(5-1)计算各栏观测数据的期望频数 t_{ij}。例如,2行3列的 t_{23} 为

$$t_{23} = \frac{30 \times 167}{500} = 10.0$$

t_{ij} 的计算结果如表5-5所示。

表5-5 各栏的期望频数(t_{ij})

项目 \ 作业组	Ⅰ	Ⅱ	Ⅲ	合计
擦痕	93.0	106.8	100.2	300.0
流漆	9.3	10.7	10.0	30.0

(续)

项目 \ 作业组	I	II	III	合计
灰尘	21.7	24.9	23.4	70.0
其他	31.0	35.6	33.4	100.0
合计	155.0	178.0	167.0	500.0

（2）利用实测频数 f_{ij} 的期望频数 t_{ij} 计算离差，如表 5-6 所示。

表 5-6 $(f_{ij} - t_{ij})$ 表

项目 \ 作业组	I	II	III	合计
擦痕	5.0	13.3	-18.2	0.0
流漆	-1.3	4.4	-3.0	0.0
灰尘	1.3	-13.9	12.6	0.0
其他	-5.0	-3.6	8.6	0.0
合计	0.0	0.0	0.0	0.0

（3）计算 χ_0^2，各栏 χ^2 的值如表 5-7 所示。

表 5-7 $\chi^2 = \dfrac{(f_{ij} - t_{ij})^2}{t_{ij}}$ 表

	I	II	III	合计
擦痕	0.269	1.631	3.306	5.206
流漆	0.182	1.728	0.900	2.810
灰尘	0.078	7.759	6.785	14.622
其他	0.806	0.364	2.214	3.384
合计	1.335	11.482	13.205	26.022

$$\chi_0^2 = \sum_i \sum_j \frac{(f_{ij} - t_{ij})^2}{t_{ij}} = \frac{5.0^2}{93.0} + \frac{13.2^2}{106.8} + \cdots + \frac{8.6^2}{33.4} = 26.02$$

（4）将 χ_0^2 的值与 $\nu = (4-1)(3-1) = 6$ 的 χ^2 分布值进行比较。

$$\chi_0^2 = 26.02^* > \chi_{0.95}^2(6) = 12.59$$

因此，可以认为作业组之间不合格项目的出现比率存在差别。

由表 5-4 和表 5-6 可知，Ⅱ 组的擦痕和流漆多，灰尘少。Ⅲ 组的擦痕少而灰尘多，能够看出各组不合格项目的发生情况有所不同。

注）在这个问题中，也可以检验作业组之间总的不合格数是否具有差别。利用表 5-4 最下一行计算组平均不合格件数。

组平均不合格件数 = （155 + 178 + 167）/3 = 166.7

根据拟合度检验：

$$\chi_0^2 = \{(155 - 166.7)^2 + (178 - 166.7)^2 + (167 - 166.7)^2\}/166.7 = 1.59$$

$$\chi_0^2 = 1.59 < \chi_{0.59}^2(2) = 5.99$$

因此，不能说作业组之间的不合格数有差别。

第五节 符 号 检 验

一、什么是符号检验

百分率或比例是否是 50% 的检验，或者象第四章中配对数据平均值的假设检验那样，对计量值进行符号化，当电计量器 A 的耐久性大于 B 时为 +，小于 B 时为 -，根据符号的数量是否具有相同的比例对 A、B 两种电计量器耐久性之差进行假设检验的方法就是符号检验。

符号检验表（表 5-8）是把诸如胜和负、+ 和 - 两个性质相反，各有 50% 出现可能的事物作为 $P = 0.50$ 的二项分布，从中抽取 N 个样本时，两种情况各自出现的次数是否是可以看作 $P = 0.50$ 的检验表。如果手中有这样的表，就能方便、简单地进行假设检验。

二、$P = 0.50$ 的检验

力士 A 和 B 过去对阵的成绩是 A30 胜 10 负，是否可以认为

表 5-8　符号检验表

表中数字是较少一方的符号数。如果小于等于这个数，即可判定有差异。

N	α=0.01	α=0.05	N	α=0.01	α=0.05	N	α=0.01	α=0.05
			36	9	11	66	22	24
			37	10	12	67	22	25
8	0	0	38	10	12	68	22	25
9	0	1	39	11	12	69	23	25
10	0	1	40	11	13	70	23	26
11	0	1	41	11	13	71	24	26
12	1	2	42	12	14	72	24	27
13	1	2	43	12	14	73	25	27
14	1	2	44	13	15	74	25	28
15	2	3	45	13	15	75	25	28
16	2	3	46	13	15	76	26	28
17	2	4	47	14	16	77	26	29
18	3	4	48	14	16	78	27	29
19	3	4	49	15	17	79	27	30
20	3	5	50	15	17	80	28	30
21	4	5	51	15	18	81	28	31
22	4	5	52	16	18	82	28	31
23	4	6	53	16	18	83	29	32
24	5	6	54	17	19	84	29	32
25	5	7	55	17	19	85	30	32
26	6	7	56	17	20	86	30	33
27	6	7	57	18	20	87	31	33
28	6	8	58	18	21	88	31	34
29	7	8	59	19	21	89	31	34
30	7	9	60	19	21	90	32	35
31	7	9	61	20	22			
32	8	9	62	20	22			
33	8	10	63	20	23			
34	9	10	64	21	23			
35	9	11	65	21	24			

注：当 N 大于 90 时，把小于利用下式计算结果的最大整数作为判断值。

$$(N-1)/2 - k\sqrt{N+1} \quad \alpha = 0.01 \text{ 时}, \ k = 1.2879$$

$$\alpha = 0.05 \text{ 时}, \ k = 0.9800。$$

A、B同样强壮？A、B棒球的对阵成绩是，A队30胜10负，是否可以认为两个棒球队的水平相同的检验，利用符号检验表便可很容易的进行。在表中，从 $N=40$ 的栏可知，$\alpha=0.01$ 的行的数字为11，$\alpha=0.05$ 的行的数字为13。分析30和10中较小的数，如果这个数小于13为5%，如果小于11则为1%显著。在本例中，可以得出A、B的水平是相同的结论。

三、计量值的检验

对产品的尺寸和重量等计量值进行平均值之差、是否具有相关关系的检验时，如果数据很多，就可把计量值转化为计数值，利用符号检验表即可很容易地进行检验。下面是一个具有代表性的例子。

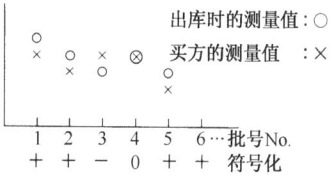

图5-2 测量值的图示及其符号化

1. 配对数据平均值之差的检验

某种原材料在出库检验和对方验收时，从同一批次抽取的样本测量了A成分。如图5-2所示，

卖方的测量值 > 买方的测量值 …………+

卖方的测量值 < 买方的测量值 …………–

卖方的测量值 = 买方的测量值 …………0

根据过去40批的结果是 + 的批次 $n_+ = 27$，– 的批次 $n_- = 9$，0 的批次 $n_0 = 4$。卖方和买方的测量值存在差别吗？

如果卖方和买方的测量值没有差异，+ 和 – 的批次应大致相同。原假设：$P=0.50$，利用符号检验表即可简单地进行检验。

把 n_+ 和 n_- 的批次之和作为 N，在符号检验表的 $N=36$ 栏中，$\alpha=0.01$ 行的数字为9，$\alpha=0.05$ 行的数据为11。n_+ 和 n_- 较小的数是 $n_-=9$，这个数如果小于11，则为5%显著，如果小于9则为1%显著，+ 和 – 的出现存在差异。舍弃 + 和 – 出现次

数相同的 $P=0.50$ 的原假设。即卖方和买方的测量值有差异。由于 $n_+>n_-$ 可知卖方的测量值比买方的大。

注）处理 n_0 方法有，把它与 n_+ 和 n_- 中较小的相加，把 n_0 随机地与 n_+、n_- 相加，或按 n_+ 和 n_- 的比例分别相加，后者忽略不计等。采用何种处理方法没有一定的准则。

2. 相关检验

图 5-3 是食品坯料重量 x 和产品重量 y 的散布图，x 与 y 之间是否具有相关关系。

（1）在 x 和 y 方向各画一条中位线，把散布图分成 Ⅰ～Ⅳ 四个区域（称为 Ⅰ～Ⅳ 象限），数一下各区域里面点的数量，分别为 $n_Ⅰ=40$，$n_Ⅱ=10$，$n_Ⅲ=40$，$n_Ⅳ=10$。

（2）把第 Ⅰ 和第 Ⅲ 区域的点相加为 n_+，把第 Ⅱ 和第 Ⅳ 区域的点相加为 n_-。

$$n_+ = n_Ⅰ + n_Ⅲ = 80, \quad n_- = n_Ⅱ + n_Ⅳ = 20$$

（3）如果 x 和 y 之间没有相关关系，n_+ 和 n_- 大致相同。如果正相关，n_+ 应该比 n_- 大，如果负相关，n_+ 应该比 n_- 小。因此，建立 n_+ 和 n_- 相同的原假设（$P=0.50$）即可检验是否有相关关系。

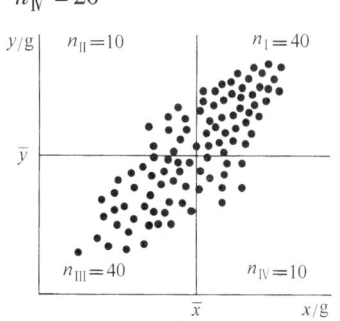

图 5-3 食品坯料重量 x 与产品重量 y 的散布图

（4）符号检验的最大值为 $N=90$。$N=90$ 时的 5% 和 1% 的判定值分别是 35、32。N 越大，其判定值也越大。如果 N 大于 90，当是 100 时，判定值肯定会比 35 或 32 要大。因此，$N=100$，$n_-=20$ 当然会小于判定值。舍弃 + 和 - 的出现比率相同的原假设。因为 + 的多，可得出正相关的结论（请参阅第七章相关分析和回归分析）。

利用符号检验表注释中的公式计算 $N=100$ 时的判定值。

求判定值的计算公式：$(N-1)/2 - K\sqrt{N+1}$

式中，$\alpha = 0.01$ 时，$K = 1.2879$；$\alpha = 0.05$ 时，$K = 0.9800$。因此：

$\alpha = 0.01$：$(100-1)/2 - 1.2879\sqrt{100+1} = 36.6$

$\alpha = 0.05$：$(100-1)/2 - 0.9800\sqrt{100+1} = 39.7$

取整数作为判定值：

$\alpha = 0.01$ 时为 36

$\alpha = 0.05$ 时为 39

在上例中，$n_- = 20$，小于 1% 的判定值 36，在显著性水平 1% 条件下显著。由于 $n_+ > n_-$，正相关。

习　题

1. 某产品在以往的运输过程中，铁路与公路不合格品的发生率没有什么差别，高达 6.5%。最近改变了包装方法，对新包装法进行运输试验，其结果如表 1 所示。试分析在不同运输方式的条件下不同包装法的产品不合格率是否不同。

表 1　运输试验结果

运输方法	试验产品数	不合格产品数
铁路	200	6
公路	200	9

2. 某机械工厂，从 A、B、C 三个公司购入原料生产产品，最近不合格品的发生情况如表 2 所示。试分析利用不同供应商的原料所生产产品的不合格率是否有差异。

表 2　不合格品的数量

提供原料公司	A	B	C
制造数量	224	236	232
不合格数量	42	33	25

3. 热处理的原料是从 A、B、C、D 四个公司购入的。把在热处理过程中与原料渗入性有关系的 X 特性分为 Ⅰ、Ⅱ、Ⅲ 三个等级，对过去购入的实际情况进行了调查，结果如表 3 所示。

分析不同供应商的原料的 X 特性值是否有差别。

表3　原料的 X 特性值

供货公司 \ 等级	I	II	III	合计
A	24	22	39	86
B	22	18	26	66
C	17	30	18	65
D	27	23	19	69
合计	90	93	102	285

4. 五台织机在一定时间内断丝数为 18、12、23、15、7，不同织机的断丝数是否不同？

5. 测量了 100 张钢板中央和边缘的厚度。中央厚的有 70 张，边缘厚的有 30 张，能否说钢板中央和边缘的厚度不同？

第六章 控 制 图

"质量管理始于控制图,终于控制图",这说明控制图是质量管理不可缺少的基本方法。控制图的绘制虽然很简单,但能有效、灵活地运用并非易事。

本章主要讲述以下内容:
(1) 控制图在质量管理发展中的地位及其基本统计原理。
(2) 不同类型数据控制图的绘制方法。
(3) 过程变化与控制图点的移动,分层和分组对控制图的重要性,通过分析控制图上点的变动判断过程状态的方法。
(4) 控制图在过程管理及分析中的用法。

第一节 什么是控制图

即使按照作业标准,使用受控设备所生产产品的尺寸、硬度等质量特性,不合格品、批合格率一般都会发生波动。受控状态下的工序生产产品质量所表现出的波动是目前状态下不可避免的,称之为偶然因素引起的波动。由于设备情况不佳而无法按照作业标准进行作业,或作业条件不正常使产品的质量状况、不合格品的发生情况与平时的不同,这种波动称为异常因素引起的波动。为使工序稳定,必须探求引起异常波动的原因,采取适当的措施,使工序恢复到原来的稳定状态。这种处置不是权宜之计。为防止同样问题的再次发生,应对制造标准、作业标准进行修订,并进行标准化。

可以利用控制图判断每批产品的质量特性或不合格品的波动是由偶然因素引起的,还是由异常因素引起的。通过控制图能够了解上旬和下旬、周或日的质量特性是否有差异。控制图还可用于工序分析。控制图是质量控制和改进的有效方法。

如图 6-1 所示,横轴表示日、时间或批的顺序,纵轴表示尺寸、硬度、回收率、不合格率等作为管理和分析对象的产品质量特性数据。可利用控制图了解质量特性随时间的变化。为了判断产品制造工序是否处于受控状态,图中画有中心线、上控制界限、下控制界限。

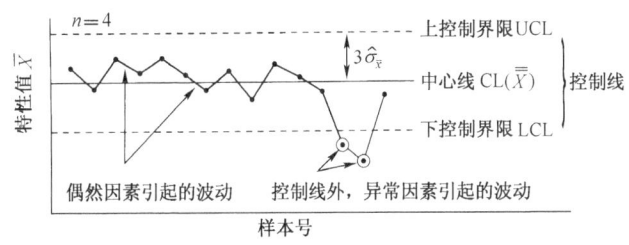

图 6-1 $\bar{X}$ 控制图示例

控制界线是根据数理统计理论确定的。从受控状态工序所获得的产品的硬度和回收率等数据的点处于控制界限之内,分布在中心线的两侧;使用不合乎要求的原料、没按照标准进行作业时,产品的硬度很低,或回收率非常低,点处于控制界限之外。

日本所用控制图的控制界限采用了根据控制图创始人休哈特的经验制定的美国标准,即采用 3σ 法则(JIS Z 9021;1998)。例如,在 $\bar{X}$ 控制图中,把 $\bar{X}$ 的平均值 $\bar{\bar{X}}$ 作为中心线,在其上下 $3\sigma_{\bar{X}}$ 处绘制控制界限。不合格品率 p 的控制图以 p 的平均 $\bar{p}$ 作为中心线,在其上下 $3\sigma_p$ 处绘制控制界限。因为是根据经验对过程进行控制,休哈特认为犯第一类错误,即把处于受控的过程判断为异常,并采取措施的概率 α 应取很小的值,采用了 3σ 法则。质量特性服从正态分布,如果是受控状态,落入平均值 ± 3 标准差之内的概率为 99.7%,之外的概率为 0.3%,$\alpha = 0.3\%$ 是非常小的值。换言之,控制图上的点处于控制界限之外时,完全可以断定过程处于异常状态,存在引起异常的原因。控制图能反映工序的实际情况,通过它能够了解工序的管理状态,是质量管理最常用的方法之一。

如第三章所述,如果 α 很小,犯第二类错误,即尽管过程发生了变化但没有发现的概率 β 当然就会增大。尽管点处于控制界限内,后述的"控制图的用法"根据点的位置、点的排列状况判断过程异常的方法是使 α 保持很小的值,又能减小 β 的方法。

第二节 控制图的种类

质量管理所用的数据包括尺寸、重量、温度等计量值和不合乎标准的不合格品、瑕疵、事故数等计数值。控制特性数据的统计性质不同,所采用的控制图的种类当然也不同。表6-1列出了具有代表性的控制图的种类,应根据控制对象特性的性质、数据采集的难易程度、工序特点等选用控制图。以 $\overline{X} - R$ 控制图为代表的计量值控制图,虽然能够获得更多的工序信息,但是计量值数据的采集比较费事,成本较高。与计量值控制图相比,计数值控制图获得的信息较少,但通常数据测量简单,成本低。各种控制图的特征将在下节控制图的绘制方法中阐述。除了表6-1所表示的控制图之外,还有累积和控制图、最大值和最小值($L-S$)控制图等。理解和灵活应用表6-1所示的控制图,即使不使用这些特殊的控制图也可满足过程控制、过程分析的需要。表中列出了控制线的计算公式,利用某一期间从工序采集的样本的数据计算控制界限的控制图称之为分析用控制图。如果平均值或标准差不是利用样本计算的,而是参考过去的数据、产品规格、生产成本等事先给定的,用它计算控制界限的控制图称之为管理用控制图,本书省略了这种情况下控制线的计算公式。

在计数值控制图中,控制界限的计算式以 $\pm 3\sigma$ 的形式给出,由此可知采用了 3σ 法则。但是,计量值控制图就不这么明显了。以$\bar{X}$控制图为例,由于标准差的计算复杂,用极差估计标准差(请参阅第三章第二节 R 的分布)。

$$\sigma = \frac{\bar{R}}{d_2}$$

式中,d_2 是由组的大小决定的值。

表6-1 控制图的种类

数据的种类和举例		控制图的种类	控制线的计算公式	
			中心线 CL	控制界限 UCL / LCL
计量值	(例) (正态分布) 长度、重量、硬度 纯度、时间、温度	$\bar{X}$-R 控制图:均值-极差控制图	$\bar{X}$图:$\bar{\bar{X}}$ R 图:$\bar{R}$	$\bar{\bar{X}} \pm A_2 \bar{R}$ UCL:$D_4 \bar{R}$ LCL:$D_3 \bar{R}$
		$\bar{X}$-S 控制图:均值-标准差控制图	$\bar{X}$图:$\bar{\bar{X}}$ S 图:$\bar{S}$	$\bar{\bar{X}} \pm A_3 \bar{S}$ UCL:$B_4 \bar{S}$ LCL:$B_3 \bar{S}$
		Me 控制图:中位数控制图(与 R 联合使用)	$\overline{Me}$	$\overline{Me} \pm A_4 \bar{R}$
		X 控制图:单值控制图(与 R 联合使用)	$\bar{X}$	$\bar{X} \pm 2.659 \bar{R}$
计数值	(二项分布) 不合格品数、缺勤者数 不合格品率、出勤率	np 控制图:不合格品数控制图	$n\bar{P}$	$n\bar{P} \pm 3 \sqrt{n\bar{p}(1-\bar{p})}$
		p 控制图:不合格品率控制图	$\bar{p}$	$\bar{P} \pm 3 \sqrt{\bar{p}(1-\bar{p})/n}$
	(泊松分布) 一定批量产品中的不合格数 工厂的事故数 数量不同产品的单位不合格数,如每1000人的事故数	c 控制图:不合格数控制图	$\bar{c}$	$\bar{c} \pm 3\sqrt{\bar{c}}$
		u 控制图:单位不合格数控制图	$\bar{u}$	$\bar{u} \pm 3 \sqrt{\bar{u}/n}$

注:适用于总体均值与偏差未知的场合。

根据公式（3-7），平均值$\bar{X}$的标准差$\hat{\sigma}_{\bar{x}}$为：

$$\hat{\sigma}_{\bar{x}} = \frac{\sigma}{\sqrt{n}} = \frac{\bar{R}}{\sqrt{n}d_2}$$

$3\hat{\sigma}_{\bar{x}}$的值则为：

$$3\hat{\sigma}_{\bar{x}} = \frac{3}{\sqrt{n}d_2}\bar{R}$$

当 n 被确定时，$3/(\sqrt{n}d_2)$ 的值也就确定了。令其为 A_2（表6-2），可表示为：

$$\bar{\bar{X}} + 3\hat{\sigma}_{\bar{x}} \Rightarrow \bar{\bar{X}} \pm A_2 \bar{R}$$

计算 R 控制图、S 控制图、Me 控制图的控制界限的公式都采用 3σ 法则，分别用 D_4、D_3、B_4、B_3、A_4 表示。

表6-2 控制图系数表

组的大小	$\bar{X}$		R		S		Me
n	A_2	A_3	D_4	D_3	B_4	B_3	A_4
2	1.880	2.659	3.267	0.000	3.267	0.000	1.880
3	1.023	1.954	2.574	0.000	2.568	0.000	1.187
4	0.729	1.628	2.282	0.000	2.266	0.000	0.796
5	0.577	1.427	2.115	0.000	2.089	0.000	0.691
6	0.483	1.287	2.004	0.000	1.970	0.030	0.549
7	0.419	1.182	1.924	0.076	1.882	0.118	0.509

（$n \leq 6$ 时的 D_3 和 $n \leq 5$ 时的 B_3 的值过去记为"-"，表示不存在 LCL）

第三节 控制图的绘制方法

要在过程管理中使用控制图，首先必须了解作为控制对象的工序的状况。工序是否在受控状态下，即使在受控状态下也会有所生产的产品不符合标准要求，出现不合格的情况。因此，应事先对过程进行管理，针对异常因素采取对策，进行改进。一般把用于了解现状，即过程处于何种状况的控制图称之为分析用控制图。下面讲述利用样本数据绘制分析用控制图的方法。

一、$\bar{X}$—R 控制图

在第二章直方图的使用方法中,以罐头固态物体重量为例,根据平均值和波动分析了其分布的形态。与此相同,$\bar{X}$—R 控制图是从工序抽取若干样本,计算其平均值 $\bar{X}$ 和表示波动测度的极差 R,并标注到 $\bar{X}$—R 控制图上。根据点的位置及其随时间变化可以推断过程的平均与波动的状态,判断过程随时间的变化。因此,$\bar{X}$ 控制图和 R 控制图通常联合使用。$\bar{X}$—R 控制图是最具有代表性的计量值控制图。

表 6-3 是对某种食品的重量连续进行一个月的测量,每天抽取 5 个样品测量其重量的数据。根据这些数据制作 $\bar{X}$—R 控制图的步骤如下:

(1) 测量控制或分析的特性(食品的重量),每组 2~6 个样品,共测量 25 组左右,并按照测量的顺序填入数据表。每组数据称为一个样本,每组的样品数就是样本的大小,一般用 n 表示。样本组数用 k 表示(该例中 $n=5$,$k=30$,一天的样品为一个样本)。

表 6-3 食品重量的数据

No	月	日	X_1	X_2	X_3	X_4	X_5	$\bar{X}$	R
1	10.	1	349	349	350	353	347	349.6	6
2		2	349	351	352	350	353	351.0	4
3		4	351	351	352	347	349	350.0	5
4		5	348	349	352	348	352	349.8	4
⋮	⋮	⋮	⋮	⋮	⋮	⋮	⋮	⋮	⋮
29	11.	4	351	353	351	350	350	351.0	3
30		5	351	351	353	352	348	351.0	5
							合计	10500.2	141
							平均	$\bar{\bar{X}}=350.01$	$\bar{R}=4.70$

(2) 计算各组的平均 $\bar{X}$ 和极差 R。

$$\bar{X} = \frac{每组数据之和}{组的大小} = \frac{\sum X_i}{n}$$

$R = $ 每组的（最大值 – 最小值）

计算 $\bar{X}$ 时，小数点后比测量值多两位，最后一位四舍五入，比测量值多保留一位数。

第一组数据的 $\bar{X}$ 和极差 R：

$\bar{X} = (349 + 349 + 350 + 353 + 347)/5 = 349.60$ 采用 349.6

$$R = 353 - 347 = 6$$

把计算结果填入表 6-3 之中。计算 $\bar{X}$ 时，最后两位四舍五入。如果正好是 5，而前面的数字又是偶数时，就将其舍去（JIS 的数值四舍五入法）。

（3）计算 $\bar{X}$ 的平均 $\bar{\bar{X}}$（总平均），R 的平均 $\bar{R}$，比原始数据多保留两位数。

$$\bar{\bar{X}} = \frac{\bar{X}\text{的和}}{\text{组数}} = \frac{\sum \bar{X}}{k} = \frac{10500.2}{30} = 350.01$$

$$\bar{R} = \frac{R\text{的和}}{\text{组数}} = \frac{\sum R}{k} = \frac{141}{30} = 4.70$$

（4）由系数表 6-2 求出计算 $\bar{X}$ 及 R 控制图的 3σ 控制界限的系数 A_2、D_3、D_4。这些系数值因 n 大小而发生变化。

（$n = 5$ 时，$A_2 = 0.557$，$D_3 = 0.000$，$D_4 = 2.115$）

（5）计算控制界限

$\bar{X}$ 控制图的控制线是：

中心线：CL：$\bar{\bar{X}}$

上控制界限：UCL：$\bar{\bar{X}} + A_2 \bar{R}$

下控制界限：LCL：$\bar{\bar{X}} - A_2 \bar{R}$

比测量值多保留两位小数，其值为：

CL：$\bar{\bar{X}} = 350.01$

UCL：$\bar{\bar{X}} + A_2 \bar{R} = 350.01 + 0.577 \times 4.70 = 352.72$

LCL：$\bar{\bar{X}} - A_2 \bar{R} = 350.01 - 0.577 \times 4.70 = 347.30$

R 控制图的控制线是：

中心线　CL：$\bar{R}$

上控制界限　UCL：$D_4 \bar{R}$

下控制界限　LCL：$D_3 \bar{R}$

比测量值多保留一位小数，其值为：

CL：$\bar{R} = 4.70$

UCL：$D_4 \bar{R} = 2.115 \times 4.70 = 9.94$　采用 9.9

LCL：$D_3 \bar{R} = 0.000 \times 4.70$（无意义）

n 小于 6 时，R 控制图不显示 LCL，所以没有考虑的必要。

（6）在画控制图的用纸上，横轴表示组的序号或日期，纵轴的上下分别表示 $\bar{X}$ 和 R 的值，把上面求得的中心线用实线，控制界限用虚线（----）画出来。然后，每组的 $\bar{X}$ 和 R 分别用"·"和"×"表示，用实线按组的顺序把"·"和"·"、"×"和"×"连接起来。如有超出界限外的点就用红色的"·"或"×"表示，或者用双重的圆圈起来。如图 6-2 所示，标明 $\bar{X}$、R、CUL、CL、LCL 及其数值，以及组的序号等。组与组的间隔 2~5mm 左右，控制图 UCL 与 LCL 之间的宽度、$\bar{X}$ 和 R 控制图的间距为 3cm，便于观察。

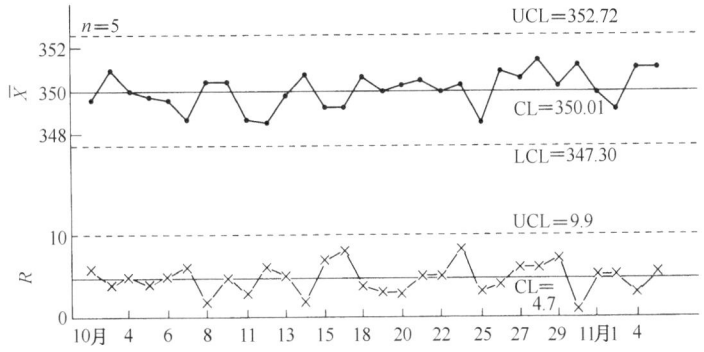

图 6-2　食品重量的 $\bar{X}$—R 控制图

上面以 $\bar{X}$—R 控制图为例说明了分析用控制图的绘制方法。

控制图上 $\bar{X}$ 或 R 的描点如果落到控制界限外，说明过程没有处于控制状态，表示过程存在着必须查明的异常原因。因此，必须探明原因，决定是否采取处置措施。

控制用控制图应用于过程控制的步骤将在 np 控制图部分讲述。

$\bar{X}$—S 控制图的绘制方法就是在上述 $\bar{X}$—R 控制图的绘制过程中，把 R 的计算部分替换为计算每组数据的 s。利用表 6-2 中的系数，则

$\bar{X}$ 控制图　　　　$\bar{\bar{X}} \pm A_3 \bar{S}$

s 控制图　　　　　CL：$\bar{S}$

　　　　　　　　　UCL：$B_4 \bar{S}$

　　　　　　　　　LCL：$B_3 \bar{S}$

二、Me—R 控制图

Me—R 控制图就是用 Me（中位数）代替 $\bar{X}$—R 控制图中的 $\bar{X}$。Me 是一组数据按大小顺序排列时正中间的值。表 6-3 第 1 组 349、349、350、353、347 这 5 个数据的 Me = 349。当组的大小 n 为 3 或 5 的奇数时，Me 不需要计算，便于现场应用。n 为 4 或 6 这样的偶数时，把数据按大小顺序排列，正中间 2 个数据的平均就是 Me。

Me 控制图的控制界限可用下列公式求出：

中心线　　CL：$\overline{Me}$（中间值的平均）

上控制界限　UCL：$\overline{Me} + A_4 \bar{R}$

下控制界限　LCL：$\overline{Me} - A_4 \bar{R}$

A_4 的值如表 6-2 所示，$n = 5$ 的值为 0.691，稍大于 A_2 的值。Me 控制图控制界限的宽度比 $\bar{X}$ 控制图的大。

对于 Me 控制图而言，也可以只把 Me 的值标注到控制图中。但也要如图 6-3 所示那样，应对每个数据进行描点。每组的中间值就是图上的 Me，用实线连接相邻的 Me 即可。根据实

线连接的 Me 的点落到控制界限的内外判断工序的控制状态。

R 控制图与 $\overline{X}$-R 控制图中的 R 控制图是相同的。

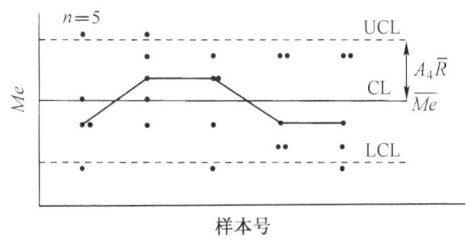

图 6-3　Me 控制图

在 Me 控制图中，Me 的计算比 $\overline{X}$ 简单。当一组数据中包含有异常值时，直接影响 $\overline{X}$，但对 Me 的影响却很小。R 控制图能够发现异常值。

三、X—R 控制图（单值-移动极差控制图）

将每个数据按其测量的顺序标注到控制图上称为 $n=1$ 的计量值控制图。X—R 控制图用于管理诸如化工生产过程的回收率，由于每天或一个批次只能获得一个控制特性的数据，溶液的浓度等方面均质、变化小，即使测量很多数据也是没有意义的特性值的场合。

绘制 X—R 管理图。计算 R 的移动范围，表 6-3 第 1 组的第 1 个数据 349 与第 2 个数据 349 的差为 0，第 2 个数据 349 与第 3 个数据 350 的差为 1，第 3 个数据 350 与第 4 个数据 353 的差为 3 等为 R 的移动范围。由于是相邻 2 个数据之差，R 的组的大小 $n=2$。设全部的数据为 N，则有 $(N-1)$ 个 R，其平均值为：

$$\overline{R} = \frac{\sum R}{N-1}$$

因此，X 控制图的控制界限：

中心线 CL：$\overline{X}$（所有数据的平均）

上控制界限：UCL：$\overline{X} + E_2 \overline{R}$

下控制界限：LCL：$\overline{X} - E_2 \overline{R}$

式中，$E_2 = 3/d_2$，$n = 2$ 时 d_2 的值可从表 3-4 查得，$E_2 = 2.659$。

R 控制图的控制界限：

中心线 CL：$\bar{R}$

上控制界限 UCL：$D_4 \bar{R}$

下控制界限 LCL：$D_3 \bar{R}$

D_4、D_3 都是 $n = 2$ 时的值，由表 6-2 可知 $D_4 = 3.267$，$D_3 = 0.000$。

与 $\bar{X}$ 控制图相比，X 控制图的控制线的宽度当然要宽得多。因此，X 控制图难以发现工序平均的一些微小变化。但是，其优点是通过各个数据在控制图上描点，能够早期发现工序较大的平均变化。当能够对一系列数据进行合理分组时，X 控制图也可以与 $\bar{X}$-R 控制图联合使用。

四、np 控制图（不合格品数控制图）

每天或每批检查 n 个产品，用发现的不合格品数 np 绘制成的控制图就是 np 控制图。此处 p 表示每天或批的不合格品率，n 表示检查的个数。因为检查的个数是一定的，用不合格品数除以检查的个数即是不合格品率 p。根据每天发现的不合格品数的多少，可对每天或批的不合格品发生情况进行比较。

表 6-4 不合格品发生情况的数据

No	月	日	检查个数 n	不合格品数 np	不合格品率 p
1	8	1	1000	75	0.075
2		2	1000	61	0.061
3		3	1000	65	0.065
4		4	1000	49	0.049
⋮		⋮	⋮	⋮	⋮
29		29	1000	83	0.083
30		30	1000	67	0.067
	合计		26000	1766	

把近来一定时期不合格品的数据作为了解现状的预备数据。表 6-4 是每天检查某种产品 1000 个所发现的不合格品数。利用这些数据绘制 np 控制图的程序如下：

（1）组的大小为 n，抽取 20 组以上的样品，对各组进行检查，把不合格品数 np 记入数据表。

（2）利用各组的不合格品数 np 计算平均不合格品数 $n\bar{p}$ 和平均不合格品率 $\bar{p}$

$$n\bar{p} = \frac{np \text{ 之和}}{\text{组数}} = \frac{\sum np}{k} = \frac{1766}{26} = 67.92$$

$$\bar{p} = \frac{n\bar{p}}{n} = \frac{67.92}{1000} = 0.06792$$

（3）计算 np 控制图的控制界限

np 控制图的控制线：

中心线 CL：$n\bar{p}$

上控制界限 UCL：$n\bar{p} + 3\sqrt{n\bar{p}(1-\bar{p})}$

下控制界限 LCL：$n\bar{p} - 3\sqrt{n\bar{p}(1-\bar{p})}$

因此 CL：$n\bar{p} = 67.92$

UCL：$n\bar{p} + 3\sqrt{n\bar{p}(1-\bar{p})} = 67.92 + 3\sqrt{67.92(1-0.06792)} = 91.8$

LCL：$n\bar{p} - 3\sqrt{n\bar{p}(1-\bar{p})} = 67.92 - 3\sqrt{67.92(1-0.06792)} = 44.1$

（4）在绘制控制图用纸上，把控制界限及表 6-4 中每组的数据按照 $\bar{X}$—R 控制图的绘制方法填入图中（图 6-4）。

（5）如果控制图上的点全部在控制界限内，即可判断该制造工序处于受控状态。如果有点落到控制界限之外，表示工序中存在着必须追查的异常原因，采取措施防止异常情况再次发生（8 月 15 日的不合格品数超出了控制线 UCL，说明这一天出现了异常情况，有很多的不合格品发生。追查原因，但原因不明）。

（6）如果判明异常原因，采取了防止再发生的措施，则除去异常点后重新计算控制界限。如果原因不明，或没有采取防止再发生的措施，依然使用没有除去异常点的控制界限，将其延长作为管理用控制图的控制界限。延长的控制界限用点划线表示，以区别于用虚线表示的分析用控制图的控制界限（图6-4）。

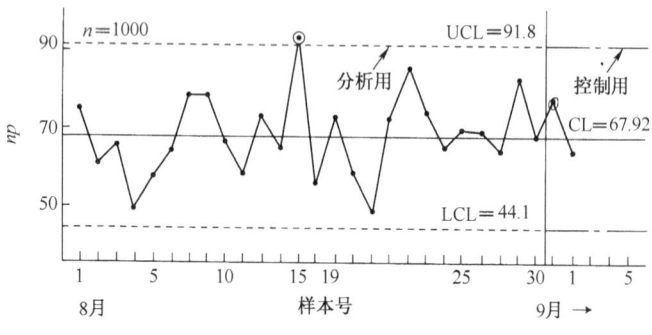

图6-4 np 控制图

如果合格品数 np 在经济和技术上不能满足要求时，应该首先采取措施减少不合格品，然后进行过程控制。

（7）在管理用的控制图中，对获取预备数据之后的每天或批的不合格品数进行逐个描点，以此判断过程的控制状态。如果点在控制界限内，即可判断工序处于受控状态，可以按目前状态继续进行生产。当点落在控制界限外时，说明工序中存在着不可忽视的原因，必须对制造工序采取应急措施或采取防止再发生的对策。当点落入下控制界限之外时，表示不合格品很少。如果追查其原因，可获得提高质量的线索（8月31日出现77个不合格品，9月1日出现64个，但都在控制界限内，见图6-4）。

（8）变换原材料、改变作业条件等使制造工序发生变化时，继续用以前的控制界限作为判断标准显然是不适合的。这时，把变化后的数据作为预备数据，按上面讲述的程序计算新的控制界限。另外，应定期检查现在控制界限是否适宜。

五、p 控制图（不合格品率控制图）

np 控制图检查的个数 n 是一定的。但是，如果昨天检查200

个,今天检查 300 个,不能把发现的数量相同的不合格品数直接标注在图中。同样是 5 个不合格品数,从 200 个中检查出的 5 个和从 300 个中检查出的 5 个,其不合格品率是不同的。因此,应计算其不合格品的比例(不合格品率)p,绘制 p 控制图。p 控制图与 np 控制图基本相同,只是每组的 n 不同,需根据下式计算每组的 p:

$$p = \frac{\text{不合格品数}}{\text{检查个数}} = \frac{np}{n}$$

p 控制图的控制界限:

中心线 CL:$\bar{p} = \dfrac{\text{不合格品数之和}}{\text{被检产品之和}} = \dfrac{\sum np}{\sum n}$

上控制界限 UCL:$\bar{p} + 3\sqrt{\bar{p}(1-\bar{p})/n}$

下控制界限 LCL:$\bar{p} - 3\sqrt{\bar{p}(1-\bar{p})/n}$

由控制界限的计算公式可知,当 n 较大时,上下控制界限之间的宽度变窄,反之变宽,控制界限呈凹凸形。因此,当 n 一定时,绘制控制图比较简便。如果与组的平均 $\bar{n}$ 相比较,各组的 n 的变化范围在 $\bar{n}$ 的 $\dfrac{1}{2} \sim 2$ 倍之间,可以采用简便的方法,即用平均值 $\bar{n}$ 计算的控制界限代替利用每组 n 计算的控制界限,只对控制界限附近的点按 n 计算控制界限,判断这一点是否落到控制界限之外。

六、c 控制图(不合格数控制图)**和 u 控制图**(单位不合格数控制图)

np 控制图、p 控制图分别是合格品和不合格品、一级品和二级品、出勤者和缺勤者的数和比率等服从二项分布特性的控制图,而 c 控制图和 u 控制图则是针对缺陷数和事故、故障件数等服从泊松分布特性绘制的控制图。

以钢板的瑕疵为例,当钢板的大小一定时,把发现的瑕疵数 c 直接标注到 c 控制图中。当钢板的面积为 $3m^2$、$1m^2$ 不等时,应计算每平方米的瑕疵数（u），绘制 u 控制图。此时，以 $1m^2$ 为单位，$3m^2$ 钢板的组的大小 $n=3$。

c 控制图的控制界限：

中心线 CL：$\bar{c} = \dfrac{\text{不合格之和}}{\text{组数}} = \dfrac{\sum c}{k}$

上控制界限 UCL：$\bar{c} + 3\sqrt{\bar{c}}$

下控制界限 LCL：$\bar{c} - 3\sqrt{\bar{c}}$

假设组数 $k=25$，总不合格数为 100，其控制界限如下：

中心线 CL：$\bar{c} = 100/25 = 4.0$

上控制界限 UCL：$\bar{c} + 3\sqrt{\bar{c}} = 4.0 + 3\sqrt{4.0} = 10.0$

下控制界限 LCL：$\bar{c} - 3\sqrt{\bar{c}} = -2.0$ 不合格数不能为负值，故不标出。

u 控制图的控制界限：

中心线 CL：$\bar{u} = \dfrac{\text{总不合格数}}{\text{组的单位数之和}} = \dfrac{\sum c}{\sum n}$

上控制界限 UCL：$\bar{u} + 3\sqrt{\bar{u}/n}$

下控制界限 LCL：$\bar{u} - 3\sqrt{\bar{u}/n}$

与 p 控制图相同，u 控制图因组的大小不同控制界限呈凹凸形状。如果各组的大小在组的平均$\bar{n}$的$\dfrac{1}{2} \sim 2$倍之间，可以采用根据$\bar{n}$计算控制界限的简便方法。

第四节 控制图的观察与分析

控制图是过程管理的统计方法，只会画不会看，不知道使用的方法，是不可能成为过程控制的有效工具的。

控制图上的控制线有中心线和上、下两条控制界限。中心线显示分布中心的趋势，上下控制界限是识别偶然因素和异常因素引起波动的界线，以这三条线为标准根据控制图上描点的位置及其变化判断过程是否异常，有时也反映控制图的分组、分层是否适当。

为利用控制图作出上述的正确判断，首先要学会观察控制图的方法，需要进行从点变动中获得相应信息的培训。

一、过程的受控状态与控制图上点的排列

首先分析从过程中随机抽取的样品在控制图上的描点与过程控制状态的关系。

1. 过程在受控状态下控制图上点的排列

如图 6-2 所示，绘制 $\overline{X}-R$ 控制图的样本取自平均值为 350、标准差为 2 的正态分布的工序。组数 $k=30$。如果继续抽样，使 k 增大后再绘制 $\overline{X}-R$ 控制图，控制图上点排列具有下列性质（见图 6-5）：

（1）很多的点排列在中心线附近。
（2）少数的点排列在控制线附近。
（3）落到控制界限外的点即使有也极少。
（4）控制界限内点的排列没有明显的周期性或上升、下降

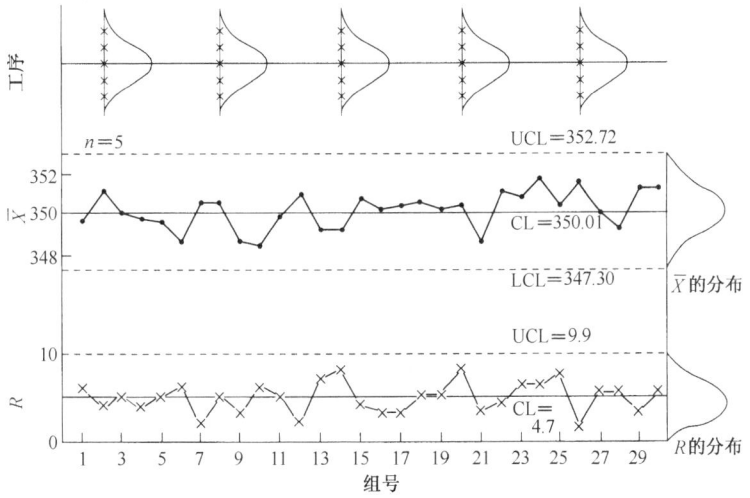

图 6-5　从 $\mu=350$，$\sigma=2$ 的总体抽取 $n=5$ 的 $\overline{X}\text{-}R$ 控制图

的倾向。

(5) $\bar{X}$ 控制图中心线上下的点数大致相同,但在 R 控制图中,中心线下方的点数有些偏多,分布不均。

图 6-6 是从不合格品率 $p = 0.05$ 的总体每次抽取样品 $n = 100$,反复进行 30 次的数据绘制的 p 控制图。p 控制图上点的排列与 $\bar{X}$-R 控制图的点的排列大致相同。

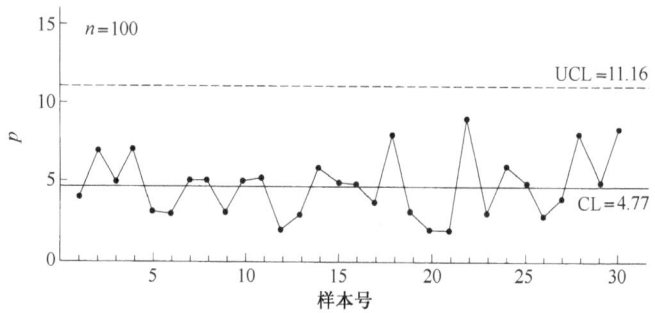

图 6-6 从 $p = 0.05$ 的工序抽取样本的 p 控制图 (%)

由从受控状态的工序随机抽取的样本所绘制的控制图具有这样的特征。否则,工序通常没有处于受控状态,或需要对控制图的分组、分层等进行分析。

2. 过程发生变化时控制图上点的排列

过程发生变化,即:

- 过程平均呈阶段性变化。
- 过程平均发生了较大的随机性变化。
- 过程的波动发生变化。

引起控制图上点的排列发生变化。

(1) 过程平均呈阶段性变化。图 6-5 上的控制界限用点划线延长,把从过程平均变为 351 + 1 时抽取的 10 个点描上 (组的序号为 31~40),把从过程平均变为 352 + 2 时抽取的 10 个点描上 (组的序号为 41~50),如图 6-7 所示,反映了过程的变化。

在 $\bar{X}$ 控制图中,过程平均仅增加 1 时,10 个点全部落到控制界限内,没有落到控制界限外的。如果 10 个点中有 7 个在中

第六章 控制图

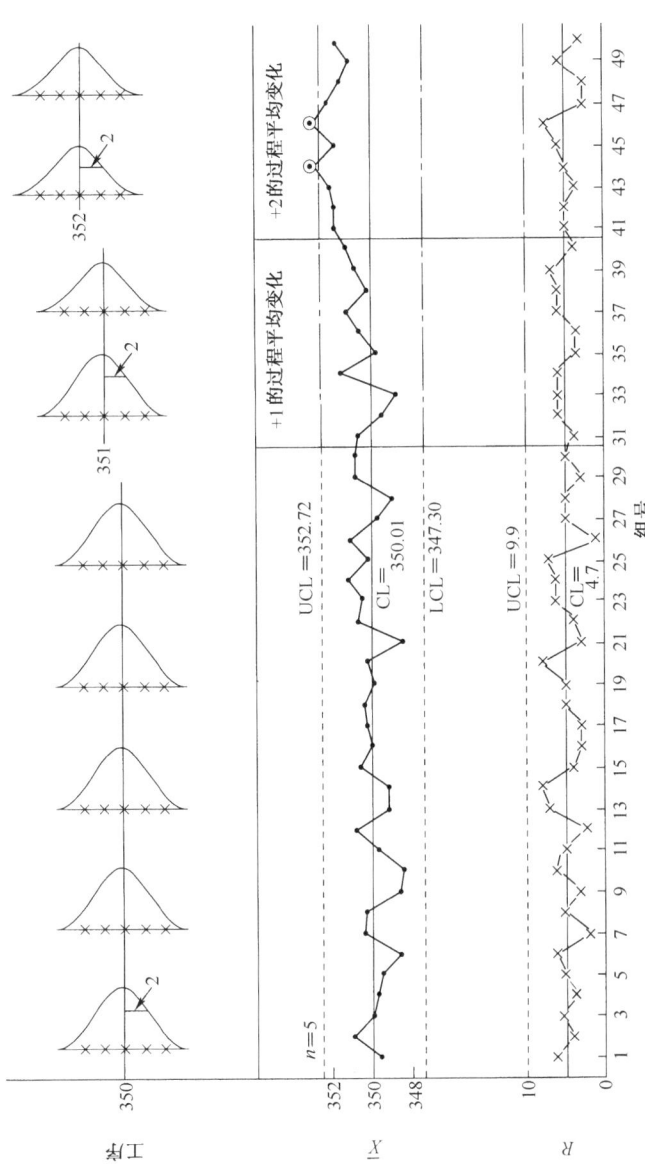

图 6-7 过程平均呈阶段性增大时 $\bar{X}-R$ 控制图中点的排列

心线的上方,多于下方,说明过程平均有增大的倾向。当过程平均的变化为 $1\sigma+2$ 时,10 个点全部在中心线的上侧,第 4 点、第 6 点落到 UCL 之外,过程平均增大的趋势明显。在 R 控制图中,点的排列没有发生明显的变化。也就是说,如果只是过程平均变大,过程的波动没发生变化时,$\bar{X}—R$ 控制图点的排列发生以下变化:

1)过程平均发生变化时 $\bar{X}$ 控制图的点的排列发生变化,对反映过程波动的 R 控制图没有影响。

2)即使过程平均发生了变化,由于变化的程度不同,点不一定落到控制界限之外。

3)过程平均增大时,$\bar{X}$ 控制图上的点易于落到中心线的上方;反之,易于落到中心线的下方。

当过程平均有发生变化的倾向时,如果 $\bar{X}$ 控制图上的点忽上忽下,就说明相应的过程变化出现下降或上升的趋势,会有点落到控制界限外。R 控制图的点没有明显变化。

(2)过程平均发生了较大的变化。如图 6-8 所示,$\bar{X}$ 控制图上的点上下激烈波动,有的点越出了控制界限之外,一看就知道没有处于受控状态。R 控制图的点没有明显变化。

(3)过程的波动增大。从平均值均为 350,标准差为 3.42,比原来大于 2 的工序取得的样本计算 $\bar{X}$ 和 R,把图 6-5 的控制界限延长,并进行描点,其结果如图 6-9 所示。

R 控制图上的点整体上移,有的点落到了控制界限之外。$\bar{X}$ 控制图上的点在中心线的周围上下激烈波动,也有点落到了控制界限外。相反,当过程的波动变小时,R 控制图上的点整体下移,中心线以下的点增多。$\bar{X}$ 控制图上的点在中心线周围的波动也变小。

$\bar{X}$ 控制图的点反映过程平均的变化,但对 R 控制图上的点的排列没有影响。R 控制图上的点反映过程波动的变化,同时也对 $\bar{X}$ 控制图上点的排列产生影响。

上面阐述了控制图上点的排列与过程平均、过程波动变化

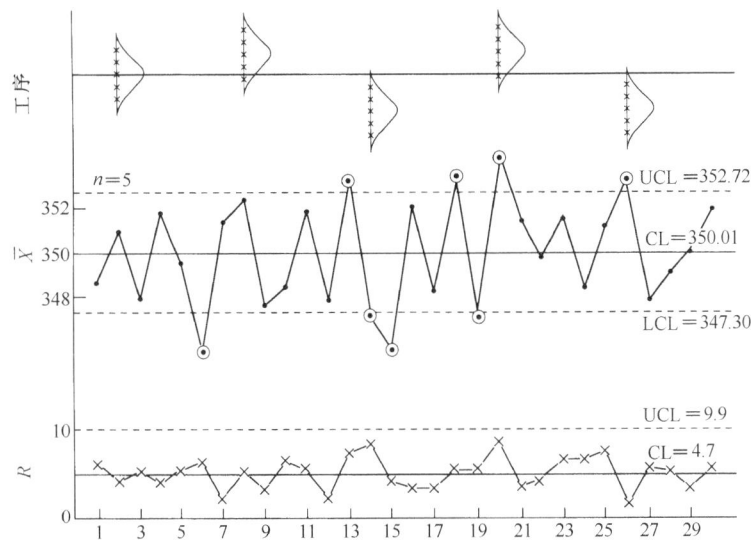

图 6-8 过程平均中出现较大随机变化时的 $\bar{X}-R$ 控制图

的关系。p 控制图、np 控制图等计数值控制图，也可以通过试验了解过程不合格品率发生变化时控制图上点的排列的变化。例如，图 6-6 中表示从总体不合格品率 5% 的工序抽取 $n = 100$ 样本时不合格品率的变化情况。如果总体不合格品率为 10%，把 $n = 100$ 的不合格品率描点，p 控制图的中心线上方的点多，有时会有点落到上控制界限之外，点的上下波动比以往的大。

二、控制状态的判断方法

上面通过试验分析了过程在受控状态下和发生变化时控制图上点的排列情况。判断过程处于非控状态的基本标准是点落到控制界限之外。这时过程存在着不可忽视的异常原因，必须追查引起异常的原因，采取措施防止异常的再次发生。

JIS 中的控制图采用 3σ 法则，当过程处于受控状态时，被判定为非控制状态的概率在 0.3% 以下，控制界限的确定使这一数值很小。在假设检验中，显著水平一般为 5% 或 1%。在控制

132 质量管理统计方法

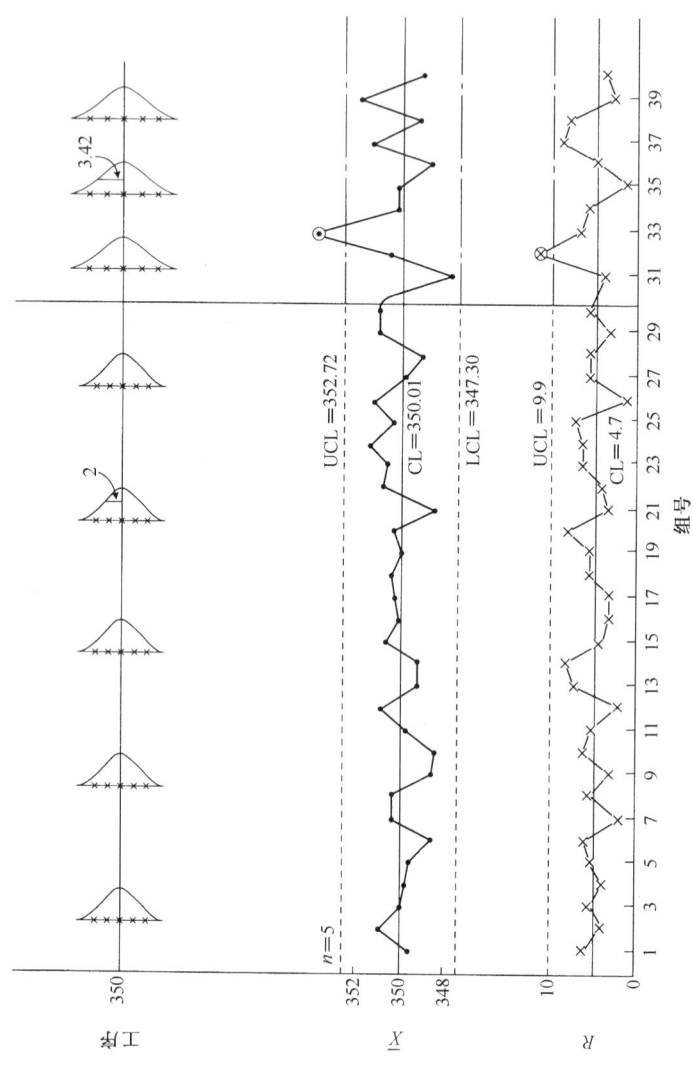

图 6-9 工序波动增大时的 $\bar{X}-R$ 控制图

图中为 0.3% 以下很小的值。这是出于过程控制的目的，只要被判定为非控状态，可以肯定过程发生了异常，要进行处置。

由于显著性水平 α 变小，犯第二类错误的概率 β 自然增大。如图 6-7 所示，即使过程出现了微小的变化，控制图上的点也未必落到控制界限之外，有可能作出过程处于受控状态的错误判断。为了减少这种误差，即使是控制界限内的点，也应注意其排列的变化。当点的排列呈现某种倾向时，也说明过程发生了变化，应该追查原因，采取对策防止其再发生。

1. 非控制状态的判定

在 JIS 中，诸如 X 和 $\overline{X}$ 控制图等服从正态分布的统计量，按照图 6-10 所表示的 8 项标准判断波动是否是由异常原因引起的。这个标准是一个基本原则，应在考虑工序固有波动的基础上作出判断。

上下控制界限与中心线分别有 3σ 的距离，以 σ 为单位，自上而下分为 A、B、C、C、B、A 六个区域。

标准 1：有 1 个点在控制界限之外。

标准 2：9 个点均在中心线的同一侧。

标准 3：6 个点连续上升或下降。

标准 4：14 个点交替上升下降。

标准 5：连续 3 点中，有 2 个点在区域 A 或在控制界限之外。

标准 6：连续 5 点中，有 4 个点在区域 B 或落到该区域之外。

标准 7：连续 15 点都在区域 C 中。

标准 8：连续 8 点都落到区域 C 之外。

1）标准 1：非控制状态。点落到控制界限之外，是观察控制图的基本方法。

2）标准 2：点连续出现在中心线的一侧（9 点链）。在中心线的上侧或下侧连续出现 9 点以上。过去连续 7 点即可判定为异常，现在改为连续 9 点。连续 6~8 点时，就必须注意对过程进行观察。

3) 标准3：点连续上升或下降。控制图上的点即使在控制界限内，6个点连续上升或下降即可判定为异常。由过去7点改为6点。

4) 标准4：14点交替上升下降。这是新的标准，伪造的数

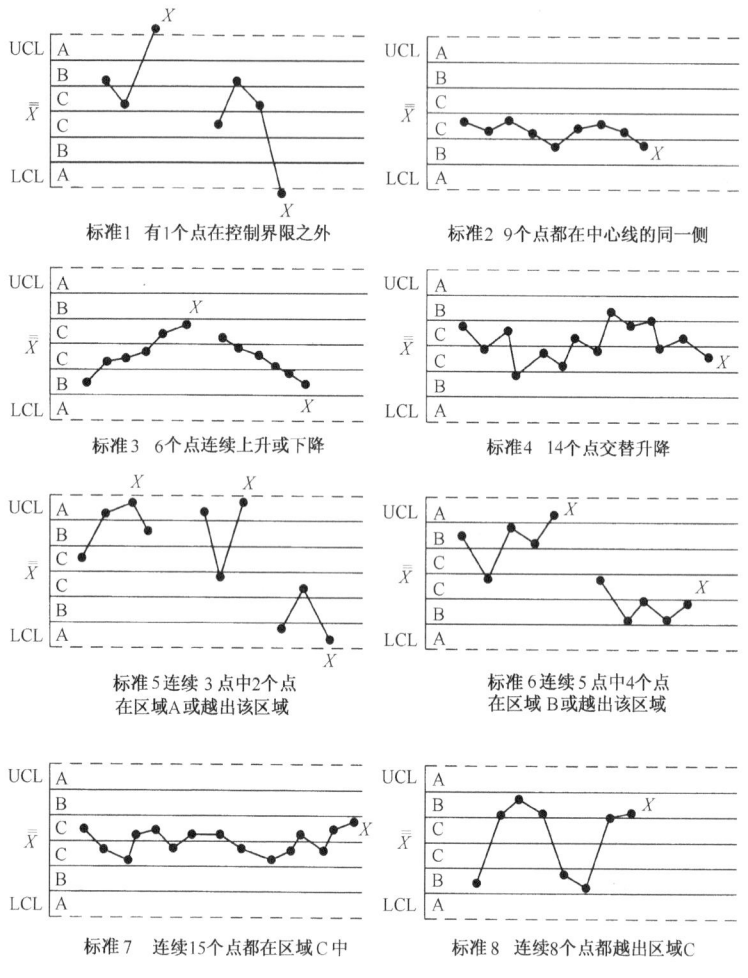

图6-10 判定异常的标准

据经常出现这种情况。

5）标准5：点出现在控制界限附近（3点中有2点）。连续的3个点中有2个点在A区域。除此之外，过去7点中有3点，10点中有4点以上即可判定为异常。本标准中没有提及（见图6-11）。

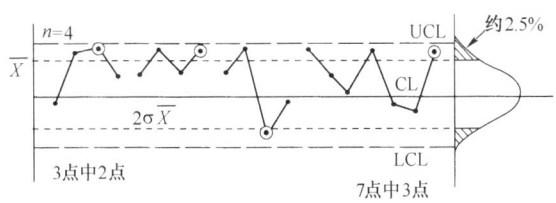

图6-11　点接近控制界限的情形（◉判定为异常）

6）标准6：连续5点中，有4个点在B区域或超出该区域。与标准5相同，是由过程平均变化引起的。

7）标准7和标准8。标准7和标准8是对控制图的分组、分层进行分析。

"标准7：连续15点都在区域C"是指点靠近中心线的情况。连续15个点都聚集在区域C的控制图看上去处于良好的控制状态，实际上一般是分组不当所致。例如，从2台设备分别抽取的2个样品作为一组$n=4$，绘制其$\overline{X}\text{-}R$控制图。虽然2台设备都处于受控状态，当其平均值相差较大时，如图6-12所示，$\overline{X}$控制图的点和R控制图的点都聚集在中心线附近。由于组内含有异质的数据，各组的R增大，$\overline{X}\text{-}R$控制图的控制界限之间的宽度变大，$\overline{X}$和R的值比较接近，相差很小，点都聚集在中心线的周围。另外，过程的波动较大，其周期与组的数据取样间隔相等，控制图上的点呈现类似的排列。无论哪一种情况，都应该对控制图的分组进行分析。

"标准8：连续8个点都在区域C之外"，点很少落到中心线的附近。例如有甲、乙2台设备，都处于受控状态，甲的过程平均高，乙的低。分别从甲、乙抽取$n=3$的样本，分别建组，

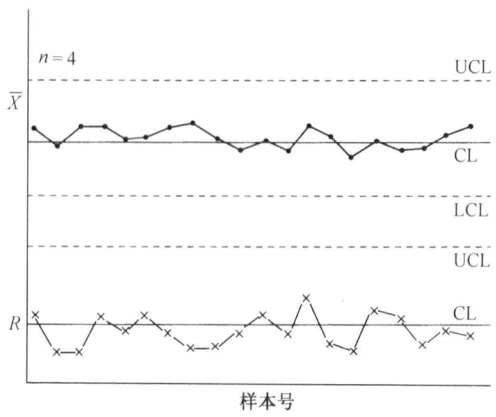

图6-12 点过于集中在中心线周围时
的 $\bar{X}$—R 控制图

在同一张控制图上将甲、乙分别用"○"和"△"按顺序描点。甲一般分布在控制图中心线的上方,乙在中心线的下方,分布在中心线附近的点很少。应按甲、乙进行分层,分别绘制控制图。

以上对判断过程异常的 8 条标准作了简单的介绍。除此之外,我们观察控制图时经常会直观地感觉有周期变动等不正常的现象。如果有必要的话,可按上述标准的思路进行分析。

2. 受控状态的判定

上面阐述了利用控制图判定过程处于非控状态时点的排列,分析了控制图的分组和分层问题。当过程处于受控状态时,控制图上:①没有点越出控制界限;②点的排列是随机的。

实际上,第一类错误的概率很小。在某一段时间内,从工序获取数据,计算控制界限,绘制其控制图,点的排列没有明显的链、趋势、周期等。

当控制图上:①连续 25 点以上都在控制界限内;②连续 35 点中,落到控制界限外的点在 1 点以内;③连续 100 点中,落到控制界限外的点在 2 点以内时,可以认为过程处于受控状态,控制界限显示了过程的状态,延长控制界限即可用于过程控制。

但是,此时控制界限外的点可能是由以下因素引起的,应进行追查:

1) 原材料质量的均值、波动是否发生了变化。
2) 设备是否发生故障等异常。
3) 操作者是否有操作失误。
4) 温度、湿度等作业环境是否有周期性变化。
5) 测量方法、测量值的计算是否有误。

第五节 控制图的使用方法

"质量控制始于控制图,终于控制图"说明了控制图在质量管理中的重要性,也说明只要稍微学习一下就能很容易地把控制图绘制出来。但是,用控制图进行过程控制需要不断地下功夫和努力。仅仅绘制控制图,看一看控制图是不会提高产品质量的。使用控制图时应确定在什么样的管理水平上进行过程控制,点越出控制界限时具体由谁进行处置等。

一、控制图的用途

控制图是对过程进行控制的工具。要绘制出有效的过程控制用控制图,在准备阶段一般使用过程分析用控制图。在导入质量控制活动的初期,控制图具有把握现状、提高质量意识的效果。

1. 过程观察

控制图上画出了控制界限,即使处于非控制状态,也不一定要采取措施。观察较长周期、较长的链等,有时只是一些轻微的问题。在质量管理的导入阶段,把质量特性图表化,通过观察自己工作的完成情况,可以提高现场的质量意识和问题意识,但这只是短期的。

2. 过程分析

改变分组的方法,按设备分层绘制控制图,分析其变化;探讨控制图的质量特性与其他相关原因的相关关系等对引起过程变化的原因进行分析。

为了绘制用于过程控制的控制图,在某一段时间内预先从制造过程获取数据,调查过程状况,此时的控制图称为准备阶段的控制图。

3. 过程控制

如果制造过程处于稳定状态、质量满足标准的要求,可在这种状态下继续进行生产。为使过程保持这种状态,在预先画好控制界限的控制图上绘出代表质量的点。当过程发生异常时,就要调查原因,采取防止其再次发生的措施。用于过程控制是控制图的真正用途。

二、控制图的使用方法

控制图上下控制界限之间的宽度是由取样方法、样本大小和分组等决定的。尽管控制图上的点表明过程处于受控状态,但检验中可能查出不合格品。有时即使点越出控制界限,但产品完全满足质量标准。这时应对控制水平和标准的关系进行分析。

利用控制图进行过程控制的基本程序如下:

(1)确定控制图所控制的质量特性。

(2)确定使用的控制图、抽样方法或测量方法。

(3)采集某一段时间内的数据,绘制分析用控制图。合理分层、分组,分析过程是否处于受控状态。如果需要的话,利用固有技术的知识、检验、估计、相关性分析等统计方法对过程进行分析,探明超出控制界限的点等波动的原因。

(4)在确定了标准的情况下,把数据绘制成直方图,并与标准进行比较。不能满足标准要求时,提高过程能力以满足标准的要求。然后重新采集数据绘制控制图。

(5)控制图反映过程的控制状态。如果满足标准的要求,可把分析用控制图的控制界限延长，作为过程控制用的控制图。

（6）把以后每天的数据描入图中。

（7）如果描点超出控制界限，就必须立即追查原因，采取切实的对策。

（8）当原材料的规格、装置的变化使过程发生明显变化时，应重新计算中心线和控制界限。过一定的时间后，通过控制图判明过程发生了变化，也应重新进行计算。如果这时查清了超出界限的点的原因，采取了对策，在计算时把该数据剔除。原因不明，或即使知道原因，但没有采取对策的点，应在计算范围之内。应确定由谁何时计算控制图的控制界限。

按上述步骤在关注产品质量的同时，对包含影响产品质量因素的过程进行控制。在每道程序中，应对谁在何时做什么、控制状态的判定标准、发生异常时的处理方法、信息的传递方式等管理内容进行标准化。对主要的控制图进行编号，记录在控制图的原始记录中，每个月的控制水平的值、异常信息等都要记录在案，便于把握质量和过程控制状态的变化。

过程控制用的控制图每半年或一年应该进行一次核对。核对的内容有：

1）控制的对象是什么。

2）特性值是否合适。

3）异常原因的消除、调节和检查是否有混乱的现象。

4）使用控制图的控制标准是否适宜。

5）异常原因的显现是否有变化。

6）采取处置对策的标准是否适宜，是否有改进的必要。是否切实采取了对策，效果如何。

7）现在所用控制图的种类、控制界限、绘制方法、分组、抽样间隔、测量方法是否适宜。

8）是否还有必要继续使用这个控制图。

9）过程能力是否有变化。

10）作业标准是否进行了适当的修订。

希望能根据这些检查项目对自己使用的控制图进行检查。

习　题

1. 对下列关于控制图的表述，正确的打"√"，错误的打"×"。

1）应根据公差标准确定控制界限。

2）只要减小上下控制界限之间的宽度即可提高产品质量。

3）过程发生变化时，控制图上的点一定越出控制界限。

4）越出控制界限的点并不显示其异常的原因。

5）如果到目前为止控制图完全处于受控状态，可延长控制界限用于后续的过程控制。

6）在$\bar{X}$控制图中，不仅过程平均发生了变化，组内的波动增大也会使点越出控制界限。

2. 用$\bar{X}\text{-}R$、$Me\text{-}R$、$X\text{-}R$、p、np、c、u控制图中的哪一种进行下列控制。

1）每隔一定时间从零件的电镀工序抽取$n=100$的样本，利用其中电镀外观不合格品数对过程进行控制。

2）每天生产4批药品。测量每批的回收率，把每天的回收率作为一组数据对药品制造过程进行控制。

3）利用面积不同的塑料薄膜每平方米的瑕疵数对过程进行控制。

4）两天生产一批药品，把一批作为一组，利用其回收率控制药品的制造过程。

5）平均每天生产200个产品，但每天生产的数量不同。每天约有3%的不合格品，以此来控制生产过程。

3. 某零件的尺寸以mm为单位，每天从生产的批随机抽取4件，其测量值如表1所示。

1）利用1、2、3、4组的数据计算$\bar{X}$和R。

2）利用$\bar{X}$和R的值计算$\bar{X}$、R控制图的控制界限。

4. 某电器产品组装工序开关的不合格数如表2所示，绘制

np 控制图,分析工序的控制状态。

5. 某种特殊车辆成品车车体的漏水件数如表 3 所示,绘制控制图,分析过程的控制状态。

表 1 零件的测量数据 (单位:mm)

组 No.	X_1	X_2	X_3	X_4	$\bar{X}$	R
1	35.6	35.0	34.8	35.6		
2	35.0	35.2	34.7	34.8		
3	34.6	35.0	35.6	33.8		
4	35.0	34.9	34.6	34.6		
⋮						
25						
					869.18	27.5

表 2 开关的不合格数

日	检查台数	不合格数	日	检查台数	不合格数
2	200	4	17	200	9
3	200	6	18	200	1
4	200	2	19	200	1
5	200	1	20	200	5
6	200	13	23	200	10
9	200	6	24	200	18
10	200	8	25	200	2
11	200	2	26	200	3
12	200	4	27	200	4
13	200	4	30	200	8
16	200	14			

表 3 某种特殊车辆成品车车体的漏水件数

车体号	漏水件数/件	车体号	漏水件数/件	车体号	漏水件数/件
1	1	11	1	21	0
2	0	12	0	22	1
3	1	13	3	23	0
4	2	14	1	24	0
5	0	15	1	25	2
6	4	16	0	26	1
7	3	17	0	27	0
8	1	18	0	28	0
9	3	19	1	29	2
10	5	20	2	30	0

第七章 相关分析与回归分析

为了获得所期待的质量或作业绩效,必须合理地设定、管理对其产生影响的生产条件,如原料、作业方法等。另外,对作为管理对象的质量特性进行测量,由于测量费用高或需要较长时间才能获得测量结果而不能满足过程控制要求时,需要寻找、利用与质量特性有密切关系,而且测量费用低、时间短的替代特性。这样,质量特性与生产条件,质量特性与替代特性这两类数据的相关性便成为需要解决的问题。可以利用第二章绘制散布图的方法了解其相关程度。本章从计算方法、统计检定和估计等方面,阐述利用相关系数、表示二者关系的回归方程、最小二乘法以及简便的作图法等定量分析相关程度的方法。

第一节 相关与回归的概念

如第二章散布图中所述,在工厂和研究试验部门,通过分析产品的质量特性与制造条件之间的关系,对生产过程进行改进、管理标准化时,相对应的两种以上测量值之间的关系常常成为研究的对象。在两种具有对应关系的测量值 x 与 y 之间,当 y 随 x 的变化而变化时,称二者相关。利用统计方法判定有无相关称之为相关分析 (correlation analysis)。分析两个测量值 x 与 y 间的关系时,首先绘制散布图或相关表,观察其是否相关和相关程度,有无异常值等。当 x 和 y 都是服从正态分布的计量值时,通过计算相关系数,根据统计检验和估计的结果来判断 x 与 y 的相关程度,用回归方程定量地表示 x 与 y 的关系。

有时 x 不服从正态分布,但试验温度仍按规定水平选取 100℃,110℃,120℃等。在各温度水平上获得药品量 y 服从于具有相同方差的正态分布。温度 x 与在此温度下的获得量 y 的期望值之间有关系时,通过求其回归方程,检验、推定 x 与 y 之间的相关关系。这种统计分析称为回归分析(regression analysis)。

x 与 y 两种测量值之间的关系属于单相关或单回归分析问题,不同于 x、y、z、$\cdots$3 种测量值之间关系的重相关和重回归分析。x 与 y 的曲线关系也可以求其回归方程。本章主要讲述单相关分析和单回归分析。

第二节 散布图与相关系数

一、散布图

如第二章第四节散布图中所述,以横轴表示作为原因的生产条件 x,纵轴表示作为结果的产品质量特性值 y,用这种方式表示原因与特性之间的关系。利用根据数据打点的散布图或相关表可以了解 x 与 y 之间是否具有正或负的相关关系。同时能获得二者之间是直线关系还是曲线关系,是否有由于测量错误等产生的异常值,有无必要按原料供应商或设备进行分层等

表 7-1 数据表(x:面坯的重量,y:面包的重量)

(单位:g)

No.	x	y	No.	x	y	No.	x	y
1	462	393	11	469	397	21	463	382
2	473	386	12	455	384	22	465	389
3	477	401	13	467	386	23	491	387
4	475	392	14	490	392	24	480	392
5	481	399	15	460	378	25	484	393
6	461	384	16	458	383	26	474	381
7	478	391	17	477	388	27	475	389
8	486	405	18	472	390	28	463	384
9	483	390	19	486	390	29	470	380
10	470	395	20	475	397	30	476	395

对改进生产过程和管理的有用信息。

某食品厂生产面包的重量 y 波动很大,其原因之一是切割工序所切面坯的重量 x 参差不齐。为了分析二者的关系,根据表 7-1 的数据绘制了如图 2-14 所示的散布图。由该图可知,面坯重量 x 在 455～491g 之间,面包重量 y 的波动范围为 378～405g,可以看出 x 越大则 y 越大。从点的分布状况可以看出,x 与 y 之间的相关关系似乎不是很强,而且没有异常值。

图 2-16 列举了 x 与 y 之间各种不同相关程度散布图的典型形式,通常利用相关系数表示它们的相关程度。

二、相关系数及其计算方法

利用散布图基本可以了解测量值 x 与 y 之间相关关系的强弱程度。但是,它也可以用数值,即相关系数 r 来表示。利用表 7-1 的数据绘制散布图,在图中划出直线 $\bar{x}$、$\bar{y}$,把散布图分为 I～IV 象限四个部分(图 7-1)。在各象限内取点 A、B、C、D,考察 $(x-\bar{x})$、$(y-\bar{y})$ 和 $(x-\bar{x})(y-\bar{y})$ 符号的正负。以第一象限内的点 $A(x, y)$ 为例,如图 7-1 所示。

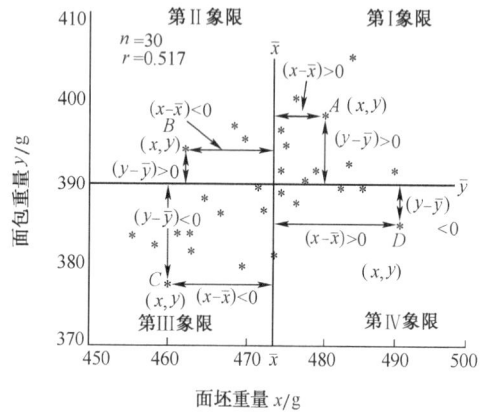

图 7-1 面坯重量 x 与面包重量 y 的散布图

	符号
当 x 大于 $\bar{x}$ 时,$(x-\bar{x})>0$	+
当 y 大于 $\bar{y}$ 时,$(y-\bar{y})>0$	+
因此,$(x-\bar{x})(y-\bar{y})>0$	+

据此对图 2-16 所示的各种散布图进行分析可发现:

正相关 … 大多数的点在第Ⅰ、第Ⅲ象限　$\sum(x_i-\bar{x})(y_i-\bar{y})>0$

负相关 … 大多数的点在第Ⅱ、第Ⅳ象限　$\sum(x_i-\bar{x})(y_i-\bar{y})<0$

不相关 … 第Ⅰ、第Ⅲ与第Ⅱ、第Ⅳ象限内的点数大致相等 $\sum(x_i-\bar{x})(y_i-\bar{y})\approx 0$。

因此,可以用 $\sum(x_i-\bar{x})(y_i-\bar{y})$ 表示 x 与 y 的相关关系。$\sum(x_i-\bar{x})(y_i-\bar{y})$ 是 x、y 的离差乘积之和,表示为 $S(xy)$。

本例中的 x、y 都是重量,单位相同,均为 g。但并不一定要求 x 与 y 的单位相同。x 是温度,y 可以是重量。由于 x 与 y 的波动通常不同,前述 x、y 的离差分别用标准偏差来表示。由于离差乘积之和也与数据的组数有关,因此用每组的值表示相关系数。相关系数 r 的表达式如下:

$$r = \frac{S(xy)}{\sqrt{S(xx)S(yy)}} \tag{7-1}$$

式中,$S(xx)$ 为 x 的平方和,$S(yy)$ 为 y 的平方和,$S(xy)$ 为 x、y 的离差乘积之和。当 x、y 均服从正态分布时,计算相关系数才是有意义的,此时 x 与 y 具有线性关系。因此,具有图 2-16f 所示的非线性关系时,计算相关系数是没有意义的。

相关系数 r 的取值范围在 $+1 \sim -1$ 之间。在图 2-16 中,图 a 的 $r=+1$,图 c 的 $r=0$,图 e 的 r 接近 -1。当 x 增加 y 也增加时,$r>0$,称为正相关。当 x 增加 y 减少时,$r<0$,称为负相关。

相关系数的计算步骤如下:

(1) 分别计算 x,y,x^2,xy,y^2 的和 $\sum x,\sum y,\sum x^2,\sum xy,\sum y^2$。

(2) 计算平方和 $S(xx)$、$S(yy)$ 和离差乘积之和 $S(xy)$:

$$S(xx) = \sum (x - \bar{x})^2 = \sum x^2 - \frac{(\sum x)^2}{n}$$

$$S(yy) = \sum (y - \bar{y})^2 = \sum y^2 - \frac{(\sum y)^2}{n}$$

$$S(xy) = \sum (x - \bar{x})(y - \bar{y}) = \sum xy - \frac{(\sum x)(\sum y)}{n}$$

（3）计算相关系数 r：

$$r = \frac{S(xy)}{\sqrt{S(xx)S(yy)}}$$

注：1）第（1）步的计算简单，但易于出错。为检验计算是否正确，在第（1）步中加入 $(x+y)$ 和 $(x+y)^2$，利用 $\sum x + \sum y = \sum (x+y)$、$\sum x^2 + 2\sum xy + \sum y^2 = \sum (x+y)^2$，检验 $\sum x$，$\sum y$，$\sum x^2$，$\sum xy$，$\sum y^2$ 的计算是否有误。

2）由于 $S(xx)$、$S(yy)$ 是平方和，不能为负值。$S(xy)$ 或正或负，正值时相关系数为正，负值时相关系数为负。

3）为了便于计算，把原始数据 x、y 变换为 $X = (x - x_0)h$、$Y = (y - y_0)g$ 时，按下式计算相关系数 r：

$$r = \frac{S(XY)}{\sqrt{S(XX)S(YY)}}$$

不必把 $S(XX)$、$S(YY)$、$S(XY)$ 还原为 $S(xx)$、$S(yy)$、$S(xy)$。但是，求回归方程式时需要还原。因此，在计算 r 时，也应养成还原的习惯，以防出错。

$$S(xx) = S(XX)/h^2, S(yy) = S(XY)/g^2, S(xy) = S(XY)/hg$$

求表 7-1 所示的面包重量 y 与面坯重量 x 的相关系数。

（1）把原始数据 x、y 变换为 X、Y，利用表 7-2 计算 x、y、X、Y、X^2、Y^2、XY、$(X+Y)$ 和 $(X+Y)^2$ 的值。

数据变换：

$X = (x - 470) \times 1, Y = (y - 390) \times 1$（本例中，$h$、$g$ 均为 1，不必写出）

验算：

$\sum x = 14196 \leftrightarrow nx_0 + \sum X/h = 30 \times 470 + 96/1 = 14196$

$\sum y = 11693 \leftrightarrow ny_0 + \sum Y/g = 30 \times 390 + (-7)/1 = 11693$

变换计算无误。上式中 n 为数据的组数。

$\sum X + \sum Y = 96 + (-7) = 89 \leftrightarrow \sum (X+Y) = 89$

$$\sum X^2 + 2\sum XY + \sum Y^2 = 2988 + 2\times 903 + 1199$$
$$= 5993 \leftrightarrow \sum(X+Y)^2 = 5993$$

表中求和计算无误。

（2）计算平方和 $S(xx)$、$S(yy)$ 与离差乘积之和 $S(xy)$：

$$S(xx) = \frac{S(XX)}{h^2} = \left\{\sum X^2 - \frac{(\sum X)^2}{n}\right\}\frac{1}{h^2}$$
$$= \left\{2988 - \frac{(96)^2}{30}\right\}\frac{1}{1^2} = 2680.8$$

$$S(yy) = \frac{S(YY)}{g^2} = \left\{\sum Y^2 - \frac{(\sum Y)^2}{n}\right\}\frac{1}{g^2}$$
$$= \left\{1199 - \frac{(-7)^2}{30}\right\}\frac{1}{1^2} = 1197.4$$

$$S(xy) = \frac{S(XY)}{h\cdot g} = \left\{\sum XY - \frac{(\sum X)(\sum Y)}{n}\right\}\frac{1}{hg}$$
$$= \left\{903 - \frac{96(-7)}{30}\right\}\frac{1}{1\times 1} = 925.4$$

（3）计算相关系数 r：

$$r = \frac{S(xy)}{\sqrt{S(xx)S(yy)}} = \frac{925.4}{\sqrt{2680.8\times 1197.4}} = 0.517$$

x 与 y 的相关系数为 0.517。如图 7-1 所示，可把 $n=30$、$r=0.517$ 填入散布图的空白处。

表 7-2　相关系数计算表

No.	x	y	X	Y	X^2	Y^2	XY	$X+Y$	$(X+Y)^2$
1	462	393	-8	3	64	9	-24	-5	25
2	473	386	3	-4	9	16	-12	-1	1
3	477	401	7	11	49	121	77	18	324
4	475	392	5	2	25	4	10	7	49
5	481	399	11	9	121	81	99	20	400
6	461	384	-9	-6	81	36	54	-15	225
7	478	391	8	1	64	1	8	9	81
8	486	405	16	15	256	225	240	31	961
9	483	390	13	0	169	0	0	13	169
10	470	395	0	5	0	25	0	5	25

(续)

No.	x	y	X	Y	X^2	Y^2	XY	$X+Y$	$(X+Y)^2$
11	469	397	-1	7	1	49	-7	6	36
12	455	384	-15	-6	225	36	90	-21	441
13	467	386	-3	-4	9	16	12	-7	49
14	490	392	20	2	400	4	40	22	484
15	460	378	-10	-12	100	144	120	-22	484
16	458	383	-12	-7	144	49	84	-19	361
17	477	388	7	-2	49	4	-14	5	25
18	472	390	2	0	4	0	0	2	4
19	486	390	16	0	256	0	0	16	256
20	475	397	5	7	25	49	35	12	144
21	463	382	-7	-8	49	64	56	-15	225
22	465	389	-5	-1	25	1	5	-6	36
23	491	387	21	-3	441	9	-63	18	324
24	480	392	10	2	100	4	20	12	144
25	484	393	14	3	196	9	42	17	289
26	474	381	4	-9	16	81	-36	-5	25
27	475	389	5	-1	25	1	-5	4	16
28	463	384	-7	-6	49	36	42	-13	169
29	470	380	0	-10	0	100	0	-10	100
30	476	395	6	5	36	25	30	11	121
合计	14196	11693	96	-7	2988	1199	903	89	5993

第三节 相关检验与估计

一、相关系数的分布

利用 x 和 y 的测量值计算的相关系数是样本的相关系数。再重复测量一次 x、y，由于样本的变化，不一定获得相同的相关系数值。r 值通常是不同的。x 与 y 之间是否真正具有相关关系，则需要了解总体之间的关系。总体之间有无相关关系,其程度如何,必须以样本相关系数为基础进行检验或估计。

因此,为了显示利用从具有总体相关系数 ρ 的总体获取的测量值 x、y 计算的样本相关系数 r 的分布,需要观察 r 与样本数 n 与总体相关系数 ρ 的关系。$n=8$,$\rho=0$ 与 0.8 时,相关系数的分布如图 7-2 所示。

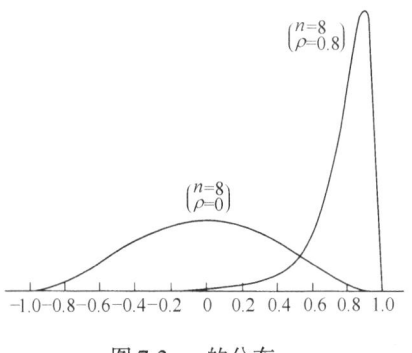

图 7-2 r 的分布

(1) 利用从总体相关系数 $\rho=0$ 的总体获得的 n 对数据 x、y 计算出的相关系数 r,一般呈现平均值为 0、非正态分布的左右对称分布。设

$$t = \frac{r\sqrt{n-2}}{\sqrt{1-r^2}} \quad (7\text{-}2)$$

t 服从于自由度 $\nu=(n-2)$ 的 t 分布。所以,利用此式可进行 $\rho=0$ 假设检验(无相关的检验)。

在式(7-2)中,已知观察值的组数(样本的大小)n 与显著性水平 α 时,利用式(7-2)检验时的 t 的分位值可求出关系显著的 r 值。用这种方法获得了判断相关系数显著性的 r 表(附表 9),利用此表能够简便检验相关关系的有无。

(2) 当总体相关系数 ρ 不为 0,n 较小时,r 呈现非对称分布。对 r 进行 z 变换。

$$z = \frac{1}{2}\ln\frac{1+r}{1-r}$$

观察 z 的分布可看出,它近似于以期望值为 $z_\rho + \rho/\{2(n-1)\}$,标准偏差为 $1/\sqrt{n-3}$ 的正态分布。利用这一特性检验、估计当 ρ 不为 0 时的相关系数。此处的 z_ρ 是 ρ 的 z 变换值。当 n 较大时,期望值的第二项 $\rho/\{2(n-1)\}$ 趋近于 0,可以忽略不计。

二、相关系数的检验

利用相关系数分布的性质,总体相关系数 $\rho = 0$ 的假设检验步骤如下:

(1) 提出假设,确定显著性水平 α

原假设:x 与 y 之间无相关关系($H_0 : \rho = 0$)

对立假设:x 与 y 之间有相关关系($H_1 : \rho \neq 0$)

显著性水平为 α

(2) 利用所获得的 n 个数据计算相关系数 r。

(3) 利用 r 表求 $r_{1-\frac{\alpha}{2}}(n-2)$ 的值。如果 $|r| \geq r_{1-\frac{\alpha}{2}}(n-2)$,在显著性水平 α 条件下选择对立假设,认为 x 与 y 之间有相关关系。如果 $|r| < r_{1-\frac{\alpha}{2}}(n-2)$,选择原假设,结论是不能认为 x 与 y 之间有相关关系。

除用 r 表检验之外,还可利用已知样本大小 n 和其相关系数 r 按下式计算 t_0:

$$t_0 = \frac{r\sqrt{n-2}}{\sqrt{1-r^2}} \tag{7-3}$$

把 t_0 与自由度为 $\nu = n - 2$、显著性水平 α 的 t 分布表的值 $t_{1-\frac{\alpha}{2}}(n-2)$ 相比较。如果 $|t_0| \geq t_{1-\frac{\alpha}{2}}(n-2)$,接受 H_1;如果 $|t_0| < t_{1-\frac{\alpha}{2}}(n-2)$,接受 H_0。

在表 7-1 产品重量 y 与面坯重量 x 的例子中,$n = 30$,相关系数 $r = 0.517$。试检验相关系数的显著性。

(1) $H_0 : \rho = 0$,$H_1 : \rho \neq 0$,$\alpha = 0.05$。

(2) $n = 30$,$r = 0.517$。

(3) 利用 r 表求得 $r_{0.975}(28)$。表中没有自由度为 28 的 r 值。从 r 表查得自由度 28 前后的 r 值分别为 $r_{0.975}(25) = 0.381$ 和 $r_{0.975}(30) = 0.349$,$r_{0.975}(28)$ 的值应在二者之间。因此,$r = 0.517 > r_{0.975}(25) > r_{0.975}(30)$ 接受 H_1,可以说面坯重量与面包重量之间具有正

相关的关系(或称为 $r = 0.517 > r_{0.995}(25)$, 1% 显著)。

注 1) 当 r 表中不存在相应自由度的数值时,进行安全侧检验。当 r 被判断为显著时,在对应自由度前后的自由度中,利用 r 表中自由度较小的数值。如果样本相关系数 r 比 r 表中的数值大,判断为显著。当 r 判断为不显著时,利用 r 表中自由度较大的数值。如果样本相关系数 r 比 r 表中的数值小,判断为不显著。如果不进行安全侧检验,即不利用自由度 28 进行检验,可用式(7-3)计算 t_0,并与 $t_{1-\frac{\alpha}{2}}(28)$ 的值相比较。

2) 即使样本相关系数 $r = 0.517$,如果是利用较少数量样本($n = 10$)计算的,相关系数在 5% 的显著水平下也不会具有显著性。相关系数检验的结果与相关系数的大小、计算相关系数所用样本的数量有关。

三、总体相关系数的估计

当相关系数 r 的检验结果显著,确定其相关程度时,则要进行总体相关系数 ρ 的估计。如前所述,如果样本数不是非常大,r 的分布不近似于正态分布。为了使之近似于正态分布,必须进行 z 变换。为了估计 ρ 的置信区间,首先对 r 进行了 z 变换获得 z_r,利用式(7-4)计算 z_r 的总体的置信区间(置信水平 $1 - \alpha$)。

$$上限: z_r + \frac{u_{1-\frac{\alpha}{2}}}{\sqrt{n-3}}$$
$$下限: z_r - \frac{u_{1-\frac{\alpha}{2}}}{\sqrt{n-3}}$$
(7-4)

由于以上求得的是关于 z_r 的总体的置信区间,然后进行由 z 到 r 的逆变换。这样以 r 为基础获得的数值就是总体相关系数 ρ 的置信区间。实际上,z 变换等也可以不通过计算来完成。利用图 7-3 所示的 r 与 z 的变换

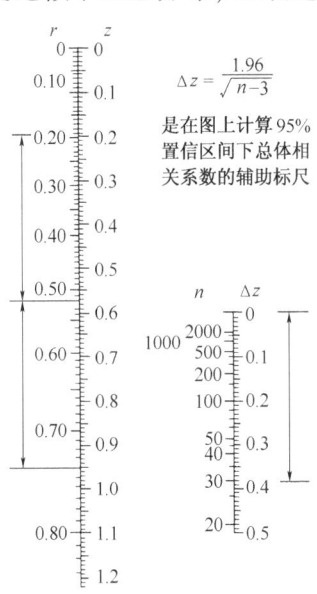

图 7-3 z 变换与相关系数的估计图

图表和置信水平为95%的参数估计辅助标尺,可容易地进行变换和估计。首先利用辅助标尺获得与样本数 n 相对应的长度,然后在 z 变换图上 r 的上下量取相应的长度,即可获得 ρ 的上限和下限的估计值(见附表)。

以上述的面包重量 y 与面坯重量 x 为例,在置信水平95%的条件下,估计总体相关系数。由 z 变换图可知

$$r = 0.517 \rightarrow z = 0.571$$
$$1 - \alpha = 0.95, \alpha = 0.05, u_{0.975} = 1.96$$

因此

$$z \pm \frac{u_{0.975}}{\sqrt{n-3}} = 0.571 \pm \frac{1.96}{\sqrt{30-3}} = 0.571 \pm 0.377$$

其值为 0.194~0.948。把它还原为 ρ,则为 $0.192 < \rho < 0.739$,与利用辅助标尺的结果大致相同(图7-3)。

注1)即便是用于计算相关系数的数据 $n = 30$,总体相关系数的置信区间仍为 0.192~0.74,范围很大。如果样本数 n 小,辅助标尺的取值会非常大,不具有使用价值。因此,计算相关系数的数据应在30组以上。

2)相关系数 r 的 r^2 被称为贡献率。在上例中,$r = 0.517$,在1%的显著性水平上 x 与 y 具有正相关关系。但是,从贡献率的角度看,$r^2 = 0.266$。如果用 y 的平方和、方差等表示波动的词语来表达,y 的波动为 0.266,即 26.6% 是由 x 的波动造成的。例如,即使把 x 固定在某数值上,y 的波动为 1-0.266。就是说,73.4% 是 x 以外其他原因产生影响的结果。

第四节 线 性 回 归

在前述食品的例子中,面坯重量 x 与面包重量 y 之间总体上具有什么样的关系,其相关程度可用相关系数来表示。为了减少产品重量的波动,必须进行进一步的解析。当原料的重量为某一数值时,其成品的重量是多少。为了把产品重量的波动控制在一定的范围内,要知道必须把原料的重量控制在什么范围内。利用这种关系,通过调整原料的重量修正产品的重量。除了原料的重量之外,也可研究烤制温度、烤制时间等与成品重量有关的因

素的影响程度。因此,必须求出定量表示产品重量随原料重量变化的关系式。这样的关系式被称为回归方程式。本节阐述线性回归。

一、最小二乘法与回归方程

假设

$$y = a + bx \tag{7-5}$$

为 x 与 y 的回归方程。如图 7-4 所示,用 x 在某一水平 x_i 条件下 Y 的总体平均估计值 $(a + bx_i)$ 计算散布图上所有点 (x_i, y_i) 所对应纵轴的值 y_i 与 $(a + bx_i)$ 之差的平方 $\{y_i - (a + bx_i)\}^2$,如果确定使其和

$$Q = \sum \{y_i - (a + bx_i)\}^2$$

最小的 a 与 b,就可得到利用 x 估计波动最小的 y 值的回归方程。这种方法被称为最小二乘法。

可用下式计算 a 与 b:

$$b = S(xy)/S(xx)$$
$$a = \bar{y} - b\bar{x} \tag{7-6}$$

也可以利用相关系数 r、x 与 y 的标准偏差 s_x 和 s_y 计算 b:

$$b = r \frac{s_y}{s_x}$$

如图 7-4 所示,a 是 $x = 0$ 时 y 的值,称为 y 轴的截距。b 为回归系数(Regression Coefficient),表示直线的倾斜程度,表示 x 增加 1 个单位时 y 的增加量。$a = 0$ 时,直线通过原点。$b = 0$ 时,直线与 x 轴平行。$b = 1$ 时,x 与 y 的增量相等,如果此时散布图 x、y 轴的刻度相同,则直线倾斜 $45°$。

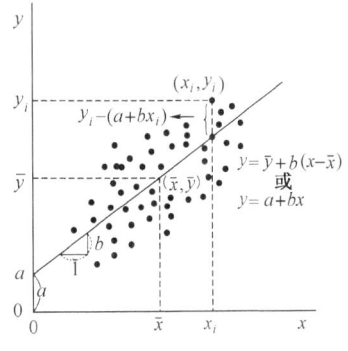

图 7-4 回归方程的图示

在式(7-5)的回归方程中,如果用 $(\bar{y} - b\bar{x})$ 替代 a,则可表示为:

$$y = \bar{y} + b(x - \bar{x}) \tag{7-7}$$

在此方程中,当 $x = \bar{x}$ 时,$y = \bar{y}$,直线通过点 $(\bar{x}, \bar{y})$。

如图 7-4 所示,计算所有点 (x_i, y_i) 在 y 轴方向到回归直线距离的平方,其和为最小。此直线称为 y 关于 x 的回归线(regressionline)。

二、回归方程的估计

1. 求回归方程的方法

(1) 计算 $\bar{x}, \bar{y}$。

(2) 利用 $S(xx)$、$S(xy)$ 计算回归系数 b。
$$b = S(xy)/S(xx)$$

(3) 计算截距 a,求回归方程。
$$a = \bar{y} - b\bar{x}$$

回归方程:
$$y = a + bx$$

或者不计算 a,直接求回归方程:
$$y = \bar{y} + b(x - \bar{x})$$

求表 7-1 所示的产品重量 y 对原料重量 x 的回归方程,并在散布图上画出回归线。

(1) 根据表 7-1 的数据计算 $\bar{x}, \bar{y}$。
$$\bar{x} = 14196/30 = 473.2$$
$$\bar{y} = 11693/30 = 389.8$$

(2) 计算 $S(xx)$、$S(xy)$。
$$S(xx) = 2680.8$$
$$S(xy) = 925.4$$

所以,$b = S(xy)/S(xx) = 925.4/2680.8 = 0.345$

(3) 求回归方程
$$y = \bar{y} + b(x - \bar{x}) = 389.8 + 0.345(x - 473.2)$$

或为
$$y = (\bar{y} - b\bar{x}) + bx = 226.4 + 0.345x$$

当原料的重量已知时,可用上式估计产品的重量。

(4) 在散布图上画出回归线。由于这条直线通过 y 轴上的点 $(0, 226.4)$ 和 $\bar{x}, \bar{y}$ 构成的点 $(473.2, 389.8)$,在散布图上标出这两个点,并用直线连接起来,便得到回归线。如散布图 7-1 所示,由于 y 轴上的点实际上远离散布图中的点,这种方法不太方便。因此,对散布图中离 $\bar{x}$ 较远的某一点,例如 $x_i = 500$,利用求得的回归方程计算 y 的值:

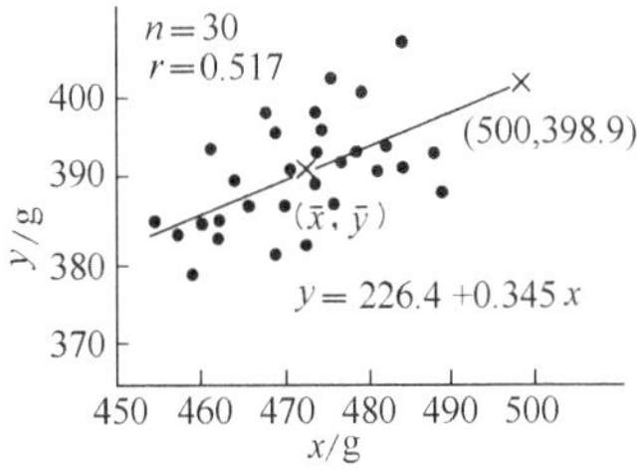

$$y = 226.4 + 0.345 \times 500 = 398.9$$

图 7-5 原料重量 x 与产品重量 y 的散布图

在散布图中,用直线把点 $(473.2, 389.8)$ 和点 $(500, 398.9)$ 连接起来即可(见图 7-5)。

2. 回归直线的估计

用最小二乘法求得的回归方程 $y = a + bx$ 是 x 为某一值时,对 y 总体平均值的点估计。对于 x_i, y 的总体平均值的区间估计,以及所有 y 值的区间估计,可由下式计算。

y 的总体平均在置信水平 $(1-\alpha)$ 时的区间估计为:

$$a + bx_i \pm t_{1-\frac{\alpha}{2}}(n-2) \sqrt{\left(\frac{1}{n} + \frac{(x_i - \bar{x})^2}{S(xx)}\right) V_e} \quad (7\text{-}8)$$

y 的每个值在置信水平 $(1-\alpha)$ 的区间估计为

$$a + bx_i \pm t_{1-\frac{\alpha}{2}}(n-2) \sqrt{\left(1 + \frac{1}{n} + \frac{(x_i - \bar{x})^2}{S(xx)}\right) V_e} \quad (7\text{-}9)$$

式中的 V_e 是回归产生的波动,按下式计算:

$$V_e = (S(yy) - S(xy)^2/S(xx))/(n-2) \quad (7\text{-}10)$$

在前例中,x_i 等于 450、473.2、500 时,由式(7-8)估计的置信水平 95% 条件下 y 的总体平均区间值如表 7-3 所示。

x_i 等于 $\bar{x}$ 时,y 的总体平均置信区间幅度最小。随着 x_i 偏离 $\bar{x}$,置信区间的幅度增大。由式(7-8)、式(7-9)可知,在 95% 置信水平下，y 值的置信区间的幅度增大。

表 7-3　置信水平 95% 条件下 y 的总体平均区间估计

x_i	y 的点估计值	置信区间的幅度
450.0	381.7	±5.55
473.2($\bar{x}$)	389.8($\bar{y}$)	±2.09
500.0	398.9	±6.29

注 1) 把 x、y 变为 X、Y，计算 $\bar{x}$、$\bar{y}$、$S(xx)$ 和 $S(xy)$ 时，必须还原为原单位。

2) 回归线大致处于散布图上点的中央，否则可能计算有误。

3) 所求回归系数在面坯重量 455~491g 之间有效。面坯重量在 455g 以下或 491g 以上则是未知的。当把回归系数扩展到样本范围之外时，需要在技术上进行深入的分析。

4) 所求的回归方程是由面坯重量 x 计算产品重量 y 的方程。x 对 y 的回归方程为：

$$x = a' + b'y$$

这时，$b' = S(xy)/S(yy)$，$a' = \bar{x} - b'\bar{y}$。

5) 在化学分析等应用中，想使回归方程 $y = bx$ 通过原点时，用下式计算回归系数：

$$b = \frac{\sum xy}{\sum x^2}$$

第五节　回归分析的简便方法

1. 符号检验法

自动充填机向罐内注入油量的误差 y 平均 50g，但不同的罐之间变化较大。认为油温是误差的主要影响因素。把这种关系绘制成散布图，用中值线 $Me(x)$、$Me(y)$ 从上下、左右分别把散布点分成二等份，计算各象限的点数（图 7-6）。利用第 5 章所示的符号检验表对相关系数进行检验。

如果第 Ⅰ、第 Ⅲ 象限的点数多，第 Ⅱ、第 Ⅳ 象限的点数少，x 与 y 之间正相关。相反，如果第 Ⅰ、第 Ⅲ 象限的点数少，第 Ⅱ、第 Ⅳ 象限的点数多，则为负相关。如果各象限的点数大致相等，x 与 y 之

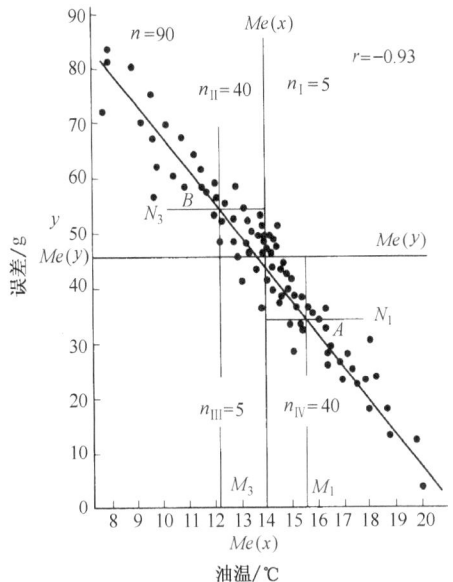

图 7-6 油温与误差的散布图

间不相关。可利用各象限内点的数量对相关系数进行检验。

相关系数显著性的检验:

如果 x 与 y 之间无相关关系,第 I、第 III 象限内的点数 n_I、n_{III} 之和 (n_+)与第 II、第 IV 象限内的点数 n_{II}、n_{IV} 之和(n_-)的出现次数大致相同。出现率是否确为 50%,可用符号检验表进行检验。

(1) 根据各象限的点数计算 n_+ 和 n_-

$$n_+ = n_I + n_{III} = 5 + 5 = 10$$
$$n_- = n_{II} + n_{IV} = 40 + 40 = 80$$

(2) 从符号检验表查取 $N = 90$,显著性水平为 5%、1% 时的值,分别为 35 与 32。

(3) $n_+ < n_-$,较小的 $n_+ = 10$。由符号检验表可知,$n_+ = 10$ 小于 1% 条件下的值 32,油温(x)与误差(y)之间相关。由于 $n_+ < n_-$,则为负相关。

2. 回归方程式的简便估计法

在散布图上利用简便的方法求油量误差 y 对油温 x 的回归方程(图7-6)。

(1) 画出 x、y 的中值线。$Me(x)$、$Me(y)$ 已经求得。

(2) 对纵向中值线 $Me(x)$ 右侧的点 (n_I, n_{IV})，以及左侧的点 (n_{II}, n_{III})，再分别用纵向中值线 M_1、M_3 和横向中值线 N_1、N_3 进行分割。

(3) 用直线把 M_1、N_1 的交点 A 与 M_3、N_3 的交点 B 连接起来，就是所求的利用油温估计误差的回归直线。为了获得回归直线的方程，分别读取直线上两点的 x 与 y 的坐标值，并代入方程 $y = a + bx$，即可求出 a 和 b。

$$x = 10 \text{ 时}, y = 66.5$$
$$x = 20 \text{ 时}, y = 7.3$$

回归方程为 $y = 127.5 - 5.92x$。这种求回归方程的方法被称之为直读法。

注1) 如果点数为奇数，所画中值线通过中央值。点数为偶数时，中值线从两个中央值的中间通过。当中值线上的点较多时，利用乱数表随机把点均分到两侧。

2) 除了利用散布图进行相关检验的方法之外，还可用把相对应的 x 与 y 绘制成的折线图进行相关检验。

a. 大波的相关

把相对应的两种数据 x 与 y 绘制成折线图，分别用中值线对其进行平分(图7-7)。然后进行符号化，中值线以上的点为 +，之下的点为 -，线上的点为 0，并求 x、y 的符号之积(表7-4)。依据积的符号 + 与 - 的数量利用符号检验表进行检验。例如，x、y 的符号均为 +，可知此点处于散布图的第 I 象限。如果 x 为 +，y 为 -，可知这一点处于散布图的第 III 象限。这与利用散布图进行检验的方法相同，称之为大波相关，以区别于下述的小波相关。

表7-4 检验大波的 x、y 和 xy 的符号表

No.	1	2	3	4	5	6	7	8	9	10	11	12	13	…
x	+	+	+	-	-	0	+	+	-	-	+	+	-	…
y	-	+	+	-	+	-	-	+	+	-	+	+	-	…
xy	-	+	+	+	-	0	-	+	-	+	+	+	+	…

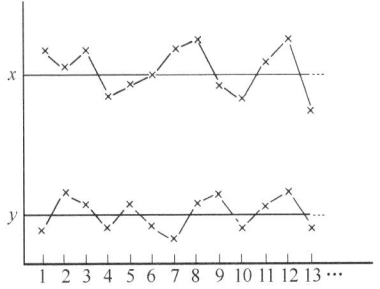

图 7-7 相对应的数据 x、y
的折线图与中值线

b. 小波的相关

用线段分别连接 x、y 的相邻两点,线段上升为 +,线段下降为 -,否则为 0,并计算线段符号之积。如前所述,根据积的符号 + 与 - 的数量进行相关检验。此种相关与散布图的相关不同,用于分析工序的微小变化,称之为小波相关。

习 题

1. 检验下列相关系数的显著性。
(1) $n = 9$ $r = 0.550$
(2) $n = 20$ $r = 0.450$
(3) $n = 30$ $r = 0.440$
(4) $n = 30$ $r = 0.330$
(5) $n = 50$ $r = 0.330$

2. 利用第二章习题 5 中结构用钢材的含碳量 $x\%$ 与抗拉强度 $y\mathrm{kg/mm}^2$ 的数据回答以下问题:
(1) 计算相关系数 r,检验其相关性。
(2) 根据含碳量的数据求估计抗拉强度 y 的回归直线,并画在散布图上。

3. 为了了解药品生产过程的熟化温度 $x℃$ 与制品水分 $y\%$ 的关系,测量了 50 组数据,获得了以下统计量:

$$\bar{x} = 25.91, \bar{y} = 16.35, S(xx) = 279.1,$$

$$S(yy) = 401.6, S(xy) = 322.3$$

（1）求相关系数,并检验其显著性。

（2）估计95%置信区间的相关系数。

（3）求 y 对 x 的回归方程式。

4. 把某种干电池充填化合物的量 $x(g)$ 与其连接一定电阻时降至某一电压的放电时间 $y(h)$ 的数据绘制成散布图,用 x 与 y 的中值线把它分为4个象限,各象限内的点数如下：

$$n_\mathrm{I} = 60, n_\mathrm{II} = 25, n_\mathrm{III} = 60, n_\mathrm{IV} = 25$$

检验二者之间是否具有相关关系。

第八章 方差分析与试验设计

在第四章"2组数据平均值之差的假设检验与估计"一节中，药品充填量是计量值，把充填机作为影响因子，分析了2台充填机（2个水平）之间平均值的差。本章将扩展分析范围，讨论与质量等特性有关的一个以上因子，各因子在2个水平以上条件下获得的数据的分析方法。

方差分析（Analysis of Variance）是分析全部试验数据的波动、试验误差与各因子的效果（不同水平之间平均值之差）波动，判断与误差相比因子效果是否显著的方法。方差分析之后一般要估计因子在某一水平的总体平均值。本章阐述方差分析的思路、1~3因子试验数据的计算过程、检验与估计方法。数据是在所有试验都按随机顺序进行的条件下获得的。但实际上，试验的顺序和次数常常受到限制。试验设计就是对在这种约束条件下的试验进行分析的方法，本章第五节将对此作简要说明。

第一节 方差分析的基础

一、什么是方差分析

可根据理论和现有技术确定产品的质量特性、成品率与其影响因素之间的具有什么样的关系。在很多情况下也可以通过试验来确认这种关系。为了检验、估计生产过程的众多因素中什么因素会产生什么程度的影响，需要通过有计划的试验获得数据。这里首先阐述利用方差分析法分析这种试验数据的方法，关于试验的设计稍后再讲。

在第四章第二节中，A、B两台充填机的充填量平均值的差

可用下式检验:

$$t_0 = \frac{\bar{x}_A - \bar{x}_B}{s\sqrt{\frac{1}{n_A} + \frac{1}{n_B}}}$$

使用 A、B 两台充填机时,可用此公式检验。当使用 A、B、C 3 台充填机时,原假设为 $H_0: \mu_A = \mu_B = \mu_C$,无法利用上式进行检验。这时可利用 F 检验对单因子试验数据进行方差分析。这种方法当然也可用于两组数据平均值之差的检验。

在上述的例子中,A 充填机的数据 $n_A = 10$,平均充填量 $\bar{x}_A = 20.270$,B 充填机 $n_B = 8$,$\bar{x}_B = 20.725$。总的数据量 $n_A + n_B = 18$。这 18 个数据显示了它们的波动情况。即使 A、B 是由同一台充填机充填的,充填量也会有波动(误差)。分析同一台充填机的充填量误差与不同充填机(影响因素)引起的波动(或称为平均值之间的差),把源于影响因素的波动与误差的波动相比较,检验其是否显著的方法称为方差分析。

二、关于方差分析术语的说明

在阐述方差分析的思路与步骤之前,首先对方差分析的术语作简要说明。

[例1] 分别利用从 3 家供应商 A_1、A_2、A_3 采购的 5 个批次相同种类原料生产产品,测量了反映产品质量特性的成分,想检验用 A_1、A_2、A_3 的原料生产的产品成分平均值之间是否存在差异。

[例2] 利用从 3 家供应商 A_1、A_2、A_3 采购的原料分别在 B_1、B_2、B_3、B_4 的加工温度条件下进行试验,想检验原料、加工温度对产品成分差异的影响。

[例3] 利用从 3 家供应商 A_1、A_2、A_3 采购的原料分别在 B_1、B_2、B_3、B_4 的加工温度条件下进行试验。A 与 B 共 12 种组合,每一种组合做 2 次试验,共随机进行 24 次试验,试对试

结果进行方差分析。

[例4] 例3中A与B共12种组合,先对每一种组合做一次试验。然后再对A与B的12种组合做一次试验。试对试验结果进行方差分析。

[例5] 原料的生产厂家A_1、A_2、A_3,加工温度B_1、B_2、B_3、B_4,辅助原料的添加量C_1、C_2,随机进行24次试验。试对试验结果进行方差分析。

以上是典型事例。用这些例子解释方差分析的术语。

因子:可使数据产生波动的主要因素。例1中的原料生产企业A是因子,例2中的原料生产企业A与加工温度B是因子,例5中的原料生产企业A、加工温度B和辅助原料的添加量C是因子。

只含有一个因子的试验称为单一因子试验。含有两个因子的试验称为二因子试验。含有三个因子的试验称为三因子试验。三因子以上的试验统称为多因子试验。

水平:因子所处的条件。例如企业A_1的原料,加工温度B_2,辅助原料的添加量C_1即是因子所处的条件。在例1中,试验是在因子水平为A_1、A_2、A_3三个条件下进行的,称之为原料生产企业A的因子水平数3的单一因子试验。

重复试验:如例3所示,在相同条件下进行2次以上的试验叫做重复试验。次数称为重复数。但是,在例4中,首先对A与B的12种组合进行试验,然后再度对A与B的12种组合进行试验,这种情况不叫做重复试验,称为反复试验。

原因:由上述因子的不同而导致的平均值的差异,即是因子的单独效果(亦称为平均效果或主效果)。两个以上因子组合决定的效果称为交互作用效果,例如在因子A的A_1条件下B_1好,A_2条件下则B_2好。产生上述效果,引起误差,导致数据波动的因素称为原因。

三、方差分析的思路

加工所用活化剂的量影响催化剂载体某种活性物质的吸附能。取活化剂的量

$$A_1: 5\%,\ A_2: 7\%,\ A_3: 9\%$$

3个水平，各水平重复试验4次，共随机进行12次试验。活性物质吸附能的测量结果如表8-1所示。由表8-1可知，即使活化剂的量同为 A_1，活性物质吸附能在43%~50%之间波动，此波动相当于误差。对 A_1、A_2、A_3 行进行比较可以看出，各行之间的数据波动很大。A_1 行的吸附能最低，A_3 行的吸附能最高。A_1 ~ A_3 的吸附能之差是否是由于活化剂量的不同所致，以上述误差为基础作出统计判断的方法就是方差分析法。

表8-1 活性物质吸附能数据

活化剂		吸附能（%）			
A_1	5%	50	46	49	43
A_2	7%	48	47	54	47
A_3	9%	55	53	51	57

1. 数据的构造

分析表8-1中每个数据的数据构造。A_1 的4个数据50、46、49、43的每一个都可用全体数据的平均 $\bar{\bar{x}}$、活化剂的量为 A_1 时吸附能的效果 a_1、每次试验带来的误差（e_{11}、e_{12}、e_{13}、e_{14}）之和来表示。例如，A_1 的第3个数据 x_{13}（49）可表示为：

$$x_{13} = \bar{\bar{x}} + a_1 + e_{13}$$

A_i 水平的第 j 个数据 x_{ij} 一般可表示为：

$$x_{ij} = \bar{\bar{x}} + a_i + e_{ij} \tag{8-1}$$

式中 $\sum_i a_i = 0, \sum_j e_{ij} = 0$

表8-1的数据可分解成上述3个组成部分，如图8-1所示。例如，A_3 的第2个数据 $x_{32} = 53$ 可分解成以下3部分（见图8-2）：

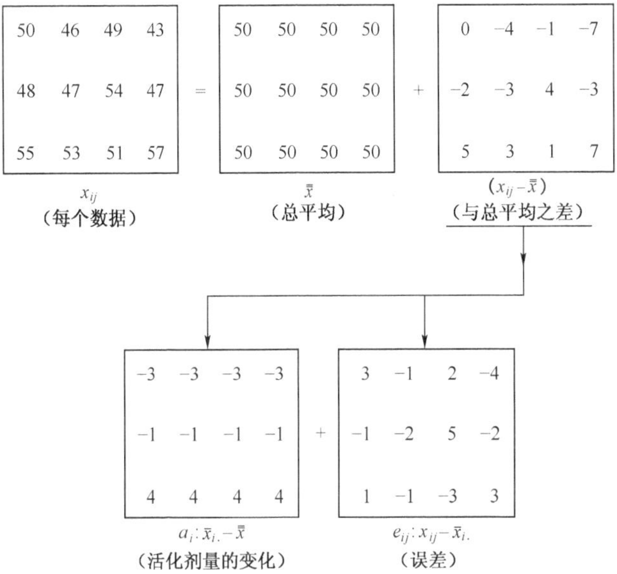

50 46 49 43
48 47 54 47
55 53 51 57
=
50 50 50 50
50 50 50 50
50 50 50 50
+
0 −4 −1 −7
−2 −3 4 −3
5 3 1 7
x_{ij}
（每个数据）
$\bar{\bar{x}}$
（总平均）
$(x_{ij}-\bar{\bar{x}})$
（与总平均之差）
−3 −3 −3 −3
−1 −1 −1 −1
4 4 4 4
+
3 −1 2 −4
−1 −2 5 −2
1 −1 −3 3
$a_i:\bar{x}_{i.}-\bar{\bar{x}}$
（活化剂量的变化）
$e_{ij}:x_{ij}-\bar{x}_{i.}$
（误差）

图 8-1　数据的分解（1）

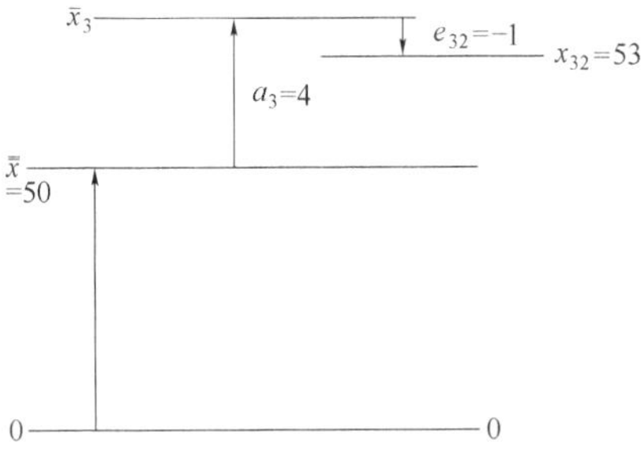

$\bar{x}_3$
$e_{32}=-1$
$x_{32}=53$
$a_3=4$
$\bar{\bar{x}}=50$
0
0

图 8-2　数据分解（2）

$$x_{32} = \bar{\bar{x}} + a_3 + e_{32}$$

总平均　　A$_3$的效果　　误差

$$50 = 50 + 4 + (-1)$$

2. 波动的分解

用离差平方和表示波动，则全体数据波动的平方和 S_T 可表示为

$$S_T = \sum (x_{ij} - \bar{\bar{x}})^2 \tag{8-2}$$

这是对图 8-1 中 $(x_{ij} - \bar{\bar{x}})$ 的平方求和,即:

$$S_T = 0^2 + (-4)^2 + \cdots + 7^2 = 188$$

如第二章所述,为了便于计算,S_T 可表示为:

$$S_T = \sum x_{ij}^2 - \frac{(\sum x_{ij})^2}{N} \tag{8-3}$$

式中 N 是数据的总数。

$$\sum x_{ij}^2 = 50^2 + 46^2 + \cdots + 57^2 = 30188$$

$$CT = \frac{(\sum x_{ij})^2}{N} = N\bar{\bar{x}}^2 = 12 \times 50^2 = 30000$$

因此,$S_T = \sum x_{ij}^2 - CT = 30188 - 30000 = 188$

与上面的 S_T 值一致。

把与全体数据平均偏离的部分分解为活化剂的效果和误差,并以平方和的形式表示。误差的变动表明即使活化剂的量相同,吸附能也不一定相同。其平方和 S_e 是对图 8-1 中 e_{ij} 的平方求和。

$$S_e = 3^2 + (-1)^2 + \cdots + 3^2 = 84$$

一般表示为:

$$S_e = \sum_{i,j} (x_{ij} - \bar{x}_{i.})^2 \tag{8-4}$$

因此,活化剂效果的平方和 S_A 可表示为:

$$S_A = S_T - S_e = 188 - 84 = 104$$

此值与图 8-1 中 a_i 的平方之和相同,即:

$$(-3)^2 + (-3)^2 + \cdots + (-1)^2 + \cdots + 4^2$$
$$= \{(-3)^2 + (-1)^2 + 4^2\} \times 4$$
$$= 104$$

S_A 的计算公式一般可表示为:

$$S_A = r \sum_i (\bar{x}_{i.} - \bar{\bar{x}})^2 \tag{8-5}$$

或

$$S_A = \frac{\sum_i T_{i.}^2}{r} - CT \tag{8-6}$$

式中的 r 是因子 A 各水平的重复试验次数，在上例中 $r=4$。T_i 是各水平的数据之和。例如：

$$T_{1.} = 50 + 46 + 49 + 43 = 188$$

$$S_A = \frac{188^2 + 196^2 + 216^2}{4} - 30000 = 104$$

此结果与图 8-1 中的 a_i 平方之和相同。

综上所示，数据的构造与变动的关系如下式所示：

$$x_{ij} = \bar{\bar{x}} + a_i + e_{ij}$$
$$\downarrow$$
$$\sum_{i,j} x_{ij}^2 = \underbrace{N\bar{\bar{x}}^2}_{CT} - \underbrace{r\sum_{i}(\bar{x}_{i.} - \bar{\bar{x}})^2}_{S_A} + \underbrace{\sum_{i,j}(x_{ij} - \bar{x}_{i.})^2}_{S_e} \quad (8\text{-}7)$$
$$\underbrace{\hspace{6cm}}_{S_T}$$

活化剂的影响 S_A 表示 A_1、A_2、A_3 的 4 个数构成的数据组组间的波动，称为组间波动。表示同组内的误差变化 S_e 称为组内波动。

3. 活化剂效果的检验

首先分析组间与组内的自由度。组间波动可利用 $A_1 \sim A_3$ 3 个水平之和、平均值求得，它显示了 3 个平均值之间的差，其自由度 ν 等于 A 的水平数 $l-1$。

$$\nu_A = l - 1 = 2$$

各组都有 r 个重复试验的数据。组内波动为每个数据与其组平均值之差的和。因此，各组的自由度均为 $(r-1)$，组内波动的自由度 ν_e 为：

$$\nu_e = l(r-1) = 3(4-1) = 9$$

由于全部数据个数 $N = lr = 12$，全体自由度 ν_T 则为：

$$\nu_T = N - 1 = 12 - 1 = 11$$

也可表示为：

$$\nu_T = \nu_A + \nu_e \quad (8\text{-}8)$$

方差 V_A、V_e 分别是用自由度 ν_A、ν_e 去除 S_A、S_e 求得的。

$$V_A = \frac{S_A}{\nu_A} = \frac{104}{2} = 52$$

$$V_e = \frac{S_e}{\nu_e} = \frac{84}{9} = 9.3$$

计算方差比,分析组间方差是否大于组内(误差)方差。

$$F_0 = \frac{V_A}{V_e} \tag{8-9}$$

当 F_0 的值大于以 ν_A(分子自由度)和 ν_e(分母自由度)为自由度的 F 分布表中上侧 5% 的值时,$A_1 \sim A_3$ 之间的平均值有显著差异,结论是活化剂的量影响吸附能。当 F_0 的值小于从 F 分布表中查得的数值时,$A_1 \sim A_3$ 之间的平均值无显著差异,结论是不能认为活化剂的量对吸附能有影响。在本例中,$F_0 = 5.59$,大于 $F_{0.95}(2, 9) = 4.26$,可断定 $A_1 \sim A_3$ 之间的平均值有显著差异。

第四章中,在显著性水平 5% 的条件下对 2 组方差的差进行检验时,采用 F 分布上下两侧分别为 2.5% 的双边检验。在方差分析中,采用了上侧 5% 的单边检验。这是由于,如果因子各水平之间的平均值无显著差异,F_0 的期望值为 1;如果平均值差异显著,F_0 的值大于 1。因此,采用上侧 5% 显著性水平的假设检验。

以上以单一因子的试验为例说明了方差分析的思路,其计算结果归纳于方差分析表 8-2 之中。

表 8-2 方差分析表

原因	平方和 S	自由度 ν	方差 V	方差比 F_0
活化剂 A	$S_A:104$	$\nu_A:2$	$V_A:52$	$F_0:5.59^*$
误差 e	$S_e:84$	$\nu_e:9$	$V_e:9.3$	
全体	$S_T:188$	$\nu_T:11$		

$F_0 = 5.59^* > F_{0.95}(2, 9) = 4.26$

第二节 单一因子试验的数据分析

在上一节"方差分析的思路"中,阐述了试验数据的分析方法。方差分析的计算过程可分为以下三步:
1) 为了便于计算,对数据进行变换、整理。
2) 按变动原因把波动分解为组间变动和组内变动。
3) 把由原因引起的波动与误差的波动进行比较检验。

下面阐述方差分析的计算过程和方差分析之后因子各水平总体平均的估计方法。

一、方差分析的步骤

以表 8-1 活性物质吸附能的试验数据为例说明单一因子试验方差分析的计算过程。

(1) 为了便于计算对数据进行变换。

$$X_{ij} = (x_{ij} - x_0) \times h$$

取 $x_0 = 45$(假设的平均值),$h = 1$。变换后的数据 X_{ij} 如表 8-3 所示,计算各水平的 T_i、T_i^2,并对其求和。

表 8-3 辅助表 1 (X_{ij})

	X_{ij}				T_i	T_i^2
A_1	5	1	4	-2	8	64
A_2	3	2	9	2	16	256
A_3	10	8	6	12	36	1296
合计					60	1616

在数据变换过程中易于出现计算错误,应进行验算。设 $T = \sum T_i$(对变换的数据 X_{ij} 求和),则可利用下式进行验算(利用计算机进行计算时,不作变换可避免错误,且便于计算)。

$$\sum x_{ij} = Nx_0 + T/h$$

(2) 计算 X_{ij} 的平方值,做成表 8-4 所示的辅助表 2。

(3) 利用辅助表 1 的 T_i 计算修正项 CT。

$$CT = \frac{(\sum X_{ij})^2}{N \times h^2} = \frac{T^2}{Nh^2} = \frac{60^2}{12} = 300$$

(4) 利用辅助表 2 的 $\sum X_{ij}^2$ 计算总平方和 S_T。

$$S_T = \frac{\sum X_{ij}^2}{h^2} - CT = 488 - 300 = 188$$

表 8-4　辅助表 2 (X_{ij}^2)

	X_{ij}^2				合计
A_1	25	1	16	4	46
A_2	9	4	81	4	98
A_3	100	64	36	144	344
合计					488

(5) 利用辅助表 1 的 T_i^2 计算活化剂 A 的平方和 S_A。

$$S_A = \frac{\sum T_i^2}{r_i} \times \frac{1}{h^2} - CT$$

$$= \frac{64}{4} + \frac{256}{4} + \frac{1296}{4} - 300 = 104$$

(在本例中，A 的各水平重复试验数 r_i 相同，均为 4。不要求 r_i 必须相同。)

(6) 计算误差的平方和 S_e。

$$S_e = S_T - S_A = 188 - 104 = 84$$

(7) 计算自由度。

$\nu_T = N - 1 = 11$，$\nu_A = l - 1 = 2$

$\nu_e = \nu_T - \nu_A = 9$　（或 $\nu_e = \sum_i (r_i - 1)$）。如果 A 各水平的 r_i 相同，则

$$\nu_e = l(r - 1)$$

(8) 作方差分析表（见表 8-2）。

(9) 把方差比 F_0 与 F 分布数值表中 $F_{1-\alpha}(2, 9)$ 的值相比较。

$$F_0 = 5.59^* > F_{0.95}(2, 9) = 4.26$$

因此,活化剂各水平间的变动在显著性水平为 0.05 时显著,可以认为活化剂的量影响活性物质的吸附能。

二、方差分析后总体均值的估计

利用方差分析表进行的检验是分析因子水平间的平均值是否有显著差异。即使其结果表明有显著差异,也必须通过估计获得哪个水平最优、平均值之间的差异有多大等信息。

单一因子试验的因子各水平总体均值的估计与第四章讲述的估计方法基本相同。

(1) 计算因子各水平的平均值(总体均值的点估计值)。利用表 8-3 中的 T_i 计算 A_i:

$$A_i : \hat{\mu}_i = x_0 + (T_i/r_i) \times 1/h \tag{8-10}$$

则

$$A_1 : \hat{\mu}_1 = 45 + 8/(4 \times 1) = 47.0$$
$$A_2 : \hat{\mu}_2 = 45 + 16/4 = 49.0$$
$$A_3 : \hat{\mu}_3 = 45 + 36/4 = 54.0$$

(2) 估计置信度 $(1-\alpha)$ 的区间宽度。根据方差分析表中误差的自由度 ν_e、方差 V_e 以及各水平的数据个数 r_i,计算置信区间的宽度。

$$\pm t_{1-\frac{\alpha}{2}}(\nu_e) \sqrt{\frac{V_e}{r_i}} \tag{8-11}$$

在本例中,$\nu_e = 9$,$V_e = 9.3$,$r_i = 4$,置信度 95% 的区间宽度为:

$$\pm t_{0.975}(9) \sqrt{\frac{9.3}{4}} = \pm 2.262 \times \sqrt{\frac{9.3}{2}} = \pm 3.45$$

(3) 计算各水平吸附能在置信度 95% 时的置信区间。

$$\hat{\mu}_i \pm t_{1-\frac{\alpha}{2}}(\nu_e) \sqrt{\frac{V_e}{r_i}} \tag{8-12}$$

A_1、A_2、A_3 的置信区间为:

$$A_1 : 47.0 \pm 3.45 = 43.55,50.45\%$$

A_2: $49.0 \pm 3.45 = 45.55$,52.45%
A_3: $54.0 \pm 3.45 = 50.55$,57.45%

(本例中,由于各水平的 r_i 相同,均为4,所以区间宽度的估计值相同。如果各水平的 r_i 不同,区间宽度的估计值当然会不同。)

(4)以上结果如图8-3所示。活性剂的量为9%(A_3)时,活性物质的吸附能最佳。

A_1 与 A_2 2个水平之间的差的估计如第四章所示,可用下式计算:

$$|\widehat{\mu_1 - \mu_2}| \pm t_{1-\frac{\alpha}{2}}(\nu_e)\sqrt{V_e\left(\frac{1}{r_1}+\frac{1}{r_2}\right)} \quad (8\text{-}13)$$

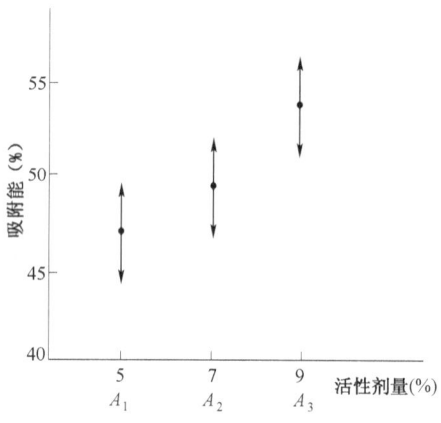

图8-3 因子各水平吸附能平均值的置信区间(95%)

第三节 二因子试验设计的数据分析

一、无重复的二因子试验

为了调查化学药品的生产过程中,反应温度、原料品牌对药品中 H 成分含量的影响进行试验。反应温度 A 分为 4 个水平（A_1：140℃，A_2：160℃，A_3：180℃，A_4：200℃），原料 B 分为 3 个水平，随机进行 12 次试验，试验结果如表 8-5 所示。数据是 100g 中 H 成分的含量，越大越好。试对试验结果进行方差分析。

二因子试验方差分析的思路基本与单一因子试验相同。在本例中，考虑 A、B 2 个因子。对 A_iB_j 的每一个组合只进行一次试验，没有重复。数据可分解为总平均、反应温度的效果、原料品牌的效果，以及误差（公式 8-15），并把温度、原料的效果的波动与误差的波动相比较。

$$x_{ij} = \bar{\bar{x}} + a_i + b_j + e_{ij} \qquad (8\text{-}14)$$

总平均　温度效果　原料效果　误差

在进行方差分析之前，用表 8-5 的数据绘制成图 8-4。在不同的反应温度下，H 成分的含量发生很大的变化，第二水平的 160℃ 似乎是最佳温度。H 成分的含量也随原料的品牌而变化，原料 B_1 似乎最好。

表 8-5　药品 H 成分含量数据表　　（单位：g）

温度＼原料	B_1	B_2	B_3
A_1	8.8	8.6	7.6
A_2	9.8	8.9	9.0
A_3	9.4	9.0	8.5
A_4	8.5	8.4	7.8

（1）为了便于计算对数据进行变换。

$$X = (x - x_0) \times h = (x - 8.5) \times 10$$

把变换后的数据 X 绘制成辅助表 1（表 8-6），并把 A、B 各水平之和及其平方、全体之和及其平方填入表中。

（2）绘制变换后数据的平方表，即辅助表 2（表 8-7），在右下角填入数据平方的总和。

（3）利用辅助表 1 计算修正项。

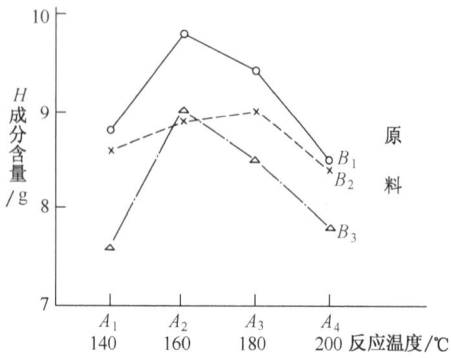

图 8-4 反应温度（A）、原料（B）与药品中 H 成分含量之间的关系

表 8-6 辅助表 1（X_{ij}）

	B_1	B_2	B_3	T_i	T_i^2
A_1	3	1	-9	-5	25
A_2	13	4	5	22	484
A_3	9	5	0	14	196
A_4	0	-1	-7	-8	64
T_j	25	9	-11	T 23	769
T_j^2	625	81	121	827	529

表 8-7 辅助表 2（X_{ij}^2）

	B_1	B_2	B_3	
A_1	9	1	81	91
A_2	169	16	25	210
A_3	81	25	0	106
A_4	0	1	49	50
合计	259	43	155	457

$$CT = \frac{(\sum X_{ij})^2}{N} \times \frac{1}{h^2} = \frac{23^2}{12} \times \frac{1}{10^2} = 0.441$$

（4）利用辅助表 2 计算总平方和 S_T。

$$S_T = \left(\sum X_{ij}^2\right) \times \frac{1}{h^2} - CT = 4.57 - 0.441 = 4.129$$

(5) 利用辅助表 1 计算 A 的平方和 S_A。

$$S_A = \frac{\sum T_i^2}{m} \times \frac{1}{h^2} - CT$$

$$= \frac{(-5)^2 + 22^2 + 14^2 + (-8)^2}{3} \times \frac{1}{100} - 0.441$$

$$= 2.122$$

(m：因子 B 的水平数，计算 T_i 时的数据的个数。例如，T_1 的 -5 是 A_1 的 3 个数 3、1、-9 之和，B 的水平数是 m。)

(6) 计算 B 的平方和 S_B，方法同上一步。

$$S_B = \frac{\sum T_j^2}{l} \times \frac{1}{h^2} - CT$$

$$= \frac{25^2 + 9^2 + (-11)^2}{4} \times \frac{1}{100} - 0.441 = 1.627$$

(7) 计算误差的平方和 S_e。

$$S_e = S_T - (S_A + S_B) = 4.129 - (2.122 + 1.627) = 0.380$$

(8) 计算自由度 ν。

$$\nu_T = N - 1 = 4 \times 3 - 1 = 11$$

$$\nu_A = l - 1 = 4 - 1 = 3$$

$$\nu_B = m - 1 = 3 - 1 = 2$$

$$\nu_e = \nu_T - (\nu_A + \nu_B) = 11 - (3 + 2) = 6$$

$$(\nu_A \times \nu_B = (l-1)(m-1))$$

(9) 把以上结果整理成表 8-8 所示的方差分析表。

表 8-8 方差分析表

原因	平方和 S	自由度 ν	方差 V	方差比 F_0
反应温度 A	2.122	3	0.707	11.2**
原料品牌 B	1.627	2	0.814	12.9**
误差 e	0.380	6	0.0633	
总　　计	4.129	11		

计算原因的方差 V_A、V_B、V_e 和 F_0。A 的 $F_0 = V_A / V_e = 0.707 / 0.0633 = 11.2$,$B$ 的 $F_0 = V_B / V_e = 12.9$。

(10)把方差比 F_0 与分布表上侧 5% 或 1% 的值相比较。需注意的是 A 与 B 的方差比的自由度不同。

A:
$$F_0 = 11.2^{**} > F_{0.99}(3, 6) = 9.78$$
$$\uparrow \quad \uparrow$$
$$V_A, V_e \text{ 的自由度}$$

B:
$$F_0 = 12.9^{**} > F_{0.99}(2, 6) = 10.9$$
$$\uparrow \quad \uparrow$$
$$V_B, V_e \text{ 的自由度}$$

上述结果表明 A 与 B 均显著,反应温度、原料品牌均对产品 H 成分的含量有影响。这一结果与从图 8-4 获得的信息是一致的。

(11)由于 A 与 B 均显著,计算因子各水平的平均值。

$A_i: \hat{\mu}_{i\cdot} = \bar{x}_{i\cdot} = x_0 + (T_i/m) \times 1/h$

$A_1: \hat{\mu}_{1\cdot} = \bar{x}_{1\cdot} = 8.5 + (-5/3) \times 1/10 = 8.33$

$A_2: \hat{\mu}_{2\cdot} = \bar{x}_{2\cdot} = 8.5 + (22/3) \times 1/10 = 9.23$

$A_3: \hat{\mu}_{3\cdot} = \bar{x}_{3\cdot} = 8.5 + (14/3) \times 1/10 = 8.97$

$A_4: \hat{\mu}_{4\cdot} = \bar{x}_{4\cdot} = 8.5 + (-8/3) \times 1/10 = 8.23$

$B_j: \hat{\mu}_{\cdot j} = \bar{x}_{\cdot j} = x_0 + (T_j/l) \times 1/h$

$B_1: \hat{\mu}_{\cdot 1} = \bar{x}_{\cdot 1} = 8.5 + (25/4) \times 1/10 = 9.12$

$B_2: \hat{\mu}_{\cdot 2} = \bar{x}_{\cdot 2} = 8.5 + (9/4) \times 1/10 = 8.72$

$B_3: \hat{\mu}_{\cdot 3} = \bar{x}_{\cdot 3} = 8.5 + (-11/4) \times 1/10 = 8.22$

$(1-\alpha)$ 的置信区间宽度

A:
$$\pm t_{1-\frac{\alpha}{2}}(\nu_e) \sqrt{V_e/m}$$

置信度95%时 A 各水平的区间宽度为：
$$\pm t_{0.975}(6)\sqrt{0.0633/3} = \pm 2.477\sqrt{0.0633/3} = \pm 0.355$$
B：
$$\pm t_{1-\frac{\alpha}{2}}(\nu_e)\sqrt{V_e/l}$$
B 的各水平均为：
$$\pm t_{0.975}(6)\sqrt{0.0633/4} = \pm 0.308$$
因此，置信区间分别为：
$$A_i: \hat{\mu}_{i\cdot} \pm t_{1-\frac{\alpha}{2}}(\nu_e)\sqrt{V_e/m}$$
$$B_j: \hat{\mu}_{\cdot j} \pm t_{1-\frac{\alpha}{2}}(\nu_e)\sqrt{V_e/l}$$
则

A_1：7.97，8.69　　B_1：8.81，9.43

A_2：8.87，9.59　　B_2：8.41，9.03

A_3：8.61，9.33　　B_3：7.91，8.53

A_4：7.87，8.59　　　　　　（%）

以上结果如图8-5所示。

（12）A_iB_j 水平组合总体均值的估计。

无重复二因子试验数据的模型为：
$$x_{ij} = \mu + \alpha_i + \beta_j + \varepsilon_{ij} \tag{8-15}$$

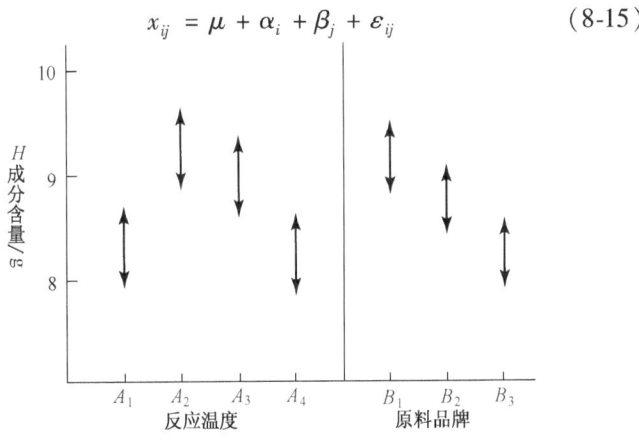

图8-5　H 成分含量平均值的置信区间（95%）

式中，μ 表示总平均；α_i 表示 A_i 水平的效果；β_j 表示 B_j 水平的效果；ε_{ij} 表示误差。

实际上，如公式 8-15 所示，用 $\bar{\bar{x}}$ 代替 μ，用 a_i 代替 α_i，用 b_j 代替 β_j，用 e_{ij} 代替 ε_{ij}。

$$x_{ij} = \bar{\bar{x}} + a_i + b_j + e_{ij}$$

A_iB_j 总体均值 μ_{ij} 的点估计为：

$$\hat{\mu}_{ij} = \widehat{\mu + \alpha_i + \beta_j}$$
$$= \widehat{\mu + \alpha_i} + \widehat{\mu + \beta_j} - \hat{\mu}$$

实际上，可用下式计算：

$$\hat{\mu}_{ij} = \bar{x}_{i\cdot} + \bar{x}_{\cdot j} - \bar{\bar{x}} \quad (8-16)$$

H 含量最高组合 A_2B_1 的总体均值可用下式估计：

$$\hat{\mu}_{21} = \bar{x}_{2\cdot} + \bar{x}_{\cdot 1} - \bar{\bar{x}}$$

因为 $\bar{x}_{2\cdot} = 9.23$，$\bar{x}_{\cdot 1} = 9.12$，$\bar{\bar{x}} = 8.5 + \left(\dfrac{23}{12}\right) \times \dfrac{1}{10} = 8.69$

所以 $\hat{\mu}_{21} = 9.23 + 9.12 - 8.69 = 9.66$

A_iB_j 总体均值 μ_{ij} 在置信度 $(1-\alpha)$ 条件下的置信区间：

$$\hat{\mu}_{ij} \pm t_{1-\frac{\alpha}{2}}(\nu_e) \sqrt{V_e/n_e}$$

其中 n_e 是试验的有效重复次数，计算公式如下：

$$n_e = \frac{\text{实验的总次数}}{\text{原因自由度之和} + 1} \quad (8-17)$$

在以上例子中，μ_{ij} 的估计考虑了 A、B 的效果，自由度分别为 3 和 2，则：

$$n_e = \frac{12}{3+2+1} = 2$$

A_iB_j 组合的数据实际上只有一个。用 A 的效果和 B 的效果估计 μ_{ij} 总体均值时，与这一组合进行 2 次 (n_e) 试验的精度相同。因此，μ_{21} 为：

$$9.66 \pm t_{0.975}(6) \sqrt{0.0633/2} = 9.66 \pm 0.435$$

即置信区间为 (9.22, 10.10) g。

二、有重复的二因子试验

在二因子试验中,对 $A_i B_j$ 进行 2 次以上的重复试验时则称之为有重复的二因子试验。

因为尼龙片经水洗干燥处理会着色,所以在水洗工序加入防着色剂。着色也与水洗工序的水质有关。假设把水质的种类 A 分为 2 个水平(A_1:自来水,A_2:经过离子交换树脂净化的自来水),防着色剂的添加量 B 分为 4 个水平,通过试验研究 A、B 二个因子对着色的影响。对 A 与 B 的每个组合重复进行 2 次(r),16 次(N)试验完全是随机进行,其结果如表 8-9 所示。数据是分光光电光度计的反光率,越大越好。试对试验结果进行方差分析。

表 8-9 防着色的试验结果 (反射率)

水质 \ 防着色剂	B_1	B_2	B_3	B_4
A_1	80.3 81.4	81.9 83.2	83.3 82.6	82.1 83.4
A_2	82.1 81.2	82.9 81.7	82.7 83.9	83.6 82.6

在无重复的二因子试验中,不能把 A B 二因子的交互作用与误差分离开。但是,在有重复的二因子试验中,A 与 B 的组合有 2 个以上的数据,可利用同一组合中数据的波动计算出误差的波动,把 A 与 B 的交互作用与误差分离开。另外,可利用重复试验的数据检查试验是否是在受控状态下进行的。

有重复的二因子试验数据 x_{ijk} 由总平均 $\bar{x}$、A 的主效果 a_i、B 的主效果 b_j、A 与 B 的交互作用 $(ab)_{ij}$,以及误差 e_{ijk} 构成。

$$x_{ijk} = \bar{x} + a_i + b_j + (ab)_{ij} + e_{ijk}$$

图 8-6 是由表 8-9 的数据绘制而成的。从图可获得如下信息：重复试验的 2 个数据波动很大，误差也很大；$B_1 \sim B_4$ 各水平的平均值是 B_1 小，B_4 大，似乎有差异；A_2 大于 A_1，但相差不大；在 B_2 水平，A_1 大于 A_2；在 B_1、B_3、B_4 水平，A_2 大于 A_1，有交互作用，但并不大。

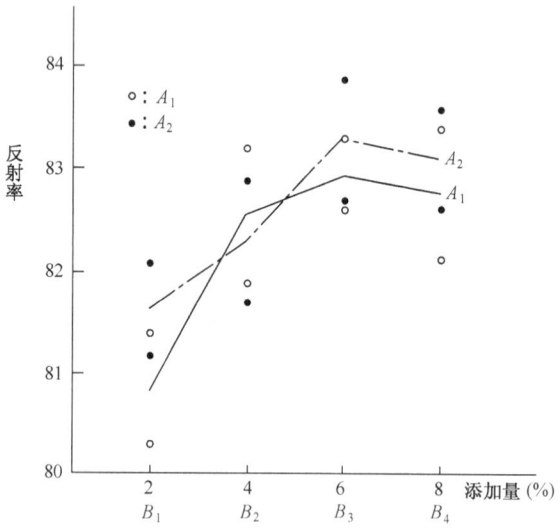

图 8-6　水质（A）、防着色剂添加量（B）与反射率的关系

（1）x_{ijk} 减去 82.0，然后乘以 10，绘制成辅助表 1（表 8-10）。

$$X_{ijk} = (x_{ijk} - 82.0) \times 10$$

表 8-10　辅助表 1（X_{ijk}）

	B_1	B_2	B_3	B_4
A_1	-17	-1	13	1
	-6	12	6	14
A_2	1	9	7	16
	-8	-3	19	6

(2) 把辅助表 1 中 A_1、A_2 所在行的每一列数据相加得到 T_{ij}，并绘制成辅助表 2 (表 8-11)。然后把 A、B 各水平之和及其平方填入辅助表 2 之中，在左上角的格内填入相加数据的个数 2。

表 8-11 辅助表 2 (T_{ij})

2	B_1	B_2	B_3	B_4	T_i	T_i^2
A_1	−23	11	19	15	22	484
A_2	−7	6	26	22	47	2209
T_j	−30	17	45	37	69	2693
T_j^2	900	289	2025	1369	4583	4761

(3) 计算辅助表 1 中每个数据的平方 (X_{ijk}^2)，绘制辅助表 3 (表 8-12)。

表 8-12 辅助表 3 (X_{ijk}^2)

	B_1	B_2	B_3	B_4	合计
A_1	289 36	1 144	169 36	1 196	872
A_2	1 64	81 9	49 361	256 36	857
合计	390	235	615	489	1729

(4) 计算辅助表 2 中每个数据的平方，绘制辅助表 4 (表 8-13)。

表 8-13 辅助表 4 (T_{ij}^2)

2	B_1	B_2	B_3	B_4	合计
A_1	529	121	361	225	1236
A_2	49	36	676	484	1245
合计	578	157	1037	709	2481

(5) 计算修正项 CT。

$$CT = \frac{(\sum X_{ijk})^2}{N} \times \frac{1}{h^2}$$

$$= \frac{69^2}{16} \times \frac{1}{10^2} = 2.98$$

(6) 利用辅助表 3 计算总平方和 S_T。

$$S_T = (\sum X_{ijk}^2) \times \frac{1}{h^2} - CT$$

$$= 17.29 - 2.98 = 14.31$$

(7) 利用辅助表 4 计算组间平方和 S_{AB}。它表示辅助表 2 中 A 与 B 组合的 8 组数据之间平均值变动的大小。

$$S_{AB} = \frac{\sum T_{ij}^2}{r} \times \frac{1}{h^2} - CT$$

$$= \frac{24.81}{2} - 2.98 = 9.42$$

其中，T_{ij} 是 A_iB_j 组合的重复试验 ($r = 2$) 的 2 个数据之和。这种变动由 A 的水平间平均值之差的变动 S_A (自由度 1)，B 的水平间平均值之差的变动 S_B (自由度 3)，以及 A 与 B 的组合效果的变动 $S_{A \times B}$ (称为 A 与 B 的交互作用，自由度是 A 与 B 的自由度之积，$1 \times 3 = 3$。) 构成。

$$S_{AB} = S_A + S_B + S_{A \times B} \qquad (8\text{-}19)$$

由于 ν_{AB} 是表示对 8 组数据的比较，因此自由度等于 7，计算公式为：

$$\nu_{AB} = \nu_A + \nu_B + \nu_{A \times B} \qquad (8\text{-}20)$$

(8) 利用辅助表 2 计算 A 的平方和 S_A。

$$S_A = \left(\frac{\sum T_i^2}{m \cdot r}\right) \frac{1}{h^2} - CT = \frac{1}{8}(22^2 + 47^2) \times \frac{1}{100} - 2.98 = 0.39$$

其中，T_i 是 B_j 水平 8 个数据之和。

(9) 利用辅助表 2 计算 B 的平方和 S_B。

$$S_B = \left(\frac{\sum T_j^2}{l \cdot r}\right)\frac{1}{h^2} - CT = \frac{1}{4}\{(-30)^2 + 17^2 + 45^2 + 37^2\}$$

$$\times \frac{1}{100} - 2.98 = 8.48$$

其中，T_j 是 B_j 水平 4 个数据之和。

（10）计算交互作用 $S_{A\times B}$。

$$S_{A\times B} = S_{AB} - (S_A + S_B) = 9.42 - (0.39 + 8.48) = 0.55$$

（11）计算误差的平方和 S_e。

$$S_e = S_T - S_{AB} = 14.31 - 9.42 = 4.89$$

S_e 是 A_iB_j 各组合 2 个数据的波动之和，由总平方和 S_T 减去 A_iB_j 的 8 组数据平均值的波动 S_{AB} 求得。由于反映每一组合 2 个数据的波动，因此各组合的自由度均为 $2-1=1$，8 个组合，$\nu_e = 8$，与以下的结果一致。

$$\nu_e = \nu_T - \nu_{AB} = 15 - 7 = 8$$

（12）计算各平方和的自由度。

$\nu_T = N - 1 = 15$ $\quad\quad \nu_{A\times B} = (l-1)(m-1) = 3$

$\nu_A = l - 1 = 1$ $\quad\quad \nu_e = l \times m \times (r-1) = 8$

$\nu_B = m - 1 = 3$

（13）把上述结果归纳成方差分析表，见表 8-14。

表 8-14 方差分析表

原因	平方和 S	自由度 ν	方差 V	方差比 F_0
水　质　A	0.39	1	0.39	—
防着色剂添加量 B	8.48	3	2.83	4.64*
交互作用 $A\times B$	0.55	3	0.18	—
误　差　e	4.89	8	0.61	
总　　计	14.31	15		

（注：A、$A\times B$ 的 F_0 小于 1，用 – 表示。）

（14）由方差分析表可知，防着色剂的添加量在显著性水平 5% 的条件下显著，添加量影响着色。水质、添加量与水质的交互作用不显著，对着色影响不大。交互作用项较小时可与误差合并，然后再对主效果 A 和 B 进行检验。本例中没进行合并分析，不知其结论。合并后的误差方差用下式计算：

$$V'_e = \frac{S_{A\times B} + S_e}{\nu_{A\times B} + \nu_e} = \frac{5.44}{11} = 0.49$$

$$\nu'_e = \nu_{A\times B} + \nu_e = 11$$

（15）防着色剂添加量各水平总体均值的估计。

$$\hat{\mu}_{\cdot j\cdot} = \bar{x}_{\cdot j\cdot} = x_0 + \frac{T_j}{l\times r} \times \frac{1}{h}$$

$$B_1(2\%): \hat{\mu}_{\cdot 1\cdot} = \bar{x}_{\cdot 1\cdot} = 82.0 + \frac{(-30)}{2\times 2} \times \frac{1}{10} = 81.25$$

$$B_2(4\%): \hat{\mu}_{\cdot 2\cdot} = \bar{x}_{\cdot 2\cdot} = 82.0 + \frac{17}{2\times 2} \times \frac{1}{10} = 82.42$$

$$B_3(6\%): \hat{\mu}_{\cdot 3\cdot} = \bar{x}_{\cdot 3\cdot} = 82.0 + \frac{45}{2\times 2} \times \frac{1}{10} = 83.12$$

$$B_4(8\%): \hat{\mu}_{\cdot 4\cdot} = \bar{x}_{\cdot 4\cdot} = 82.0 + \frac{37}{2\times 2} \times \frac{1}{10} = 82.92$$

$(1-\alpha)$ 的置信区间的宽度为：

$$\pm t_{1-\frac{\alpha}{2}}(\nu_a) \sqrt{\frac{V_e}{l\times r}}$$

因此，95% 置信区间的宽度是：

$$\pm t_{0.975}(8) \sqrt{\frac{0.61}{2\times 2}} = \pm 0.90$$

分析结果如图 8-7 所示（可用交互作用与误差合并后的 V'_e 和 ν'_e 代替 V_e、ν_e。）

（16）根据以上结果，防着色剂的添加量 6% 为最优，水质无影响，选择成本低的即可。

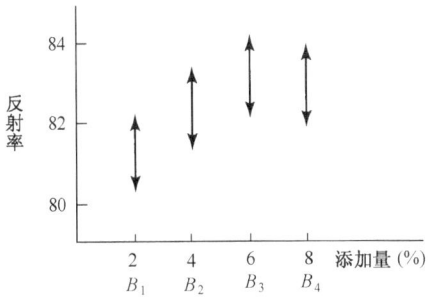

图 8-7 反射率平均值的置信区间（95%）

在本例中，只有因子 B 效果显著，A 或 $A \times B$ 的效果不显著，只估计 B 各水平的总体均值。下面简要阐述当 A 或 $A \times B$ 的效果显著时 $A_i B_j$ 总体均值的估计方法。

（1）交互作用不显著时 $A_i B_j$ 总体均值的估计。

$$\begin{aligned}\hat{\mu}_{ij} &= \widehat{\mu + \alpha_i + \beta_j} \\ &= \widehat{\mu + \alpha_i} + \widehat{\mu + \beta_j} - \hat{\mu} \\ &= \bar{x}_{i..} + \bar{x}_{.j.} - \bar{\bar{x}} \end{aligned} \tag{8-21}$$

由上式获得的点估计与无重复的二因子试验的大致相同。$(1-\alpha)$ 置信度的置信区间是：

$$\hat{\mu}_{ij} \pm t_{1-\frac{\alpha}{2}}(\nu_e) \sqrt{V_e/n_e} \tag{8-22}$$

式中 ν_e、V_e 可使用方差分析表中的数值。由于 $A \times B$ 交互作用不显著，也可利用交互作用与误差合并后的 V_e' 和 ν_e'。

$$\nu_e' = \nu_{A \times B} + \nu_e, V_e' = \frac{S_{A \times B} + S_e}{\nu_{A \times B} + \nu_e}$$

n_e 考虑了 A、B 的效果，由式 8-18 可知：

$$n_e = \frac{lmr}{(l-1)+(m-1)+1}$$

（2）交互作用显著时 $A_i B_j$ 总体均值的估计。

$$\hat{\mu}_{ij} = \widehat{\mu + \alpha_i + \beta_i + (\alpha\beta)_{ij}}$$
$$= \overline{x_{ij.}} \quad (8\text{-}23)$$

估计值是 A_iB_j 组合 r 次重复试验数据的平均值。置信度 $(1-\alpha)$ 的置信区间由公式 8-25 求得。

$$\overline{x_{ij.}} \pm t_{1-\frac{\alpha}{2}}(\nu_e)\sqrt{\frac{V_e}{r}} \quad (8\text{-}24)$$

（3）交互作用。

对于有重复的二因子试验，或因子数在 3 个以上的多因子试验，可以把交互作用从误差项中分离出来。所谓交互作用是指诸如原料的种类、生产温度等对质量特性产生不同影响那样，因子 A 的效果随因子 B 水平的变化而不同。

现在考虑 A、B 两个因子，进行有重复的二因子试验，其结果如表 8-15 所示。

表 8-15 有重复的二因子试验数据

	B_1	B_2	合计
A_1	3 1	1 -1	4
A_2	1 -1	2 2	4
合计	4	4	8

按前述的方法计算出下列平方和：

$S_T = 3^2 + 1^2 + \cdots + 2^2 + 2^2 - 8^2/8 = 14$

$S_{AB} = (4^2 + 0^2 + 0^2 + 4^2)/2 - 8^2/8 = 8$

$S_A = \dfrac{4^2 + 4^2}{4} - \dfrac{8^2}{8} = 0$

$S_B = \dfrac{4^2 + 4^2}{4} - \dfrac{8^2}{8} = 0$

$S_{A \times B} = S_{AB} - (S_A + S_B) = 8 - (0 + 0) = 8$

$S_e = S_T - S_{AB} = 14 - 8 = 6$

由数据绘制的图8-8可知，A_1的平均值与A_2的平均值相同，$S_A = 0$；B_1的平均值与B_2的平均值相同，$S_B = 0$，主效果均为0。与此相对，交互效果$S_{A \times B}$是8。这意味着对A_1而言，B_1好于B_2，对A_2则相反。即B的效果因A而异（A的效果因B而异）。这就是交互作用。

图8-9是知晓主效果、交互作用有无的模式图。图8-9a表示A和B无交互作用A×B。图8-9b表示A和B有交互作用。图8-9c表示A有交互作用。图8-9d表示仅有交互作用。两条线如果平行则无交互作用，倾斜则显著不同，相交则有交互作用。按照这种方法，通过把数据绘成图，大致可以了解主效果、交互作用的有无。建议在方差分析之前把数据绘成图进行分析。

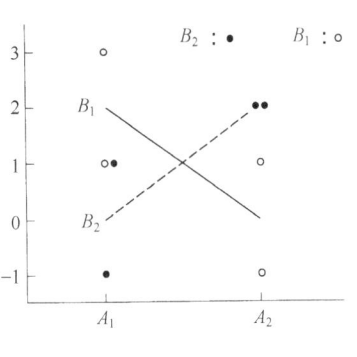

图8-8　数据图

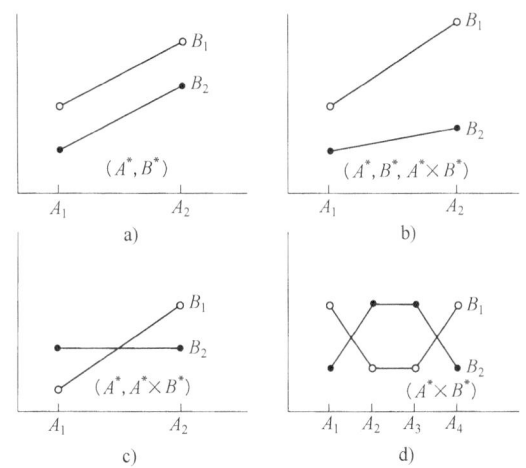

图8-9　主效果与交互作用的模式图

第四节 多因子试验的数据分析

如果催化剂、处理温度和时间等是某质量特性的影响因子，那么3因子以上的试验被称为多因子试验。假设3个因子分别用A、B、C表示。在三因子试验中，要计算3个主效果A、B、C和3个交互效果A×B、B×C、C×A，用它们与误差项之比进行检验。如是有重复的三因子试验，还要计算3个因子的交互作用A×B×C。

以三因子试验的数据为例简要说明其分析方法。

使用3种催化剂 A_1、A_2、A_3，时间 B 取两个水平（B_1：30min，B_2：60min），温度 C 取3个水平（C_1：110°C，C_2：115°C，C_3：120°C），共随机进行18次试验，回收率如表8-16所示，试进行方差分析。

表8-16 原始数据表

		C_1	C_2	C_3
A_1	B_1	55	59	58
	B_2	60	58	64
A_2	B_1	53	60	59
	B_2	60	63	68
A_3	B_1	58	62	63
	B_2	55	61	66

多因子试验平方和的计算方法与有重复二因子试验的完全相同。计算A、B、A×B的平方和时，可看作是C的3个水平的重复试验。计算A、C、A×C的平方和时，可看作是B的2个水平的重复试验。由于是无重复的三因子试验，A×B×C 3个因子的交互作用包含在误差项之中。方差分析的结果如表8-17所示。

表 8-17 方差分析表

原因	S	ν	V	F_0
催化剂 A	11.4	2	5.70	2.53
时间 B	43.6	1	43.6	19.4*
温度 C	115.4	2	57.7	25.6**
A×B	33.4	2	16.7	7.42*
B×C	24.1	2	12.0	5.33
C×A	14.9	4	3.72	1.65
e	9.0	4	2.25	
合计	251.8	17		

B、A×B 在显著性水平 5% 下显著，C 在显著性水平 1% 下显著。交互作用 C×A 较小，并入误差项。则

$$V'_e = \frac{14.9 + 9.0}{4 + 4} = 2.99$$

重新绘制方差分析表，如 8-18 所示，B 与 C 在显著性水平 1% 下显著，A×B 在显著性水平 5% 下显著，与表 8-17 的检验结果基本一致。

表 8-18 方差分析表

原因	S	ν	V	F_0
A	11.4	2	5.70	1.91
B	43.6	1	43.6	14.6**
C	115.4	2	57.7	19.3**
A×B	33.4	2	16.7	5.59*
B×C	24.1	2	12.0	4.03
e'	23.9	8	2.99	
合计	251.8	17		

反应时间、反应温度均影响回收率，催化剂的种类与处理时间之间有交互作用。

因为 A×B 的交互作用显著，因此利用公式（8-26）估计

$A_iB_jC_k$ 的总体均值。

$$\hat{\mu}_{ijk} = \overbrace{\mu + \alpha_i + \beta_j + (\alpha\beta)_{ij}} + \hat{\gamma}_k$$
$$= \overbrace{\mu + \alpha_i + \beta_i + (\alpha\beta)_{ij}} + \overbrace{\mu + \hat{\gamma}_k} - \hat{\mu}$$
$$= \bar{x}_{ij.} + \bar{x}_{..k} - \bar{\bar{x}}\cdots \tag{8-25}$$

置信度 $(1-\alpha)$ 的置信区间：

$$\hat{\mu}_{ijk} \pm t_{1-\frac{\alpha}{2}}(\nu_e)\sqrt{V_e/n_e}$$

可用把 $C \times A$ 并入误差项的 V'_e、ν'_e 代替 V_e 和 ν_e，n_e 的计算公式如下：

$$n_e = \frac{lmn}{(l-1)+(m-1)+(n-1)+(l-1)(m-1)+1}$$

$A_2B_2C_3$ 的总体均值 μ_{223} 的估计值为：

$$\hat{\mu}_{223} = \bar{x}_{22.} + \bar{x}_{..3} - \bar{\bar{x}}\cdots$$
$$= 66.6$$
$$n_e = \frac{3 \times 2 \times 3}{2+1+2+2+1} = \frac{18}{8} = 2.25$$
$$\pm t_{0.975}(8)\sqrt{\frac{2.99}{2.25}} = \pm 2.66$$

置信区间为 $66.6 \pm 2.7 = 63.9$，即 69.3%。

第五节 试验设计及其结果分析

根据科学或经验选取认为重要的因子进行试验，目的是了解它们对产品的质量特性有何影响。如何获得可靠的试验数据，如何高效率地实施试验等都是试验计划阶段应注意的问题。

一、试验设计的特征

我们再来看看活化剂的量对活性物质的吸附能有何影响这

个单一因子试验要解决的问题。假设 A_1 水平活化剂量的试验全部在第一天进行，A_2 的试验在第 2 天进行，A_3 的试验在第 3 天进行。方差分析的结果是 A 差异显著。如果吸附能大小的顺序是 $A_1 < A_2 < A_3$，则无法判断这是活化剂量的差所致，还是适应了试验等试验日之差所致。在这种情况下，活化剂量的效果与日效果交织在一起。因此，为了避免发生效果交织现象，必须认真进行试验设计，使 $A_1 \sim A_3$ 的 12 次试验按随机顺序进行。

试验设计是针对试验目的，设计出效率高且能获得客观结论试验的方法。它在以下几个方面与传统的试验方法不同，具有很多优点。

(1) 试验按随机顺序进行，把对象因子之外因素产生的影响作为误差处理。这样可以防止对象因子的效果与之混淆，利用误差从统计上判断效果的有无。

(2) 当因子 A、B、C 对产品的质量等特征值产生影响时，并不是首先对 A 然后对 B、C 依次进行单一因子试验确认其效果，而是通过三因子试验同时对 A、B、C 因子进行分析，确认每个因子的效果。

(3) 对质量特性而言，在 A_1 的条件下 B_2 好，但是在 A_2 的条件下 B_1 好。当存在这种交互作用效果时，可以象确认因子 A、B 的效果（主效果）那样定量地确认交互作用的效果。

(4) 开发出了利用较少次数试验，高精度、正确地检验、估计众多因子效果的试验设计的方法。

二、代表性的试验设计方法

前面阐述了二因子、三因子试验对对象因子在全部组合条件下随机进行试验的方法。除此之外，还有其他类型的试验设计方法。具有代表性的方法有适用于难于按随机顺序进行试验的拼合法，用较少次数的试验同时确认众多因子效果的正交试验设计。

1. 难于按随机顺序进行的试验（拼合法）

请看一下影响金枪鱼罐头固态物质增加量的因子，蒸煮后中心的温度 A（4 个水平）与冷却时间 B（三个水平）的试验。在试验中，随机改变中心温度 A 是非常困难的。假设试验温度设在 A_2 水平，在此条件下随机改变冷却时间 B_1、B_2、B_3，能够获得 A_2 条件下的数据 $A_2 B_1$、$A_2 B_2$、$A_2 B_3$，那么试验将变得容易得多。拼合法就是基于这一想法开发的试验设计方法。

首先，随机确定 A 在哪一个水平条件下的试验顺序，假设为 A_3、A_1、A_2、A_4。然后在 A_3 的条件下随机确定 B 的水平顺序，假设为 B_1、B_3、B_2。按 $A_3 B_1$、$A_3 B_3$、$A_3 B_2$ 的顺序进行试验。用同样的方法按 A_1、A_2、A_4 的顺序随机确定与 B 组合，共进行 12 次试验。如果 12 个数据显示 A_3 条件下固态物质增加量最大，A_4 条件下的最小，那么这是中心温度 A 的差异所致还是先进行 A_3 试验的顺序效果，仅靠这 12 个数据不能把交织的效果分开。那么再次随机确定 A 的顺序，确定 A 与 B 的所有组合，再进行 12 次试验。通过重复进行 12 次试验确认 A 的效果。A 条件变化 8 次即可。

在上述拼合法的试验设计中，首先随机确定 A 的顺序，然后对 A 的每一水平随机确定 B 的顺序。分别确定 A、B 顺序的拼合会产生误差，检验、估计的方法有所不同。

2. 同时确定多因子效果的试验（正交试验）

A、B、C、D、E 5 个因子分别取 3 个水平的五因子试验，其试验次数达到 243 次，试验几乎是不可能的。这时的方差分析表中，A～E 的主效果的自由度分别是 2，其和为 10。其余的 232 个自由度均被交互作用、误差所占有。如果只了解主效果和真正重要的交互效果，忽略其余的交互作用，则进行较少次数的试验即可。正交表满足这样试验设计的要求。

对象因子均为两个水平的试验利用 L_8、L_{16}、L_{32}、L_{64} 等正交表，三个水平时利用 L_9、L_{27}、L_{81} 等正交表。对于两个水平与三个水平或四个水平因子的混合试验,把上述正交表稍加修正,利用点线图或基本表即可很容易进行试验。

利用正交表进行试验的技术方面信息并不充分,不十分明确哪个因子对特性值产生影响,以多个认为有关的因子为对象进行拉大网式的试验,目的是筛选出效果大的因子。如果选出的重要因子是两个,则设计二因子试验,通过追加试验确认二个因子的最佳条件。

三、试验设计与结果分析

一般按下列程序设计试验,分析其结果。

1. 明确试验目的

确定药品某种成分含量的方法有 A、B、C 三种,想确定其中哪一种最好。这时所谓的最好,是指分析结果的正确性及精度、迅速、简便,还是含量最高,结论随评价标准的不同而不同,试验的方法当然也不同。明确试验的目的是试验设计的第一步。

2. 充分收集信息,确定特性值、因子及其水平

预先通过文献、技术资料充分收集与试验目的有关的信息,或者参考有关人员的意见确定与试验目的相符的特性及其影响因子,以及因子的水平。

对特性值的数据进行分析时,由于测定的难易、费用的原因,有时也利用与目标特性有密切关系的替代特性。如果对特性有重大影响的因子在试验中没有涉及到,条件也没有明确的规定就进行试验,则会使试验误差过大,不能检验出试验对象因子的效果。如果对特性具有曲线效果的因子取两个水平,只能了解线性的趋势,不能获得正确的结论。试验是在 100~120℃之间取 3 个水平,还是在 100~200℃的范围内取 3 个水平,其结果大不相同。由于因子及其水平的确定方法在很大程度上决定试验的成败,梳理过去技术方面的知识,慎重地确定因子和水平是非常重要的。也可以在正式的试验之前做预备试验预

先获得有用的信息。

3. 确定试验的类型与试验顺序

确定试验类型就是根据试验的难易程度、经济性，或因子、水平数等随机地进行所有的试验，或是按照拼合法做试验，或者按照正交表进行试验。利用随机数表确定试验顺序和样品的分配对于预防顺序效果的影响是非常重要的。

试验的次数取决于成本和对结果精度的要求。试验设计阶段要对在方差分析表中如何表示试验结果、是否有效地体现了试验目的、误差的自由度是多少等问题进行充分的讨论。大量的试验不仅涉及成本的问题，还易于出现预想不到的波动侵入试验等源于试验场地管理方面的问题。为了在试验的实施过程中有章可循，把以上各点汇集成试验计划书。

4. 试验的实施

按计划书进行试验。为使试验在管理状态下进行，应编制试验手册，并进行培训，有时需用管理图对测量误差进行管理。还要记录测量者、天气、温度等，以便于后续的分析。

5. 试验数据的整理与分析

把试验数据填入简单易懂的表，在分析之前一定要会成图，大致了解试验的结果。在分析过程中，注意计算是否有误，注明对缺值、异常值的处理。由于检验、估计等数理统计分析的结果均是基于试验误差获得的，因此明示试验误差的内容是非常重要的。

6. 分析结果的解释与报告书的撰写

对分析结果的解释不能仅局限于数理统计方面，还应从固有技术的角度进行解释。统计分析的结果显示 A、B 两者间存在差异，但是不能告诉我们为什么会有这种差异。应与有关人员进行协商，确认试验结果的再现性。讨论进行追加试验，在更为细化的条件下观察结果的必要性。撰写试验报告，以书面的形式表达试验结论、试验体会、存在的问题和今后的计划等。

以上按试验顺序阐述了试验设计和结果分析的注意事项。

为使试验成功，获得可靠的结果必须具备以下 3 个条件。

（1）正确的试验设计。
（2）在管理状态下进行试验。
（3）结果的正确解释。

拥有丰富的经验，固有技术的知识和试验设计的知识才能进行正确的试验，获得良好的结果。

习　题

1. 在第三节的无重复二因子试验中，把表 8-5 的数据作为原料 B 的 3 个水平，反应温度 A 为 4 个水平下的单一因子的试验数据，试编制方差分析表，并与表 8-8 进行比较。

2. 在对纺织品进行树脂加工时，树脂的浓度可能影响加工后纺织品的抗拉强度。把树脂浓度 A 分为 3 个水平（A_1：3%，A_2：4%，A_3：5%）进行试验，获得了如表 1 所示的抗拉强度数据。试分析树脂浓度是否影响加工后的纺织品抗拉强度。

表 1　抗拉强度数据　　　　　（单位：kg）

A_1	70	69	70	71	75	68
A_2	73	76	71	73	72	
A_3	74	73	75	74	77	73

3. 在某化工厂，已知反应温度影响产品的回收率（%），但不知道最佳温度是多少。把温度作为因子 A，设定 $A_1=50℃$、$A_2=55℃$、$A_3=60℃$、$A_4=65℃$，使用 3 种原料 B_1（好原料）、B_2（普通原料）、B_3（较差原料）共随机进行 12 次试验。回收率（%）如表 2 所示，试进行分析。

表 2　回收率　　　　　　（%）

	B_1	B_2	B_3
A_1	85	86	79
A_2	95	89	93
A_3	91	90	88
A_4	82	84	81

4. 某种精制液体在生产时为无色透明的液体。长时间放置后，精制液体中溶解的杂质碳酸盐发生沉淀，使用时会引发很多问题。为了除去碳酸盐，把添加剂 A 的添加量分为 4 个水平（A_1: 10g/l，A_2: 20g/l，A_3: 30g/l，A_4: 40g/l），反应温度 B 分为 4 个水平（B_1: 50℃，B_2: 60℃，B_3: 70℃，B_4: 80℃），16 种组合进行重复两次，共随机进行 32 次试验。试验结果（精制液体中碳酸盐的含量）如表 3 所示。试通过方差分析确定最佳条件。

表3　精制液体中碳酸盐的含量（10^{-3}%）

	B_1	B_2	B_3	B_4
A_1	23, 25	20, 20	16, 21	18, 20
A_2	20, 21	17, 17	19, 17	21, 16
A_3	22, 21	16, 18	16, 15	18, 16
A_4	20, 20	16, 16	16, 13	15, 14

5. 把某化学产品生产过程的反应温度 A 和反应时间 B 分别分为 2 个水平，催化剂条件 C 分为 3 个水平，随机进行 12 次试验。化学产品特性值如表 4 所示，特性值越大越好，试进行分析。

表4　化学产品的特性值

	B_1			B_2		
	C_1	C_2	C_3	C_1	C_2	C_3
A_1	39	42	42	46	48	47
A_2	36	33	35	35	38	43

第九章 抽样检验

检验的目的是防止不符合质量标准的物品或一批产品流入下一道工序或出售给消费者，具有质量保证的功能。在企业内部，检验的信息在相关部门传递，起到了不生产不合格品的预防功能。检验分为全数检验和抽样检验。抽样检验又分为计数检验与计量检验、标准型抽样检验、调整型抽样检验、挑选型抽样检验等，它们各有利弊。

本章在对检验进行概述的同时，阐述抽样检验的统计特性，计数与计量标准型抽样检验的数理统计理论及其实施的程序等。对检验部门而言，检验的设计与管理是非常重要的。检验信息不应只用于改进检验工作，应在企业质量保证活动中得到更有效的应用。

第一节 检验及其作用

一、什么是检验

JIS Z 8101-2（1999）把检验定义为对产品或服务的一个以上的特性值进行测量、试验、检查、度量，并将结果与标准、规定的事项相比较，判断其是否符合要求的活动。检验包括以下四项内容：

(1) 确定产品或一批产品的判断标准。
(2) 测量质量特性。
(3) 把测量结果与判断标准相比较。
(4) 判断被检验产品是否合格或判断被检验批次是否合格。

检验不同于试验，试验（test）是指按规定的程序测量物体特性的技术作业，只为获得数据。

根据检验结果做出拒收不合格品、不合格批次，还是进行全数挑选只接收合格品的决策。检验的概念如图9-1所示。

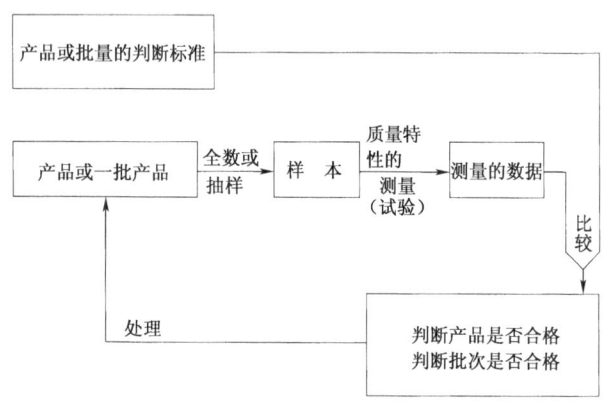

图9-1 检验的概念

二、检验的作用

质量保证使顾客能够安心购买产品，使用起来非常满意。正如"质量是生产出来的"这句话所表达的那样，为了保证向顾客提供高质量的产品，必须对从产品设计开始直至送到顾客手中为止的全过程实施质量保证。质量保证是设计、采购、制造、检验、销售各个部门分担实施的全企业的活动。

在企业的生产活动中，检验是分多个阶段进行的，包括原材料、外构件入厂检验，对企业生产过程中在制品的检验、成品的检验和出厂检验。这些检验的目的各异，但在质量保证这一点上是相同的，质量不符合要求的产品不能交给下道工序或顾客。

第二节　全数检验与抽样检验

一、检验的种类

根据检验的目的、地点可作如下分类：

1. 按检验的目的分类

（1）验收检验或外购检验。验收检验是指对购入的材料、半成品、产品进行的检验。对外购物品的检验称为外购检验。

（2）工序检验。工序检验是指两道工序之间进行的检验，目的是避免不合格品流入下道工序或最终检验而带来的不利影响。

（3）最终检验。最终检验是指在生产过程最终阶段对成品进行的检验。

（4）交货检验。交货检验是指交货时对产品进行的检验。

2. 按检验地点的分类

（1）固定检验。固定检验是把被检对象集中在某一处，或因需用特殊试验设备而把被检对象运至检验室等进行的检验。

（2）巡回检验。在实施工序检验时，不在生产过程中加入检验工序，而由检验员适时巡回到现场对产品进行检验。

3. 按检验的性质分类

（1）破坏性检验。破坏性检验是指不破坏物品就无法达到检验的目的，或试验后失去商品价值的检验。

（2）非破坏性检验。非破坏性检验是指检验后的产品并不改变其商品价值的检验。

4. 按检验方法分类

（1）全数检验。全数检验是指对每个产品都进行检查，又称为逐个检验。当产品不满足标准的要求会导致重大事故，或数量少时采用全数检验。

（2）抽样检验。抽样检验是逐批抽取样本，根据样本的检查结果确定一批产品是否合格。

（3）管理性检验、间接检验。管理性检验、间接检验，以生产过程的管理，调整工序之间的检验、检查为目的的检验。样本数少于抽样检验。收货方可根据供货方逐批次的检验结果实行免检。

二、全数检验与抽样检验

通过对每个产品质量进行正确的检查可保证产品的质量。为了保证每个产品的质量，需要进行全数检查。但是，由于检验性质的限制（如破坏性检验）无法进行全数检验，或全数检验不经济时采用抽样检验。

抽样检验不能保证每个产品的质量都满足要求。但是，可在某一概率下保证每批产品的质量满足要求。由于抽样检验具有节约检查费用等经济上的优点，根据产品的质量特性和使用目的经常被采用。抽样检验必须满足以下条件：

（1）根据抽样检查对象能确定一批产品是否合格，适用于产品可成批进行的检验。

（2）对于抽样检验合格的一批产品，容忍其中某种程度含有不合格品。

（3）抽样检验的理论基础是从一批产品中随机抽取样本。应确保抽样的随机性。

根据以往的检验结果和生产过程的管理状态，明确了解产品的质量水平时，在考虑对后续工序影响的同时也可以采用无检验制度。

1. 需进行全数检验的情况

（1）易于进行全数检验。如电灯泡的通电试验、利用自动检验设备的检验等，检验过程简单，与检验费用相比效果很大，或批量小、检查项目不多的场合。

(2) 不允许不合格品混入。例如汽车的车闸，制动不合格等关系到生命安全的产品；会给后续工序带来重大损失的产品；在经济上具有重大影响的高价值产品。

2. 需进行抽样检验的情况

(1) 材料的拉伸试验、电灯泡的寿命试验等，实验时产品遭到破坏的产品。

(2) 连续体、体积大的物品，如煤炭、药品、电线、布料等难于进行全部检验的产品。

3. 抽样检验的优点

(1) 数量巨大的、允许某种程度不合格品存在的产品，如螺钉、钮扣等，节省检验费用。

(2) 检验项目多的产品，难于对全部产品的所有项目进行检查，但可对少数产品进行所有项目的检查。

(3) 与不完全的全数检验相比，能获得高可靠性结果的场合。

全数检验时，一名检验员在一定时间内要处理的产品数量多，受时间和经济方面的制约、单调作业的影响，不利于对各个产品进行正确的检查，检验的可靠性下降。在抽样检验中，能够对抽取的样本做十分准确的检查。而且利用统计方法，通过部分数据对全体作出判断可把不确定性控制在一定范围内，检验的可靠性高。

(4) 降低检验费。与全数检验相比，抽样检验的被检产品数少，所需检验费用少。因为抽样检验，应权衡某种程度不合格品混入和节省检验费用带来的利弊，当抽样检验有利时采取抽样检验。

(5) 激励生产者提高产品质量。当抽样检验判断一批产品不合格时，生产者受到的影响大。因为不合格会使企业失信，而且要负责处理不合格批次的产品等，所以会使生产者努力提高产品质量。

第三节 抽样检验的特性*

一、抽样检验与 QC 曲线

抽样检验一般是从被检批次抽取部分样本进行试验,并把试验结果与判断标准进行比较,判定这批产品是否合格。因此,必须认识到抽样检验存在两种风险,即样本中偶尔含有较多的不合格品,使不合格品很少的批次被判为不合格的生产者风险(producer's risk)和把不合格的批次判定为合格的消费者风险(consumer's risk)。

含有何种程度不合格品的批次平均多少被判定为合格是抽样检验的重要问题。我们分析下面的抽样方案。

批量	$N = 1000$
抽取样本数	$n = 20$
合格判定数	$c = 1$
(在 n 个样本中,如果不合格品为 0 或 1 个,该批产品合格,2 个以上则不合格。)	

那么,在该抽样方案下不合格品率为 p 的一批产品被接收的概率有多大呢?

从不合格品百分率为 P, $N = 1000$ 的总体抽取 $n = 20$ 的样本时,样本中出现 x 个不合格品的概率 $P(x)$ 服从超几何分布,可由下式求得(请参阅第三章)。

$$P(x) = \frac{\binom{PN}{x}\binom{N-PN}{n-x}}{\binom{N}{n}} \quad (9\text{-}1)$$

如果样本的抽取比例 n/N 小于 10,可用下列二项分布代替式(9-1)。

$$P(x) = \binom{n}{x}P^x(1-P)^{n-x} \quad (9\text{-}2)$$

当 P 小于 0.1 时，可用泊松分布近似，用桑狄克曲线图求其概率。当批不合格品百分率 p[一]2%、5%、10%、15%、20% 时，在 $n=20$ 的样本中出现 x 个不合格品的概率 $P(x)$ 用二项分布近似计算，按 $n=20$、$c=1$ 的抽样方案，批合格概率 $L(p)$ 如表 9-1 所示。

表 9-1 从不合格率 p（%）的一批产品中抽取 $n=20$ 时出现 x 个不合格品的概率（%）与 $n=20$、$c=1$ 的抽样方案的接收概率

	批不合格品率 p（%） 不合格品数 x	2	5	10	15	20	25
合格	0	66.8	35.8	12.2	3.9	1.2	0.3
	1	27.2	37.7	27.0	13.7	5.8	2.1
不合格	2	5.3	18.9	28.5	22.9	13.7	6.7
	3	0.6	6.0	19.0	24.3	20.5	13.4
	4		1.3	9.0	18.2	21.8	19.0
	5		0.2	3.2	10.3	17.5	20.2
	6			0.9	4.5	10.9	16.9
	7			0.2	1.6	5.5	11.2
	8				0.5	2.2	6.1
	9	$P(x)$ 的值			0.1	0.7	2.7
	10	（%）				0.2	1.0
	11						0.3
$N=20$，$c=1$ 的抽样方案下接受的概率 p（%）		94.0	73.5	39.2	17.6	7.0	2.4

以横轴为批不合格品率 p，纵轴为在 $n=20$、$c=1$ 的抽取方案下接收概率 $L(p)$，把表 9-1 的数据绘制成图 9-2 所示的曲线。当批不合格品率为 0 时，该批次 100% 合格。因此，曲线通过点 $p=0$、$L(p)=1$（100% 的点）。反之，则通

[一] p 相当于总体的不合格品率。如果与第三章、第五章的符号保持一致，则必须使用大写的 P。在抽样检验中一般使用小写。因此，本章用 p 表示批的不合格品率。

过 $p=1$（100%）、$L(p)=0$ 的点。

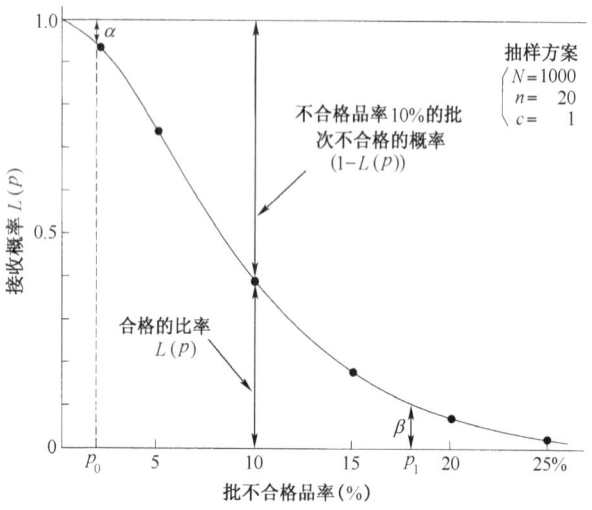

图 9-2　检验特性曲线（QC 曲线）

随着送检批不合格品率的增加，批合格率下降。在这一抽样方案下（$n=20$，$c=1$），不合格品率 5% 的批次，4 批有 1 批被判定为不合格；不合格品率 20% 的不良批次，15 批有 1 批被判定为合格。此曲线被称为抽样方案的特性曲线或 QC 曲线，是显示抽样检验方案特性的基本曲线。

二、N、n、c 的变化对 QC 曲线的影响

分析改变抽样方案的 N、n、c 对 QC 曲线产生的影响。

1. 批量大小 N 的变化对 QC 曲线的影响

批量的大小 N 分别为 60、200、1000、∞ 时，$n=20$、$c=1$ 抽样方案的 QC 曲线如图 9-3 所示。$N=60$ 的 QC 曲线比 N 较大时的陡一些。p 小则对应的 $L(p)$ 大，p 大则对应的 $L(p)$ 小。N 大于 200 以上的 QC 曲线趋同。即抽样比 n/N 小于 1/10 时的 QC 曲线与 $N=∞$ 时的基本相同，可以用二项分布代替超几何分

布计算概率。这就是在表 9-1 中没使用 $N = 1000$，而用 $N = \infty$ 计算概率的缘故。

2. 样本量 n 的变化对 QC 曲线的影响

样本量 $n = 5$、10、20、30、50 时，$N = 1000$、$c = 1$ 抽样方案的 QC 曲线如图 9-4 所示。随着样本量 n 的增加，QC 曲线逐渐变陡。不合格品率 p 高、即质量不佳批次的接收概率 $L(p)$，随着 n 的增大而显著下降。由图 9-4 可知，$N = 5$、$c = 1$ 时，不合格品率为 20% 的批次被判定为合格的概率在 70% 以上。如果 n 小，即使不合格品率高的批次在检验中被判定为合格的比率也很高。

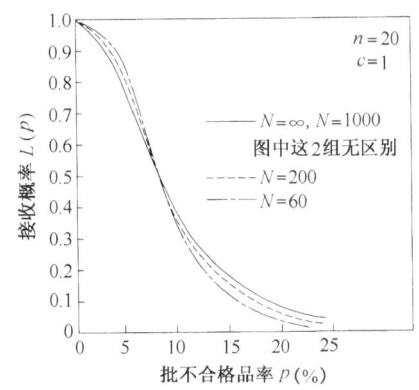

图 9-3　n 与 c 不变 N 变化对 QC 曲线的影响

3. 合格判定数 c 的变化对 QC 曲线的影响

合格判定数 $c = 0$、1、2、3，$N = 1000$、$n = 20$ 抽样方案的 QC 曲线如图 9-5 所示。随着 c 的增加，不合格品多的批次也被判定为合格，检验较松，QC 曲线较平缓。较差批次的合格率较高。

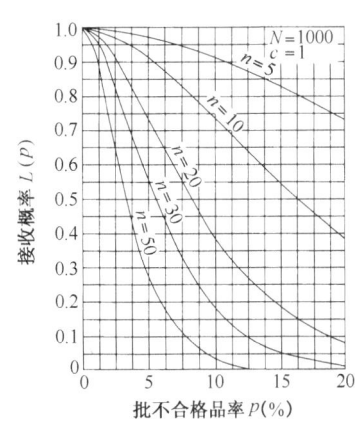

图 9-4　N 与 c 不变 n 变化对 QC 曲线的影响

4. N、n、c 成比例时对 QC 曲线的影响

令 n 等于 N 的 10%，c 等于 n 的 5%，即所谓百分比抽样方案，$N = 200$、400、1000、2000 时的 QC 曲线如图 9-6 所示。

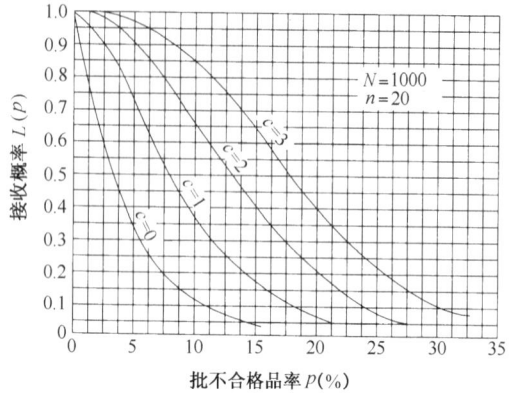

图 9-5　N 与 n 不变 c 变化对 QC 曲线的影响

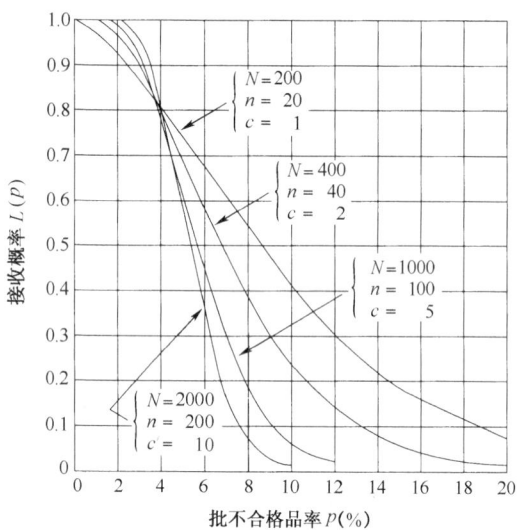

图 9-6　N、n、c 成比例对 QC 曲线的影响

按比例抽取		2000	1000	400	200
	N	2000	1000	400	200
	n (N 10%)	200	100	40	20
	c (n 5%)	10	5	2	1

n 对 QC 曲线的影响非常大。n 越大 QC 曲线越陡。质量差

的批次易于被判定为不合格。质量好的批次易于被判定为合格。

抽样检验特性随抽样方案 N、n、c 的变化而变化。n、c 对 QC 曲线的影响尤为显著。在确定抽样方案时，应充分掌握 QC 曲线的特性。

第四节　抽样检验的种类与检验的实施

一、抽样检验的种类

根据检验对象质量的表示方式、样本的抽取方法等，可把抽样检验分为各种类型，但抽样检验的基本程序和检验特性不变。

1. 按质量特性分类

实施抽样检验时，必须确定单位产品。所谓单位产品是按检验目的而确定的单位体或单位量。一个电灯泡、一根螺栓就是一个单位产品。诸如布、溶液、煤炭等以一定量的长度、体积、重量等作为产品单位。这些单位产品分别用合格品与不合格品，不合格数，尺寸与重量等计量值表示质量。根据样本中不合格品数、不合格数判定一批产品是否合格的抽样检验，称为计数抽样检验；根据样本计量特性值的平均值、标准差判定一批产品是否合格的抽样检验，称为计量抽样检验。

在设计检验方案时，计数抽样检验服从二项分布、泊松分布，计量抽样检验服从正态分布。与计数抽样检验相比，计量抽样检验的测量、计算繁琐。但其优点是为保证批次质量在相同水平所需的样本较少，对于破坏性检验、检验费用高的产品常常是有利的。

2. 按抽样检验的类型分类

（1）标准型。为了保护生产者（供应商、销售商）的利益，把不合格品率为 p_0 或平均值 m_0 的质量良好的批次判定为不合格的概率 α 取小值（一般取5%）。为了保护消费者（购买者，买方）的利益，把不合格品率为 p_1 或平均值 m_1 的质量不佳的批次判定为合格的概率 β 取小值（一般取 10%）。

标准抽样检查通过确定 p_0 或 m_0 与 α，p_1 或 m_1 与 β 使设计抽样方案满足生产者和消费者双方的要求。原则上适用于确定孤立批次是否合格，不知晓新购入物品或再购物品质量的事前信息时确定交检批是否合格的检验。抽样方案的确定与批量大小无关，是最基本的抽样检验类型。

JIS Z 9002：1956　计量标准型一次抽样检验。

JIS Z 9003：1979　计量标准型一次抽样检验（标准差已知）。

JIS Z 9002：1983　计量标准型一次抽样检验（标准差未知）。

（2）调整型。调整型抽样检验是消费者根据过去检验结果估计生产者的质量水平来调整检验的宽严程度，即对于质量好的生产者实施"放宽"的检验，对质量差的生产者实施"加严"的检验。调整型具有激励生产者提高质量的作用，有时也具有停止交易功能。

确定接收质量限 AQL（acceptable quality level），保证生产者交检批的质量只要好于 AQL 均为合格。消费者一般处于可自由选择生产者的强势地位，适用于某种程度上继续进行交易的场合。

JIS Z 9015-0～3：1999　计数型抽样检验的抽样检验程序。

（3）挑选型。挑选型检验是从批抽取的样本中不合格品超过合格判定个数 c 时，该批次不合格，然后对该批其余的产品实施全数检查，以合格品替换不合格品进行交货的检验方法。这种方法处于全数检验与抽样检验之间，不适用于破坏性检验的产品。

被判为不合格，通过全数检验以合格品替换不合格品的批与抽样检验合格的批一并进行检验后的不合格品率应比检验前低、质量水平应比检验前好。检验后的批平均不合格品率、质量水平被称为 AOQ（Average outgoing quality：平均检出质量）。尽管 AOQ 的值是检验前批的不合格品率，并不超过 AOQL（Average Outgoing Quality Limit：平均检出质量界限），目前还没有挑选型抽样检验的 JIS 标准。

3. 按样本抽取方式分类

根据抽样方式可分为一次、二次、多次和贯序抽样检验。

一次抽检仅根据一次抽取样本的结果判定该批次是否合格。二次抽检根据第一次抽样的检验结果作出批合格、不合格、继续抽检的判断。继续抽检时，第二次抽取规定的样本数，综合第一、第二次的结果判定批是否合格。多次抽检把二次抽检的做法扩展到三次以上。每次抽取规定的样本数，综合各次的结果与一定的标准相比较，分别做出合格、不合格、继续抽检的判断，直到对批作出合格与否的判定。贯序抽样检验是在进行每次抽检的同时，综合其抽检结果，并与一定的标准比较，判定批是否合格。

JIS Z 9009：1999　　计数型检验的贯序抽样方式。

JIS Z 9010：1999　　计量型检验的贯序抽样方式。

二次抽检的程序比一次抽检复杂，多次抽检的程序比二次抽检的程序复杂。就保证一定质量水平的抽检个数而言，多次抽检的平均个数少。

以上对各种抽样检验进行了概述，详细情况请参考 JIS 等。

二、计数型抽样检验的实施

如第三节所述，抽样方案 N、n、c 一经确定，便可求得相应的 QC 曲线，即可知道在某一不合格品率下批的平均合格概率。但实际上，希望把不合格品率低于 p_0 的优质批判定为合格，把大于 p_1 的劣质批判定为不合格。通常按这一思路设计相适应的抽检方案（见图 9-2）。

JIS Z 9002 的计数标准型一次抽检给出了希望尽可能使优质批被判定为合格的不合格品率上限 p_0 及该批被判定为不合格的概率 α（一般为 5%），希望尽可能使劣质批被判定为不合格的不合格品率下限 p_1 及该批被判定为合格的概率 β（一般为 10%），据此可求出抽样检验方案。如果以 $\alpha=5\%$、$\beta=10\%$ 为基准，在给定 p_0 和 p_1 的条件下利用 JIS 给出的抽检表可简便地求得 n 和 c（见表 9-2）。

表 9-2 计数标准型一次抽样检验表 (JIS Z 9002)

$\alpha \approx 0.05, \beta \approx 0.10$

明体字为 n, 黑体字为 c

注:箭头最初所指栏的数字是 n 与 c_o *表示利用表 9-3 计算 n 与 c_o 空栏表示不存在该抽样方案。

例如，设 $p_0 = 1\%$，$p_1 = 10\%$。在表9-2中，p_0 的 （0.901 ~ 1.12）% 行包含 $p_0 = 1\%$，p_1 的 （9.01 ~ 11.2）% 列包含 $p_1 = 10\%$。上述行与列相交之处的数字为40和1。左侧的数字40是 n，右侧的黑体字1是 c。从一批产品中抽取40个样本，如果其中的不合格品数为1个以下，则该批合格。如果不合格品为2个以上，则该批不合格。此抽检表没有明确规定批量 N 的大小和样本数 n 的关系。如果与 n 相比，N 充分大，利用二项分布求 $n = 40$、$c = 1$ 的抽样方案，$p_0 = 1\%$ 时的 α，$p_1 = 10\%$ 时的 β，$\alpha = 6.1\%$，$\beta = 8.0\%$，基本接近 $\alpha = 5\%$，$\beta = 10\%$。

p_0 行与 p_1 列相交栏为箭头 ↑ 时，依次按箭头的指向找到记有数字的栏，其数字就是 n 与 c。当栏内是星号 * 时，利用表9-3计算 n 与 c。当求得的 n 大于批量时，实施全数检查。

表9-3 抽样检验设计辅助表

p_1/p_0	c	n
17 以上	0	$2.56/p_0 + 115/p_1$
16 ~ 7.9	1	$17.8/p_0 + 194/p_1$
7.8 ~ 5.6	2	$40.9/p_0 + 266/p_1$
5.5 ~ 4.4	3	$68.3/p_0 + 334/p_1$
4.3 ~ 3.6	4	$98.5/p_0 + 400/p_1$
3.5 ~ 2.8	6	$164/p_0 + 527/p_1$
2.7 ~ 2.3	10	$308/p_0 + 770/p_1$
2.2 ~ 2.0	15	$502/p_0 + 1065/p_1$
1.99 ~ 1.86	20	$704/p_0 + 1350/p_1$

注：1. 根据给出的 p_1 与 p_0 计算 p_1/p_0 的值。

2. 从含有 p_1/p_0 的行求得 n 和 c。

3. 当 p_1/p_0 小于1.86时，n 较大，在经济上不理想。

4. n 不是整数时取其接近的整数。

计数标准型一次抽样检验的实施程序：

（1）确定合格品与不合格品的质量标准。

(2) 确定 p_0、α、p_1、β。JIS 规定 $\alpha = 5\%$，$\beta = 10\%$（p_0、p_1 是检验费用和不合格品给消费者带来的损失，考虑到生产者的利益，生产者与消费者通过充分协商来确定。当 $p_1/p_0 \leq 3$，为较小值时，抽取的样本数增大，不经济。一般应在 4~10 之间）。

(3) 批的形成。送检批应是在同一生产条件下生产出的一批产品。批量过大，批的质量均匀性下降会使随机抽样的难度增大，对不合格的判定影响较大。相反，如果批量过小，抽样检验的经济性低下。应根据生产状况、实施检验方面的要求确定批量。

(4) 利用抽检表确定 n 与 c（对求得的 n、c 分析其 QC 曲线和检验费用，如果必要的话，修正 p_0、p_1 的值，重新计算 n 与 c）。

(5) 利用随机数表等随机从被检批抽取 n 个样本，真实地反映被检批的状况。

(6) 按质量标准检查样本，确定不合格品数。

(7) 判定被检批是否合格。如果样本中不合格品数大于 c，被检批不合格。如果不合格品数小于、等于 c，被检批合格。

(8) 按照预先的约定对被检批做出处理。预先规定具体的处理方法，如被检批被判定为合格时用合格品替换出样本中的不合格品，不合格批全数退货等。在任何情况下不合格批都不能原封不动地再次提交检验。

(9) 把不合格批次的检验结果告知生产者，同时要求其提出防止今后送检批不合格的对策。

(10) 根据检验结果分析今后的检验是否继续采用相同的方法、是否变换供应商、是否有必要修订质量标准，并做出决策。

三、计量抽样检验的实施

计量抽样检验是从被检批随机抽取样本，用适当的方法测量质量特性，计算所获数据的平均值 $\bar{x}$，把 $\bar{x}$ 与根据统计方法确定的合格判定值 $\bar{X}_U$ 或 $\bar{X}_L$ 进行比较，判断被检批是否合格。$\bar{X}_U$ 是合格判定值的上限（特性值越小越好时的合格判定值），

$\overline{X}_L$ 是合格判定值的下限（特性值越大越好时的合格判定值）。

计量抽样检验分为批平均值和批不合格品率为质量指标的两种方法。样本数和判定标准的计算基于批的特性值 x 服从正态分布的假设。计量抽样检验中具有代表性的 JIS Z 9003 计量标准型一次抽样检验给出了在批特性值的标准差 σ 为已知时批的平均值，以及确保批合格品率条件下确定抽样检验方案和实施检验的方法。

以某产品中杂质的含量等批特性值越低越好时的批平均值为质量指标的抽样检验方案为例，说明计量抽样检验的思路和程序（以批不合格品率为质量指标的抽样方案请参阅 JIS）。

条件：批的平均值小于 m_0 的批为优质批。

批的平均值大于 m_1 的批为劣质批。

m_0 的批不合格概率为 α（5%）。

m_1 的批合格概率为 β（10%）。

从平均值为 m_0 或 m_1 的批抽取样本的平均值 $\overline{x}$ 与合格判定值（此时为合格判定值的上限 $\overline{X}_U$）的关系如图 9-7 所示。

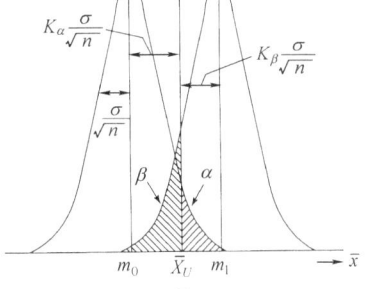

图 9-7 平均值 $\overline{x}$ 与合格判定值 $\overline{X}_U$ 的关系

$$\overline{X}_U = m_0 + K_\alpha \sigma/\sqrt{n}$$

$$\overline{X}_U = m_1 - K_\beta \sigma/\sqrt{n}$$

根据正态分布，$\alpha = 0.05$ 时 $K_\alpha = 1.645$，$\beta = 0.10$ 时 $K_\beta = 1.282$。样本数 n 由下式计算。

$$n = \left(\frac{K_\alpha + K_\beta}{m_1 - m_0}\right)^2 \sigma^2 \tag{9-3}$$

因此，把 K_α、K_β 的值带入上式，则

$$n = \left(\frac{2.927}{m_1 - m_0}\right)^2 \sigma^2 \tag{9-4}$$

由式（9-4）可获得式（9-5）：

$$\frac{|m_1 - m_0|}{\sigma} = \frac{2.927}{\sqrt{n}} \tag{9-5}$$

令 $\frac{K_\alpha}{\sqrt{n}} = G_0$（或 $G_0 = \frac{1.645}{\sqrt{n}}$），合格判定值上限 $\overline{X}_U$ 为

$$\overline{X}_U = m_0 + G_0 \sigma$$

表 9-4 给出了基于 m_0、m_1 的样本数 n 和计算合格判定值的系数 G_0。

计量标准型一次抽样检验的实施程序如下：

(1) 确定测量方法。

确定单位产品特性值 x 的具体检测方法。

(2) 确定 m_0 和 m_1。根据生产者和消费者的一致意见确定 m_0 和 m_1。取 $\alpha = 5\%$，$\beta = 10\%$（如 $m_0 = 10$，$m_1 = 13$）。

(3) 确定被检批。选择的被检批应尽可能是在同一条件下的批次。当批过大时，可把分成的小批作为送检批。

(4) 确定批的标准差（如 $\sigma = 2$）。批的标准差 σ 已知，或生产者与消费者之间有约定时，使用已知的或约定的值。σ 未知时，利用以往 10~20 批的检验数据计算每批的方差 V。如果批的方差比较稳定，每批的样本数 n 相同，可把 V 的平方根 $\sqrt{V}$ 作为 σ 的估计值。

(5) 确定抽样方案。从表 9-4 获得样本数和计算合格判定值的系数 G_0。

1) 特性值越小越好（$m_0 < m_1$）

① 计算 $\frac{m_1 - m_0}{\sigma}$，小数点 3 位以下 4 舍 5 入（$(13-10)/2 = 1.500$）。

② 在表 9-4 的 $\frac{m_1 - m_0}{\sigma}$ 列中找到包含①所求得数值的行。

③ 读取该行的 n 和 G_0，计算 $\overline{X}_U = m_0 + G_0 \sigma$（$n = 4$，$G_0 = 0.822$，$\overline{X}_U = 10 + 0.822 \times 2 = 11.644$）。

2）特性值越高越好（$m_0 > m_1$）

① 计算$\dfrac{m_1 - m_0}{\sigma}$，小数点3位以下4舍5入。

② 在表9-4的$\dfrac{m_1 - m_0}{\sigma}$列中找到包含①所求得数值的行。

③ 读取该行的n和G_0，计算$\overline{X}_L = m_0 - G_0 \sigma$。

对于求得的抽样检验方案（n，$\overline{X}_U$或$\overline{X}_L$），根据其检查费用等因素分析其结果，适宜的话采用，否则修正m_0和m_1，重新确定抽样检验方案。

（6）从被检批随机抽取n个样本。

表9-4　基于m_0、m_1的样本数n和计算合格判定值的系数G_0

（$\alpha \approx 0.05$，$\beta \approx 0.10$）

$\|m_1 - m_0\|/\sigma$	n	G_0
2.069 以上	2	1.163
1.690～2.068	3	0.950
1.463～1.689	4	0.822
1.309～1.462	5	0.736
1.195～1.308	6	0.672
1.106～1.194	7	0.622
1.035～1.105	8	0.582
0.975～1.034	9	0.548
0.925～0.974	10	0.520
0.882～0.924	11	0.496
0.845～0.881	12	0.475
0.812～0.844	13	0.456
0.772～0.811	14	0.440
0.756～0.771	15	0.425
0.732～0.755	16	0.411
0.710～0.731	17	0.399
0.690～0.709	18	0.383
0.671～0.689	19	0.377
0.654～0.670	20	0.368
0.585～0.653	25	0.329
0.534～0.584	30	0.300
0.495～0.533	35	0.278
0.463～0.494	40	0.260
0.436～0.462	45	0.245
0.414～0.435	50	0.233

(7) 对样本进行检测。测量每个样本的质量特性值 x，计算平均值（假设 $\bar{x} = 11.50$）。

(8) 判定被检批是否合格。

1) $m_0 < m_1$

如果 $\bar{x} \leqslant \bar{X}_U$，送检批合格。

如果 $\bar{x} > \bar{X}_U$，送检批不合格。

2) $m_0 > m_1$

如果 $\bar{x} \geqslant \bar{X}_L$，送检批合格。

如果 $\bar{x} < \bar{X}_L$，送检批不合格。

(9) 按照事先的约定对送检批作出处理。处理过程与计数标准型抽样检验相同。

四、调整型抽样检验的实施

在连续对送检批进行检验时，根据其质量改变宽严程度的检验被称为调整型抽样检验。JIS Z 9015（1971）、ISO2859（1974）是以美国军用标准 MIL-SDT-105 为基础制定的。最近 JIS Z 9015（1971）被修订为 JIS Z 9015 0-3（1999），与 ISO 的标准一致。标准的名称是计数值检验的抽样检查方案，没有使用调整型一词。从 0~3 分别为序言、逐批检验、单批检验、跳跃批抽样检验的程序。此标准不仅限于购入检验，也被广泛用于生产过程中的检验和最终检验等方面。

下面对 JIS Z 9015-1 作比较详细的说明。第一部分是逐批检验的 AQL 指标型抽样检验方案，目的是在连续进行批检验时，尽可能简化优质品的购入程序，激励供货方提高产品质量。因此，购买方可以根据供货方的质量对其进行分级，调整检验的宽严程度。

抽样检验表提供了 1 次、2 次、多次三种抽样方案，可以用不合格品率也可用不合格品数。根据批量的大小和检验水平确定样本数，重点是保证平均质量。

下面简述检验的程序，不讲述相关的抽样检验表等。

（1）确定质量标准。

（2）确定接收质量水平 AQL。

（3）确定检验水平Ⅰ～Ⅲ。一般采用检验水平Ⅱ。小样本采用 S 水平。

（4）在 1 次、2 次、多次抽样中选取一种。

（5）确定采用宽松检验、正常检验还是加严检验。原则上最初的检验采用正常检验。

（6）确定被检批。

（7）确定抽样检验方案。根据（4）、（5）的结果选择抽样方案（略）。

依据批量和检验水平的关系查得样本数（略）。

（8）从被检批抽取 n 个样本。

（9）依据质量标准对样本进行检查，确定不合格品数或不合格品率。

（10）判定被检批是否合格。在采用 2 次以上抽样方案时，有时根据第二次抽样以后的结果做出判断。

（11）根据事先的约定处置被检批。

（12）根据检验宽严程度的调整情况记录检查结果（调整过程略）。

第五节　检验的计划与管理

一、选择检验对象与检查项目

不仅限于汽车、家电等装配型企业，对大多数企业而言，如果对于购入的原材料、外购件进行全数检查，仅检验工时的消耗就十分巨大，所以全数检查是不可能的。因此，应对不同检验对象分别实施全数检验、抽样检验、核对性检验和不检验。

检验对象产品的质量项目有尺寸、成份、瑕疵等，难以通过检查所有项目来保证产品的质量。即使可以，检查费用也是非常大的。产品被检查项目的选择不仅要考虑后续工序、顾客要求的质量水平和要求程度，还必须进行技术方面的分析，掌握生产过程的管理状况、送检质量的水平等。

作为检查项目的质量特性应具有其具体的测量方法，可以客观地进行合格与否的判定，必须拥有检查所需的设备和人员。作为检查项目的质量特性，有的问题出现会危及生命安全，有的对产品的价值影响甚微。有时需把检查项目分为致命、重、轻、微等层次，采取与其重要性相适应的保证水平进行检验。

顾客要求的质量特性不一定原封不动地作为检验特性。对铅笔芯不易折断、结实的质量要求可以检查其替代特性，即铅笔芯的弯曲强度。弯曲强度的实验条件如果与顾客使用铅笔的条件不符，无论检验多么好，都不能使顾客满意。在确定检查项目时必须分析顾客使用产品的方法等，充分利用顾客、营销方面的信息。

二、选择检查方法

如前文所述，检验分为全数检验、抽样检验和管理检验。在抽样检验中，按JIS的规定有计数、计量、标准型、调整型、贯序抽样检验，各有其使用条件，检验程序各有特点。检验按其目的又分为保证进货质量的进货检验、保证交货质量的出库检验，以及生产过程中的检验等。

制定检验计划时，什么样的工序进行什么样的检验、选择哪些检查项目等不应仅由检验部门来决定，应与采购、技术、制造、营销等部门进行协商，通盘考虑。

三、制定检验标准

检验标准包括购入材料、零部件的检验标准，产品的检验标准等。这些标准通常与采购的规格明细、产品规格等并用。检验是通过测量被检对象单位产品的质量特性，判断它是否合格，在此基础上判定批是否合格。检验标准各种各样，但都包含以下各项，必须明示。

(1) 产品的名称与规格。
(2) 构建批的方法。
(3) 抽样方法、样本大小。
(4) 检查项目。
(5) 测量方法、测量器具、测量人员。
(6) 判定标准、确定合格与否的方法。
(7) 使用的抽样检验表。
(8) 批的处置方法。
(9) 检验结果的纪录。
(10) 向谁提交报告书等。

日常的检验业务是一种工作。为了顺利进行检验工作，必须把检验员应做的工作编制成作业指导书。抽样方法、试验测量方法等与测量有关的作业也与检验的实施有着密切的关系，也需要进行相应的标准化。

四、检验的管理

检验的实施与一般的作业一样，管理是非常重要的。检验标准所示的内容仅仅是写在纸上，时常"标准是标准，实际是实际"。因此，检验部门必须通过检查以下各项对检验进行管理。

(1) 检验员是否按检验标准进行检验。
(2) 抽样方法、测量方法是否合适，测量器具是否管理得很好。
(3) 判定是否正确，尤其是功能检查的判定是否有误。
(4) 批的处置是否得当。
(5) 检验结果的记录是否正确，保管上是否可供随时使用。
(6) 检验信息是否妥善、迅速地传递给需要的部门，是否在防止再发对策中得到应用。

(7) 检验标准的修改与废止是否适宜。
(8) 检验工作是否按计划进行。

为了确保检验的顺利进行，必须做好测量器具、样品和测量环境等测量管理工作。近年来在检验自动化方面有所进步，但是很多检验还是由检验员来完成的。检验员的选择，通过教育培训提高检验员的素质也是检验管理的重要方面。分析检验的判定精度是否满足要求、现在的检验在质量上是否对后续工序产生不良影响、以什么形式掌握检验后的质量状况和现在的检验方法，以便管理、改进检验工作；分析检验的经济性，使其合理化。

五、检验信息的应用

检验的功能之一是防止不合格品、劣质批流入后续工序，具有质量保证功能。因此，检验信息可用于调整检验的宽严程度，分析检验项目，选择质量满足要求的供应商等方面。

检验不能造就质量。但是，检验部门把检验信息提供给有关部门，有助于防止不合格品的产生，是预防功能的重要方面。通过把检验数据提供给生产过程，有助于早期发现异常，采取对策防止不合格品的再发生。通过把检验结果显示的过程能力、不合格品的发生状况等质量信息与顾客的质量要求进行比较，建立更为适当的质量标准和检验标准，是检验信息的重要用途之一。

近年来的 ISO9000 认证，生产者责任法的颁布，使企业进一步认识到检验的重要性。不幸出现缺陷产品，必须通过法庭解决时，企业的产品质量保证体制、生产与交货时的质量状况成为争论的焦点。这时，检验信息及其记录是确认生产者责任的重要证据材料。企业在分析顾客的抱怨、投诉时，检验资料作为反映生产时产品质量状况的信息是非常有用的。

检验资料在检验部门堆积如山，被束之高阁。应进一步努力采取措施，加强检验结果的记录与管理，及其有效的利用。

习 题

1. 对下列表述中正确的打"√",不正确的打"×"。

(1) 在抽样检验合格的批中,不含有不合格品。

(2) 按 $n=100$、$c=1$ 的计数型抽样方案进行检验时,批合格的概率是样本中没有不合格品的概率。

(3) 从 QC 曲线上看,$N=1000$、$n=20$、$c=1$ 与 $N=200$、$n=20$、$c=1$ 这两种抽样方案的质量保证程度基本相同。

(4) 从 QC 曲线上看,$N=1000$、$n=100$、$c=10$ 与 $N=500$、$n=50$、$c=5$ 这两种抽样方案的质量保证程度基本相同。

(5) 基于平均值的标准型计量一次抽样检查,从被检批抽取的样本数 n 随标准差的减小而增大。

2. 简述下列概念:

(1) 全数检验与抽样检验。

(2) 计数抽样检验与计量抽样检验。

(3) 标准型抽样检验与调整型抽样检验。

(4) QC 曲线。

(5) 生产者风险与消费者风险。

3. 求 p_0、p_1 满足下列条件时的计数一次抽样检验方案。设 $\alpha \approx 0.05$,$\beta \approx 0.01$。

(1) $p_0 = 0.4\%$ $p_1 = 2.5\%$

(2) $p_0 = 0.2\%$ $p_1 = 3.0\%$

(3) $p_0 = 1.0\%$ $p_1 = 8.0\%$

(4) $p_0 = 2.0\%$ $p_1 = 4.0\%$

4. 求平均值低于 200g 的批为合格,平均值大于 205g 的批为不合格的抽样方案。设 $\sigma = 3g$,$\alpha \approx 0.05$,$\beta \approx 0.01$。

5. 在正态分布条件下求第 4 题抽样方案的 α 和 β 的值。

第十章 现场改进与统计方法

在现场存在着诸如质量、数量、成本等需要改进与管理的问题。改进与管理看上去像是不同的活动。生产过程具有保证质量的能力,使过程能力处于管理状态和提高过程能力的改进活动是质量管理的两个轮子,缺一不可。这些活动可以按照各自的步骤系统地进行。统计方法作为改进、管理工具发挥着重要的作用。从企业应用统计方法的实际情况看,在数据的获取、方法的理解、分析结果的解释等方面存在很多问题。本章将阐述实施现场改进与管理的方法,以及统计方法在改进与管理中的作用和应用上的注意事项。

第一节 现场的改进、管理与统计方法

一、改进与管理

生产现场存在着产品的质量、数量、交货期、成本、安全等众多必须改进的问题。在一年中真正没出现问题,感到满意的日子能有几天呢?但如果变换一种想法,也就是说在工作现场值得我们挖掘的、有价值的东西还有很多。以质量问题为例,不能实现预期质量的影响因素有原料质量差、机械状况不佳、工作条件不充分,以及外援者的加入等举不胜举。应对工作成果具有重要影响的各种要素确立标准,并按这些标准进行作业。万一发生异常,则必须调查其原因,并采取措施。使过程处于稳定状态的现场管理是质量管理的重要活动。提高成品率和效率,减少不合格产品等降低成本、提高质量的现场改进活动,也是企业质量管理活动不可缺少的、重要的组成部分。

改进和管理看上去像是不同的活动。无论进行了多么有效的改进，如果不能保持改进后的水平，出现反弹，那么改进将起不到任何作用。所以必须通过管理活动保持改进的成果。如果过程是稳定的，易于制定对策，确认其效果。管理活动使改进的效果在某一期间得以维持，后续的改进使其得到进一步的提高。企业在改进与管理活动的循环中发展（见图10-1）。改进和管理活动就如同车的两个轮子，缺一不可。

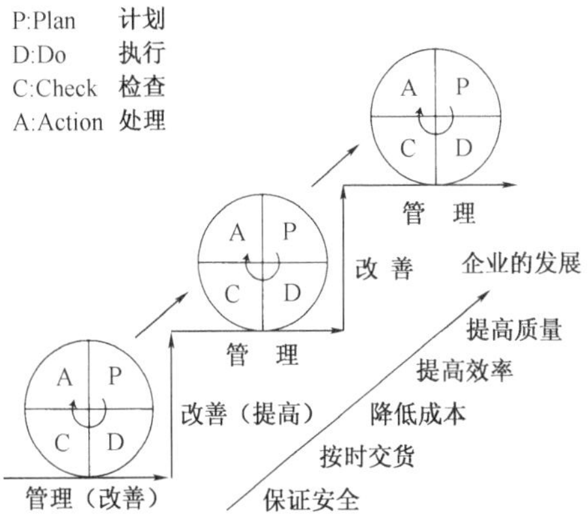

P:Plan 计划
D:Do 执行
C:Check 检查
A:Action 处理

图 10-1 改进与管理活动

二、把握提高过程能力

改进和管理产品的质量需了解产品生产过程的实际状态。过程是否处于稳定状态，是否处于满足产品质量标准要求的状态，必须了解过程具有的实现产品质量的能力，即过程能力（Process Capability）。

过程能力是在一定的原料、设备、作业方法等条件下，某一期间内处于管理状态的制造过程所生产产品的质量特性的分布。当质量特性是产品的尺寸、重量等计量值时，把在某一期间内获取的数据绘制成 $\bar{X}—R$ 管理图，确认其处于管理状态。然后，一般用 $\bar{R}/d_2$ 的值，或利用原始数据绘制的直方图的标准差 $\hat{\sigma}$ 表示过程能力大小。当质量特性是不合格品或不合格品数等计数值时，用管理图的平均不合格品率 $\bar{p}$ 或平均不合格数目 $\bar{c}$ 来表示过程能力大小。

过程能力通常用表示质量特性的公差与 $6\hat{\sigma}$ 的关系来表示。

过程能力指数 Cp 为：

双侧公差情况

$$Cp = \frac{公差}{6\hat{\sigma}} = \frac{UTL - LTL}{6\hat{\sigma}}$$

单侧公差情况

$$Cp = \frac{\bar{x} - LTL}{3\hat{\sigma}} \text{ 或 } Cp = \frac{UTL - \bar{x}}{3\hat{\sigma}}$$

式中，UTL、LTL 分别为公差的上限和下限，$\bar{x}$ 为直方图的平均值或 $\bar{x}$ 管理图中心线的值。

有的产品质量难于通过调整机器等改变其分布的中心位置。此时，即使在双侧公差的情况下，考虑公差中心与 $\bar{x}$ 的偏离，用下式计算过程能力指数：

$$Cp = \frac{|TL - \bar{x}|}{3\hat{\sigma}}$$

式中的 TL 是接近分布中心 $\bar{x}$ 的公差值（见图10-2）。

当 Cp 的值大于1.33时，对给定的公差而言过程能力充足，即使质量上出现一些较大的波动也不必担心会产生不合格产品。可以考虑简化过程管理方法和检验等问题，致力于降低成本的改进工作。当 Cp 的值在 1~1.33 之间时，过程能力基本满足要求，需加强过程管理。当 Cp 小于1时，过程能力不足，超出公差范围产生不合格品的危险性很大，应通过技术、制造、检查、工程等相关部门的协作缩小质量的波动，力求提高过程能力。有时也需对公差进行分析。

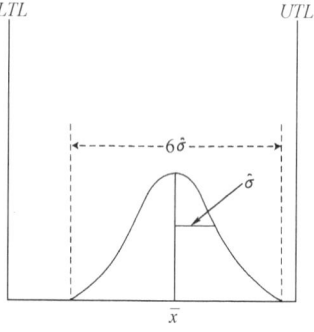

图10-2 过程能力指数图示

过程的改进是对过程具有的保证产品质量能力进行调查研究，通过改进使其提升到更高水平。过程管理是使过程能力处于管理状态，并发挥其作用。过程能力的信息应在产品质量与制造过程的合理设计、设备的规划与管理，以及过程的改进与管理活动的基础上得到充分的应用，JIS Z 9021（1998）所表示的应用流程如图 10-3 所示。

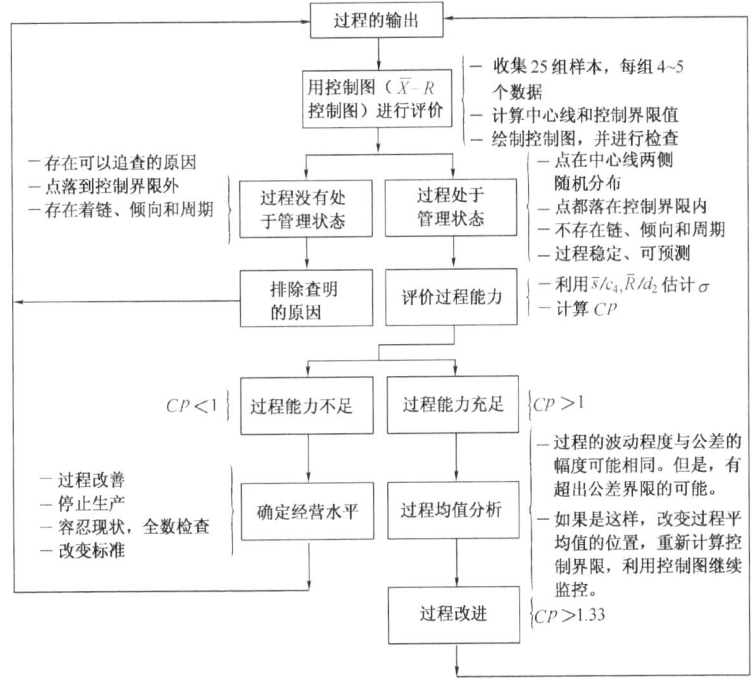

图 10-3　过程改进的方略

三、改进与管理中的数据和统计方法

产品质量是否充分满足标准要求？不合格产品的发生状况如何？与计划产量相比，实际的生产业绩如何？原材料费用是否超过预算等，都以现场的质量、数量、成本信息为依据进行过程管理，致力于日常的改进，解决存在的问题。但是，平时获取的数据中含有的信息不够充分。例如，昨天出现的不合格

品多，但是它不能反映出什么样的不合格品比较多，若干台机器中哪台生产的不合格品比较多，作业人员之间是否存在差异等信息。因此，难于采取有效的改进与管理措施。

如果认为不同机器生产产品不合格的内容或发生状况各异，那么按机器收集能够表明不合格内容的数据是改进、管理的第一步。在日常收集生产数据的过程中，通过分层、明确因果关系等以便于生产过程的分析。但是，在日常的生产数据中，由于原料或批的记录不清，原因相互交织等，不能够满足分析的需要。虽然我们知道规定的生产条件方面的信息，但却不能掌握除此之外的生产条件的信息。相比之下，通过实验取得的数据具有条件明确、其结果可靠性高、可以获得新的、有用的信息等优点。

如果改变一下视角，把每天的生产都看作是进行实验，其中有很多对改进、管理有用的第一手信息。在对过程进行改进与管理之际，首先是重点掌握现场的日常生产数据，如果不能对这些数据进行充分的分析，则应进行分层等，从日常的数据了解过程的真正状况是非常重要的。如果仍存在问题，最好是通过实验确定不明原因对质量特性的影响。

以总体与样本、分散与概率等数理统计理论为基础，利用日常的数据、分层的数据，以及通过实验获得的数据，通过灵活运用排列图、因果图、直方图、控制图、散布图、检查表等QC七种工具可以解决现场改进、管理上的很多问题。充分地运用这些简单的方法是十分重要的。除了上述方法之外，如果根据解决问题的需要，应用平均值、方差、不合格品率的假设检验和估计、相关或回归分析、实验设计，以及本书中没有涉及到的多变量解析和可靠性分析方法等作进一步的分析，有望使改进、管理获得更好的效果。

第二节 现场的质量改进

一、实施现场改进的方法

企业有效开展改进活动的首要条件是经营者、管理者要率先垂范，明示改进的方针和具体的目标，企业各层人员要不满足于现状，具有打破现状的改进意识和问题意识。通过授权、重要问题的登记制和改进提案的制度化等，在企业内部建立宜于开展改进活动的体制，并设法建立改进活动的进展状态及其结果的评价方法等。

企业的重要问题跨部门的情况比较多。因此，根据需要采取建立委员会、项目组等对策，通过部门间的合作开展改进活动是十分必要的。作业者充分了解各自现场的情况，他们的参与是解决现场各种问题所不可缺少的。QC 小组是日本质量管理的特色之一，以此为代表的自主团队活动在现场的改进中发挥着巨大的作用。在开展活动时，应对改进的目的和改进方法进行充分的讨论。确定提高质量、降低成本等具体目标，实现这些目标是改进的目的。为了实现这些目标而建立的质量保证体系、引入的价值分析等是方法或手段的改进。在对方法或手段进行改进时，必须充分分析对实现改进目的的贡献程度。

质量管理重视事实。改进活动也是如此，应积极地收集目前存在的问题，灵活运用 QC 七种工具等已学过的多种方法确定主要的问题，分析问题的原因并采取改进的对策，并确认维持对策的效果。

二、改进的步骤

为了解决现场存在的各种问题，必须在多年积累的技术和技能的基础上，运用在各章中所学的质量管理理论与统计方法，充分利用现场的智慧与技巧。制造过程的改进步骤及其常用的统计方法如下。

步骤1 把握问题点

（1）确认现场的方针和目标。

（2）利用直方图等了解过程能力和不合格品的发生状况等重要的质量特性的现状。与突发异常造成损失相比，长期的隐患带来的损失往往更为严重。

（3）例举问题点。

步骤2 确定问题点、设定目标

（1）利用排列图分析、确定问题点。

（2）设定目标。

步骤3 确定改进的组织与责任人

（1）确定改进小组及其负责人。

（2）确定改进的期限。

（3）确定问题解决方案的决策者、实施对策的负责人以及解决有关问题的责任人。

（4）制定改进计划。

步骤4 掌握现状、分析特性与原因之间的因果关系

（1）根据技术和经验分析作为目的的特性与原因之间的关系，绘制因果图。

（2）运用检查表等收集相关的资料和数据。

（3）运用各种假设检验、估计或相关分析、回归分析等方法对特性与原因之间的关系进行统计分析。如果有必要，按照实验设计的方法进行实验。为使日报等过去的生产数据便于分析应用，应按原料品牌、机器等分层记录日常生产数据，利用QC七种工具、检验与估计等统计方法，对在工厂实验中有计划获得的实验数据等进行分析。

（4）对与特性、原因有关的分析结果进行综合分析。

步骤5 改进方案的制定与实施

（1）围绕着问题形成的原因讨论改进方案，确定新的生产条件。

(2) 给新的生产条件制定临时的制造标准、作业标准。

(3) 按照临时标准进行作业。

步骤6 确认改进效果，通过标准化巩固成绩

(1) 检验改进结果，确认其效果。

(2) 如果效果被认可，把临时标准作为正式标准用于过程管理。

(3) 如果效果不理想，进行进一步的分析与改进。

(4) 把改进的结果编写成正式的报告书，为企业积累技术性的资料。

以上是改进的一般步骤。不同的著作对改进步骤的划分方法不同，有的采用相反的程序，先分析问题后确定目标。希望能灵活运用这些步骤。

根据现场的实际状况确定存在的问题，切实按照计划—实施—检查—处理的管理循环开展改进活动，尊重与实际作业有关人员的意见，灵活运用统计方法对于解决问题是十分有效的。

要尽快地把活动的内容和改进的结果编写成报告书，具体形式如下。

报告书包括标题、目的、结果的摘要、负责人、活动期限、生产过程概要、现状与分析方法、对策内容和实施过程、结果的技术经济分析、成果、反思与今后的计划等内容。

上述的改进活动被称为"解决问题型"或"原因追求型"的改进。最近，"课题完成型"的改进活动受到关注。这是希望解决迄今为止没体验过的问题，不为当前的工作方法所束缚，彻底突破目前的水平，对可能出现的问题预先进行研究的改进。对于这类问题，上述步骤4的内容有所变化，成员讨论改进策略是很重要的。本书中没有提及的关联图、系统图、矩阵图法等"新QC七种工具"经常用来归纳意见。

第三节 现场管理

一、现场管理的实施方法

在上一节的最后部分提到了计划—实施—检查—处理的管理循环，其中的"计划"是指改进计划。本节阐述现场管理，计划是指维持性的管理计划。因此，计划以标准为核心。管理循环具有改进与维持性管理的二重性。

我们的日常工作主要是从事所分担的业务。这些工作平凡，却非常重要。企业的老一代员工在技术论证的基础上不断的采取措施、进行改进，将取得的成果标准化，是作为日常工作保留在现场的宝贵财富。这些工作是否完成得好，是否实现了预期的目标，可以通过测量成果的管理特性（管理项目）的状况进行评价。控制主要影响因素，并使之标准化是获得满意成果的手段。按照标准实施管理是十分重要的。

一般按下列步骤开展现场管理工作。

步骤1 确认各个部门承担的工作，整理工作内容。

步骤2 确认各项工作的目的，明确测量目的完成程度的管理项目及其水平。

步骤3 为了实现目的，需要时可对工作方式进行标准化。

步骤4 准备计划表、控制图等表格，按标准开展工作，进行管理。

步骤5 把实施的成果按日或按月填入记录表，并对结果进行核对（现场管理展示板）。

步骤6 结果出现异常时，通过应急处理尽快使其恢复到正常状态。

步骤7 寻找产生异常的原因，防止其再次发生（异常报告书）。根据异常的内容，如果有必要则修改标准、管理项目和管理水平。

步骤8 按月整理管理项目，并向上级呈报。在内部讨论需要改进的业务，制定计划，并进行改进。

二、制造过程的管理

制造过程中影响质量的要素一般包括原材料（Material）、设备（Machine）、制造方法（Method）、作业者（Man），即4M。原料、产品质量或制造条件的测量（measurement），以及作业环境也可加入4M之中。制造过程中这些要素的确定应满足生产高质量产品的条件，并必须保持这些条件。在保证安全的前提下，从产品质量、产量或交货期、成本等方面对制造过程的管理进行综合评价。

（1）实施标准作业。制造过程管理的基点是切实遵守各项标准所规定的工作方法。作业指导书是在考虑产品质量、作业效率和安全的基础上确定的必要文件。不能指望仅仅把作业标准书发给工作人员就能够实施标准作业。为了使工作人员遵守作业标准，在作业指导书中反映作业者的意见，通过培训使作业者理解按照标准进行作业的必要性，以及相应的训练是必不可缺少的。

（2）检查生产过程的重要控制点，调整设备和作业方法，保证作业的顺利进行。确定各生产过程综合结果的管理特性，利用控制图、图表掌握过程的管理状态。

制造过程中引起质量波动的因素除4M外还有很多。其中，影响最大的因素是原料规格和制造标准等，这些条件都有规定。即使进行标准化，并进行教育训练，有时也脱离标准，不能按照标准完成作业。因此，过程发生异常是不可避免的。制造标准是生产产品的作业依据。同样，开展过程管理工作需要过程管理标准。很多企业以过程管理表或质量管理过程图等形式建立过程管理标准。图10-4就是其中一例。

根据从原材料购入到产品出厂全过程的要求，确定能够真实反映各个环节状态的质量或应管理的特性，或生产过程中重

过程管理标准（○加工、◉搬运、▽停顿、□检查）			日期			年 月 日		
制造过程图	管理项目	质量特性	管理方式					
			时间	人员	地点	方法		
						测量器具	方式	责任人
购入材料 ▽ 材料仓库 ▽ 接受检查 □	质量	分析值 重量	每次进货	检验员	仓库	秤 分析仪器	全数 抽样	检验股长 检验股长
称重量 □	误差 （折线图）	重量	每次出库	保管员	台车	秤	全数	仓库股长
调配 ○ 混合	混合比（图）	黏度	1次/1小时	作业者	混合器	黏度计	抽样	班长
溶解	混合比（图）	比重	1次/1小时	作业者	溶解槽	比重计	抽样	班长
混炼	时间（图）		1次/1小时	作业者	混炼器	秒表	检查表	班长
检查重量 □	重量（管理图）	重量	1次/1小时	班长	分配器	自动秤	$\bar{X}-R$ 管理图	组长

图 10-4 过程管理图示例

要作业方法的检查点。把它们保持在什么水平（管理水平），间隔多长时间检查一次，（管理间隔），测量方法，是否绘制成折线图或控制图，是否记入检查表（管理资料的种类），异常的判定与处理方法，管理负责人等都记入过程管理图。过程管理图使各环节的目的是什么，进行哪些作业，如何管理等系统化，一目了然。

（3）如果过程出现异常，在迅速对过程或产品进行应急处理的同时，探求发生异常的原因，采取防止异常再次发生的永久性对策。

过程的异常表现为控制图出现异常，不合格品迅速增加等产品的异常，机器故障停机等异常。异常的处理方法：

① 是否可以继续进行作业。

② 异常原因在何处，如何发现、排除异常原因。
③ 对这段时间内生产出的产品做出检查、分类、返修等处置。
④ 必须考虑采取什么样的措施防止相同异常再次发生。

紧急对策①、②是针对过程的，③是针对产品的，必须立即采取行动。人们常认为处理异常情况就是采取紧急对策。由于在①~③之间循环，异常总是不会减少。必须进一步分析产生异常的原因，采取对策防止再次发生相同的异常。如果机器的故障是由零件磨损引发的，须采取改变点检标准，在异常发生前的早些时候更换零件，改用耐磨损的零件等措施。对于作业失误，应采取防止出错的对策。

过程管理使用控制图的目的是判断是否有必要对引起异常波动的原因采取防止异常再发生的对策。如果通过临时的调整可以使异常的波动恢复到原来的状态，使用原始数据和图表就足够了，在作业标准中给出调整方法即可。必须事先确定当过程出现异常时谁应该做什么，做到何种程度，接受谁的指示等。对过程采取的根本性对策，常常是现场本身力不能及的，需要技术、设计、检查、质量管理等相关部门的通力合作。为进行技术积累，可利用如图10-5所示的过程异常报告保留记录。绘制过程异常一览表，以此来检查报告书，核对异常报告的处理结果，防止对策含糊不清。

(4) 原料的状况、使用新设备或改进提案等使作业条件发生变化，质量标准、制造标准被修订时，应对管理水平等管理方式进行讨论，必要时应在新的管理方式下进行过程管理。

改变标准，必须十分慎重地讨论改变得是否真正合理。不合理的改变不仅会给现场，甚至有可能给企业带来致命伤害。变更标准时，要明确更换时期和与之有关的作业场所、相关标准的修订、旧标准的取消等事项，防止改变标准的工作出现纰漏。强调变更管理正是由于变更标准的工作是各个作业现场的薄弱环节。

序号 No. UA-009	过程异常报告书	发行 年 2 月 15 日		
发生异常	机器名称 ENT-86814	控制图登记号 20-2-Tuu-A3-2	发生日起	
	工序名称 PRE·TEST	批 号 No.	2 月 15 日 AM PM 5	
	质量特性 电气性能(波形)	作业人员 检验员 吉川明美		
	PPE.TST 波形不良的分层控制图,不良发生率3%(原来的3%) UCL=1.12 CL=0.3 9 10 11 14 15		发现者 (田测)	
原因调查	为了提高效率把原来以轴槽为基准确定扇形齿轮位置(尺寸C)改变为尺寸B。由于扇形齿轮带有底座,轴的振动使尺寸C的波动增大,扇形齿轮与机壳接触导致波形发生变化。 尺寸B 扇形齿轮 尺寸C 底座 轴 接触点 机壳 为了满足今后增加产量的需要,想用现在的高效率工装。		原因调查	
			1	时间 2 月 16 日 人员 (田测)
			2	时间 月 人员
			3	时间 月 人员
应急处理	·安装时确认扇形齿轮是否与机壳接触。 ·在安装轴时修正扇形齿轮的工装。	与相关部门联络的安排 2 月 17 日 与技术部门讨论发行季托书的事宜	应急处理	
			1	人员 (田测)
			2	时间 2 月 17 日 (伊能)
防止再发生的对策	·在配转子的装配工序,用 $\bar{x}-R$ 管理图管理轴与扇形齿轮底座的尺寸B(从2月17日开始)。 ·在底架与扇形齿轮接触之处(尺寸A),由5.5mm改为6.5mm。		防止再发生	
			时间	2 月 28 日
			人员	(伊能)
			确认处置内容	(青木)
对策的效果确认防止发生	·尺寸A被改变后没有发生波形不良,波形变化不良的 p 控制图一直为零,故停止使用。 ·轴、扇形齿轮安装尺寸的 $\bar{x}-R$ 控制图也不再使用。		确 认	
			时间	3 月 8 日
			人员	(伊能)
保存期限 3 年 式样 No. TG-Q-001	调谐器事业部 MP 工厂制造科 UHF 装配股 班		科长 (青木)	段长 (伊能) 班长 (田测)

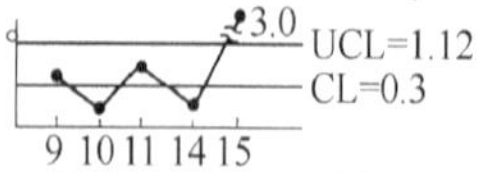

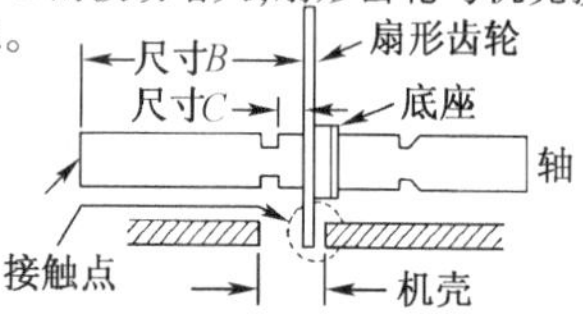

引自朝香铁一,石川 馨编《质量保证指导南》。日科技连出版社,1974,p167
图 10-5 过程异常报告书(例)

第四节　应用统计方法的注意事项

灵活运用统计方法是日本质量管理的特点。但仍存在着以下问题。

① 统计方法常被误用。
② 使用方法单一，常流于形式。
③ 方法与目的不符。
④ 与固有技术结合得不紧密。

统计方法是解决问题的有效手段，而不是目的。统计方法终归是工具。存在着为了发表，为了炫耀在形式上使用统计法的现象。相反，尽管统计方法是解决问题的有效工具，却不知道其使用方法，即使知道使用方法也没使用，或使用方法有误而无效。这无论对企业还是对使用者都是很大的损失。以下是应用统计方法的注意事项。

1. 具有问题意识，正确把握事实

质量管理强调以事实为基础进行管理。可把每天的现场作业看作试验。即使每天进行相同的工作，其结果的质、量、成本也存在着差异。有时也会出现问题。原材料、机器、作业方法等是否有与平时不同的地方，是现场改进的关键。具有问题意识、熟悉现场是改进的秘诀，管理的开始。这正是深入现场的团队、QC 小组活动获得重大成果的原动力。

2. 充分把握数据的特性

质量管理活动以数据为基础进行思考并采取行动，利用数据验证结果。数据是开展质量管理活动的基础资料，数据如何对结论具有重大影响。无论统计方法多么有效、多么先进，如果数据不可靠，分析不仅无效，反而有害。即使不存在恶意隐藏消极数据的行为，也必须了解样本的总体是什么。根据样本的信息对总体采取处理措施，显然样本必须代表总体。但是，这一点却没有受到应有的重视，出现了对总体认识有误，把总体扩大化等错误。慎重地分析测量方法、抽样方法等获得的数据特性也是十分重要的。

3. 深入理解统计方法

在某一条件下的实验结果处于平均值上下的一定范围内，表明数据有波动。这范围有多大，是 $\pm 3\hat{\sigma}$，还是95%的置信区间，n 的值是多大，即使当事人知道，如果不把它们标明，其他人是不得知的。诸如此类，对统计方法基础知识的理解与表现不充分的例子有很多。得出显著还是不显著的结论是分析的最终结果。总体平均的检验公式是：

$$u_0 = \frac{\bar{x} - \mu_0}{\sigma_0 / \sqrt{n}}$$

u_0 是与总体平均（$\bar{x} - \mu_0$）的偏离程度，取决于误差 σ_0 的大小和样本数 n。与总体平均的偏离程度对企业而言通常具有技术经济方面的意义。与统计判断有关的 u_0 的大小却没有直接反映出这种偏离。必须从估计的角度对检验的检出能力等作进一步分析。

为了理解统计方法的用途与使用范围、实际的计算步骤，以及结果的判定方法等，必须理解基础理论和前提条件，多接触应用事例，理解使用方法。通过实际应用熟练掌握统计方法是十分重要的。

4. 统计方法的选择与应用

在对数据进行分析时，当然应正确选择恰当的统计方法。选择统计方法必须考虑数据的多少、过去的数据还是今后有计划地获取数据、计量值还是计数值、使用统计方法的目的，以及谁、哪个部门使用等问题。质量管理也被称为实践的学问。由于使用基本方法就能够解决很多问题，所以首先要充分运用简单的方法，根据其结果采取行动，这一点是十分重要的。

5. 深入分析统计分析的结果

统计分析的结果与技术性常识大致相同。当不一致时，首先要检查统计方法的使用或计算是否有误。数据的真实性、抽样方法、测定方法等也会有意想不到的问题。如何看待误差 σ，σ 的大小与一贯的值是否一致等，对误差进行分析也是很重要的。利用统计方法获得的结论也可以看作是挑战误差的结果。需从统计和技术两个方面对检出能力如何，分析中采用的因子或水平是否合适，获得结论的方法是否存在着问题等进行充分地斟酌。现场有很多的不成文的东西，有时候必须确认基于过去经验或知识的技术性常识是否正确。

6. 用日常的文体表述统计分析的结论

我们周围的人看到诸如 "x 与 y 的相关非常显著"，"A 与 B 的总体平均在5%的显著性水平上无差异"这样结论的报告，能够真正确切了解其含义的人会有多少呢？对企业而言，重要的是根据统计分析的结论采取怎样的措施。对统计结果的错误解释会导致错误的对策。

根据分析结果采取对策时，需要管理者、现场的管理人员和作业者的合作。因此，报告书的内容必须让大家都能理解。分析结果不要仅停留在统计结论的层面上，应以大家都能理解的语言形式表现出来。这一点是很重要的。

7. 重视实际应用

统计方法在实践应用中与统计理论有很大的不同。统计检验一般取5%或1%为显著性水平。在控制图中 α 取得很小，为 0.3%。这是出于对过程管理的考虑。如果把处于受控状态的生产过程判断为异常，对生产过程采取措施是非常困难的。休哈特根据实践和经验把管理界限确定为 $\pm 3\sigma$，把这样的错误控制在 0.3% 以内。因此，即使生产过程发生了变化也不能被发现的第二种错误 β 会变大。所以，即使在控制界限内的点，根据9点链或连续3点中2点接近控制界限时生产过程为异常的判定准则，在确保 α 为很小值的同时，防止 β 变大。研究开发部门与过程管理不同，与 α 相比，β 变大有可能成为问题。

一提起有关瑕疵的数据立刻会想到泊松分布。如果以瑕疵表示不合格，可利用二项分布进行分析。如果以大小表示瑕疵，可按计量值进行分析。排列图也是基本上把前几项目作为主要的问题。如果从另一个角度看，越是靠前的项目技术上的攻克难度越大。如果不能攻克也就不会有成效。为了攻克难点，需要有相适应的对策。即使是靠后的项目，自己能够解决的，简单见效快的，也不要放任不管，应采取措施。

8. 强化与固有技术的联系

只要知道统计方法就能解决问题吗？解决问题必须明确问题，确定解决问题的步骤，有计划地获取数据，还需要技术知识。否则，确定的因子、水平会严重地影响试验结果，甚至会对统计方法的有效性产生怀疑。把统计结论转变为行动时，技术上的分析也是不缺少的。即使在统计学上确定了原因与结果的关系，但在实物的关系上常常是"黑箱"。利用固有技术破解因果关系，对于确立获得质量更为稳定的制造技术是非常重要的。为使改进收到好的效果，有时需要改变作业的结构，涉及管理技术问题。因此，管理技术与固有技术的结合起着巨大的作用。

企业内部质量管理的报告会，外部的质量管理大会，以及众多的杂志都介绍应用统计方法的事例，因此人们对统计方法的应用并不陌生，值得学习的素材也很多。希望在实践中致力于学习如何应用本书介绍的方法，使统计方法真正成为自己的东西。

附　　录

附录A　JIS修改前后符号的变化
（本书采用的符号）

	修改前的符号	修改后的新符号
术语	不良品，不良率	不合格品，不合格率
	缺欠点数	不合格数
	中数	中位数
	置信率	置信度
	一元配置	单一因子实验
	二元配置	二因子实验
	多元配置	多因子实验
符号及其含义	（1）控制图	
	B_3 或 D_3 = ——（不考虑，不存在）	n 为 5 或小于 6 时，用 0.000 替代 ——（不考虑）
	控制界限上的点为界限外	控制界限上的点为界限内
	7 点链判定为异常	9 点链判定为异常
	pn 控制图	np 控制图
	$\bar{x}$—R 控制图	$\bar{X}$—R 控制图
	$\tilde{x}$ 控制图	Me—R 控制图
	x 控制图	X—R 控制图
		计算控制图控制界限的系数： A_4（Me 控制图）
		A_3，B_3，B_4（$\bar{X}$-s 控制图）
	c_2^*，c_3^*	c_4，c_5

（续）

<table>
<tr><th colspan="2">修改前的符号</th><th>修改后的新符号</th></tr>
<tr><td rowspan="11">符号及其含义</td><td colspan="2">（1）控制图</td></tr>
<tr><td>R，p 控制图，小于 0 时不考虑，不存在</td><td>不表示</td></tr>
<tr><td>移动范围 Rs</td><td>移动范围 R（Rs）</td></tr>
<tr><td>工序能力指数 C_p</td><td>工序能力指数 PCI（C_p）</td></tr>
<tr><td colspan="2">（2）检验、估计</td></tr>
<tr><td>$u(P)$：正态分布两侧概率 P 的值</td><td>$u_{p/2}$，$u_{1-p/2}$：上侧，下侧分别为 $1/2 \cdot P$ 的值</td></tr>
<tr><td>$t(\phi, P)$：t 分布的自由度 ϕ，两侧概率 P 的值</td><td>$t_{p/2}(\nu)$，$t_{1-p/2}(\nu)$：上侧，下侧 $1/2 \cdot P$，自由度 ν 的 t 分布的值</td></tr>
<tr><td>$\chi^2(\phi, P)$；χ^2 分布的自由度 ϕ，上侧概率 P 的值</td><td>$\chi^2_{1-p}(\nu)$：下侧概率 $(1-P)$，自由度 ν 的 χ^2 分布的值</td></tr>
<tr><td>$F(\phi_1, \phi_2; P)$：F 分布的自由度 ϕ_1，ϕ_2，上侧概率 P 的值</td><td>$F_{1-p}(\nu_1, \nu_2)$：下侧概率 $(1-P)$，自由度 ν_1，ν_2 的 F 分布的值</td></tr>
<tr><td>$r(\phi, P)$：r 分布的自由度，ϕ，两侧概率 P 的值</td><td>$r_{p/2}(\nu)$，$r_{1-p/2}(\nu)$：上侧，下侧 $1/2 \cdot P$，自由度 ν 的 γ 分布的值</td></tr>
</table>

附录 B 主要符号一览表

符号	含义
A_2	$\bar{X}$ 控制图计算控制界限的系数
A_4	中位数控制图计算控制界限的系数
α	回归方程 y 的截距，方差分析中因子 A 的效果
B_3，B_4	s 控制图计算控制界限的系数
b	回归方程回归系数，方差分析中因子 B 的效果
c	样本中不合格品数
	合格判定数
c_4	利用 s 或 $\sqrt{V}$ 估计 σ 时的分母

(续)

符号	含义
CT, CF	修正项
D_3, D_4	R 控制图计算控制界限的系数
$D(\cdots)$	……的标准差
d	配对数据的差
d_2	利用 R 或 $\bar{R}$ 估计 σ 时的分母
E_2	X 控制图计算控制界限的系数
$E(\cdots)$	……的期望值
e	自然对数的底,数据结构的误差
F_0	根据样本计算的方差比
$F_{1-\alpha}(\nu_1, \nu_2)$	自由度为 ν_1, ν_2 的 F 分布上侧概率 α (下侧概率 $1-\alpha$) 的分位点
f	频数
g	数据变换时的乘数、除数
H_0	原假设
H_1	对立假设
h	数据变换时的乘数、除数,组距
K	符号检验的系数
K_α, K_β	标准正态分布的单侧概率 α (或 β) 的分位点
k	组数
L	最大值
$L(p)$	不合格品率为 p 的批被判定为合格的概率
l	$l \times m$ 分割表的行数
$Me(\tilde{x})$	中位数
m	总体不合格数
	$l \times m$ 分割表的列数
	批的平均值
m_0	尽可能把批判定为合格的平均值的界限
m_1	尽可能把批判定为不合格的平均值的界限

(续)

符号	含义
m_3	中位数分布的系数
N	批的大小，总体的大小
	测量值的总数
$N(0, 1^2)$	标准正态分布
$N(\mu, \sigma^2)$	平均值为 μ，方差为 σ^2 的正态分布
n	样本或组的大小
n_e	有效重复数
np	在样品数为 n 的样本中检出的不合格品数
P	总体不合格率
	概率
$P(\cdots)$	……的概率
PCI（Cp）	过程能力的指数
p	样本不合格品率
	批不合格品率（抽样检验）
p_0	尽可能把批判定为合格的不合格品率的上限
p_1	尽可能把批判定为不合格的不合格品率的上限
R（Rs）	范围，移动范围
r	样本中不合格品数
	样本的相关系数
	试验的重复数
S	最小值
	平方和
$S(xx)$	x 的平方和
$S(xy)$	x 与 y 的乘积之和
s	样本标准差或不偏方差的平方根$\sqrt{V}$
s^2	样本的方差或不偏方差 V
T	数据值之和

(续)

符号	含义
t_0	根据样本计算的 t 值
$t_{1-\frac{\alpha}{2}}(\nu)$	自由度为 ν 的 t 分布上侧概率 $\frac{\alpha}{2}$（下侧概率 $1-\frac{\alpha}{2}$）的分位点
u	变换后数据的分组代表值（频数分布表）
	单位不合格品数
	标准正态分布的统计量（正态偏差）
u_0	利用样本计算的标准正态分布的偏差值
$u_{1-\frac{\alpha}{2}}$	标准正态分布上侧概率 $\frac{\alpha}{2}$（下侧概率 $1-\frac{\alpha}{2}$）的分位点
$\sqrt{V}$	标准差，不偏方差的平方根
$V(\cdots)$	……的方差
V	（不偏）方差
X, Y	测量值 x、y 变换后的值
X_U, X_L	判定合格的上限值，判定合格的下限值
$\overline{X}$	样本的平均值
$\overline{\overline{X}}$	样本平均值的平均值
x, y	测量值
z_r	z 变换后的样本的相关系数
α	第一类错误的概率
	显著性水平
	生产者风险
	数据中因子 A 的效果
β	第二类错误的概率
	消费者风险
	数据中因子 B 的效果
δ	2 组数据的总体均值之差
μ	总体平均
$\hat{\mu}$	总体平均的估计值
ν	自由度

(续)

符号	含义
ρ	总体相关系数
Σ	求和符号
σ	总体标准差
σ^2	总体方差
$\hat{\sigma}$	总体标准差的估计值
χ_0^2	利用样本计算的卡方值
$\chi_{1-\alpha}^2(\nu)$	自由度为 ν 的卡方分布的上侧概率 α（下侧概率 $1-\alpha$）的分位点

附录 C 附 表

附表 1 正态分布表 (1)

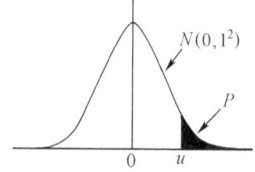

由 u 求 P 的表
(u：正态分布上侧概率 P 的分位点)

u	*=0	1	2	3	4	5	6	7	8	9
0.0*	.5000	.4960	.4920	.4880	.4840	.4801	.4761	.4721	.4681	.4641
0.1*	.4602	.4562	.4522	.4483	.4443	.4404	.4364	.4325	.4286	.4247
0.2*	.4207	.4168	.4129	.4090	.4052	.4013	.3974	.3936	.3897	.3859
0.3*	.3821	.3783	.3745	.3707	.3669	.3632	.3594	.3557	.3520	.3483
0.4*	.3446	.3409	.3372	.3336	.3300	.3264	.3228	.3192	.3156	.3121
0.5*	.3085	.3050	.3015	.2981	.2946	.2912	.2877	.2843	.2810	.2776
0.6*	.2743	.2709	.2676	.2643	.2611	.2578	.2546	.2514	.2483	.2451
0.7*	.2420	.2389	.2358	.2327	.2296	.2266	.2236	.2206	.2177	.2148
0.8*	.2119	.2090	.2061	.2033	.2005	.1977	.1949	.1922	.1894	.1867
0.9*	.1841	.1814	.1788	.1762	.1736	.1711	.1685	.1660	.1635	.1611
1.0*	.1587	.1562	.1539	.1515	.1492	.1469	.1446	.1423	.1401	.1379

(续)

u	*=0	1	2	3	4	5	6	7	8	9
1.1*	.1357	.1335	.1314	.1292	.1271	.1251	.1230	.1210	.1190	.1170
1.2*	.1151	.1131	.1112	.1093	.1075	.1056	.1038	.1020	.1003	.0985
1.3*	.0968	.0951	.0934	.0918	.0901	.0885	.0869	.0853	.0838	.0823
1.4*	.0808	.0793	.0778	.0764	.0749	.0735	.0721	.0708	.0694	.0681
1.5*	.0668	.0655	.0643	.0630	.0618	.0606	.0594	.0582	.0571	.0559
1.6*	.0548	.0537	.0526	.0516	.0505	.0495	.0485	.0475	.0465	.0455
1.7*	.0446	.0436	.0427	.0418	.0409	.0401	.0392	.0384	.0375	.0367
1.8*	.0359	.0351	.0344	.0336	.0329	.0322	.0314	.0307	.0301	.0294
1.9*	.0287	.0281	.0274	.0268	.0262	.0256	.0250	.0244	.0239	.0233
2.0*	.0228	.0222	.0217	.0212	.0207	.0202	.0197	.0192	.0188	.0183
2.1*	.0179	.0174	.0170	.0166	.0162	.0158	.0154	.0150	.0146	.0143
2.2*	.0139	.0136	.0132	.0129	.0125	.0122	.0119	.0116	.0113	.0110
2.3*	.0107	.0104	.0102	.0099	.0096	.0094	.0091	.0089	.0087	.0084
2.4*	.0082	.0080	.0078	.0075	.0073	.0071	.0069	.0068	.0066	.0064
2.5*	.0062	.0060	.0059	.0057	.0055	.0054	.0052	.0051	.0049	.0048
2.6*	.0047	.0045	.0044	.0043	.0041	.0040	.0039	.0038	.0037	.0036
2.7*	.0035	.0034	.0033	.0032	.0031	.0030	.0029	.0028	.0027	.0026
2.8*	.0026	.0025	.0024	.0023	.0023	.0022	.0021	.0021	.0020	.0019
2.9*	.0019	.0018	.0018	.0017	.0016	.0016	.0015	.0015	.0014	.0014
3.0*	.0013	.0013	.0013	.0012	.0012	.0011	.0011	.0011	.0010	.0010

例：对应于 $u=1.96$ 的 P 值为 $1.9*$ 的行和 $*=6$ 的列的交点值 .0250。

附表2 正态分布表（2）

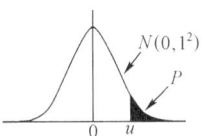

具有代表性的 u 与 P 的关系

u	P
0.6745	.25
1.0000	.15866
1.2816	.10
1.6449	.05
1.9600	.025
2.0000	.02275
2.3263	.010
2.5758	.005
3.0000	.00135
3.0902	.001

附表3　t 分布表

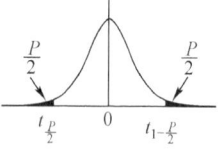

$\nu, P \to t$

由自由度 ν 与双侧概率 P（单侧概率 $P/2$）求 t 的表

ν \ P / $1-\frac{P}{2}$	0.20 / 0.90	0.10 / 0.95	0.05 / 0.975	0.02 / 0.99	0.01 / 0.995	0.001 / 0.9995	ν
1	3.078	6.134	12.706	31.821	63.657	636.619	1
2	1.886	2.920	4.303	6.965	9.925	31.599	2
3	1.638	2.353	3.182	4.541	5.841	12.924	3
4	1.533	2.132	2.776	3.747	4.604	8.610	4
5	1.476	2.015	2.571	3.365	4.032	6.869	5
6	1.440	1.943	2.447	3.143	3.707	5.959	6
7	1.415	1.895	2.365	2.998	3.499	5.408	7
8	1.397	1.860	2.306	2.896	3.355	5.041	8
9	1.383	1.833	2.262	2.821	3.250	4.781	9
10	1.372	1.812	2.228	2.764	3.169	4.587	10
11	1.363	1.796	2.201	2.718	3.106	4.437	11
12	1.356	1.782	2.179	2.681	3.055	4.318	12
13	1.350	1.771	2.160	2.650	3.012	4.221	13
14	1.345	1.761	2.145	2.624	2.977	4.140	14
15	1.341	1.753	2.131	2.602	2.947	4.073	15
16	1.337	1.746	2.120	2.583	2.921	4.015	16
17	1.333	1.740	2.110	2.567	2.898	3.965	17
18	1.330	1.734	2.101	2.552	2.878	3.922	18
19	1.328	1.729	2.093	2.539	2.861	3.883	19
20	1.325	1.725	2.086	2.528	2.845	3.850	20
21	1.323	1.721	2.080	2.518	2.831	3.819	21
22	1.321	1.717	2.074	2.508	2.819	3.792	22
23	1.319	1.714	2.069	2.500	2.807	3.768	23
24	1.318	1.711	2.064	2.492	2.797	3.745	24
25	1.316	1.708	2.060	2.485	2.787	3.725	25

(续)

P	0.20	0.10	0.05	0.02	0.01	0.001	P
$1-\dfrac{P}{2}$	0.90	0.95	0.975	0.99	0.995	0.9995	$1-\dfrac{P}{2}$
ν							ν
26	1.315	1.706	2.056	2.479	2.779	3.707	26
27	1.314	1.703	2.052	2.473	2.771	3.690	27
28	1.313	1.701	2.048	2.467	2.763	3.674	28
29	1.311	1.699	2.045	2.462	2.756	3.659	29
30	1.310	1.697	2.042	2.457	2.750	3.646	30
40	1.303	1.684	2.021	2.423	2.704	3.551	40
60	1.296	1.671	2.000	2.390	2.660	3.460	60
120	1.289	1.658	1.980	2.358	2.617	3.373	120
∞	1.282	1.645	1.960	2.326	2.576	3.291	∞

例：对应于 $\nu=5$、$P=0.05$ 的 t 值等于 2.571。这表示服从自由度为 5 的 t 分布的概率变量其绝对值大于 2.571 的概率为 0.05。上侧概率（或下侧概率）为 0.025。

附表4 χ^2 分布表

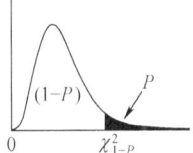

$\nu,\ P \rightarrow \chi^2$
由自由度 ν 与上侧概率 P（单侧概率 $(1-P)$）的 χ^2 表

P	.99	.975	.95	.90	.10	.05	.025	.01	.005	P
$1-P$	.01	.25	.05	.10	.90	.95	.975	.99	.995	$1-P$
ν										ν
1	0.0³157	0.0³982	0.0²393	0.0158	2.71	3.84	5.02	6.63	7.88	1
2	0.0201	0.0506	0.103	0.211	4.61	5.99	7.38	9.21	10.60	2
3	0.115	0.216	0.352	0.584	6.25	7.81	9.35	11.34	12.84	3
4	0.297	0.484	0.711	1.064	7.78	9.49	11.14	13.28	14.86	4
5	0.554	0.831	1.145	1.610	9.24	11.07	12.83	15.09	16.75	5
6	0.872	1.237	1.635	2.20	10.64	12.59	14.45	16.81	18.55	6
7	1.239	1.690	2.17	2.83	12.02	14.07	16.01	18.48	20.3	7
8	1.646	2.18	2.73	3.49	13.36	15.51	17.53	20.1	22.0	8
9	2.09	2.70	3.33	4.17	14.68	16.92	19.02	21.7	23.6	9
10	2.56	3.25	3.94	4.87	15.99	18.31	20.5	23.2	25.2	10

(续)

P	.99	.975	.95	.90	.10	.05	.025	.01	.005	P
1−P ν	.01	.25	.05	.10	.90	.95	.975	.99	.995	1−P ν
11	3.05	3.82	4.57	5.58	17.28	19.68	21.9	24.7	26.8	11
12	3.57	4.40	5.23	6.30	18.55	21.0	23.3	26.2	28.3	12
13	4.11	5.01	5.89	7.04	19.81	22.4	24.7	27.7	29.8	13
14	4.66	5.63	6.57	7.79	21.1	23.7	26.1	29.1	31.3	14
15	5.23	6.26	7.26	8.55	22.3	25.0	27.5	30.6	32.8	15
16	5.81	6.91	7.96	9.31	23.5	26.3	28.8	32.0	34.3	16
17	6.41	7.56	8.67	10.09	24.8	27.6	30.2	33.4	35.7	17
18	7.01	8.23	9.39	10.86	26.0	28.9	31.5	34.8	37.2	18
19	7.63	8.91	10.12	11.65	27.2	30.1	32.9	36.2	38.6	19
20	8.26	9.59	10.85	12.44	28.4	31.4	34.2	37.6	40.0	20
21	8.90	10.28	11.59	13.24	29.6	32.7	35.5	38.9	41.4	21
22	9.54	10.98	12.34	14.04	30.8	33.9	36.8	40.3	42.8	22
23	10.20	11.69	13.09	14.85	32.0	35.2	38.1	41.6	44.2	23
24	10.86	12.40	13.85	15.66	33.2	36.4	39.4	43.0	45.6	24
25	11.52	13.12	14.61	16.47	34.4	37.7	40.6	44.3	46.9	25
26	12.20	13.84	15.38	17.29	35.6	38.9	41.9	45.6	48.3	26
27	12.88	14.57	16.15	18.11	36.7	40.1	43.2	47.0	49.6	27
28	13.56	15.31	16.93	18.94	37.9	41.3	44.5	48.3	51.0	28
29	14.26	16.05	17.71	19.77	39.1	42.6	45.7	49.6	52.3	29
30	14.95	16.79	18.49	20.6	40.3	43.8	47.0	50.9	53.7	30
40	22.2	24.4	26.5	29.1	51.8	55.8	59.3	63.7	66.8	40
50	29.7	32.4	34.8	37.7	63.2	67.5	71.4	76.2	79.5	50
60	37.5	40.5	43.2	46.5	74.4	79.1	83.3	88.4	92.0	60
70	45.4	48.8	51.7	55.3	85.5	90.5	95.0	100.4	104.2	70
80	53.5	57.2	60.4	64.3	96.6	101.9	106.6	112.3	116.3	80
90	61.8	65.6	69.1	73.3	107.6	113.1	118.1	124.1	128.3	90
100	70.1	74.2	77.9	82.4	118.5	124.3	129.6	135.8	140.2	100
y_P	−2.33	−1.96	−1.64	−1.28	1.282	1.645	1.960	2.33	2.58	y_P

例：对应于 $\nu=5$、$P=0.05$ 的 χ^2 值等于 11.07。这表示服从自由度为 5 的 χ^2 分布的概率变量其值大于 11.07 的概率为 0.05（小于 11.07 的概率为 0.95），$(\chi^2_{0.95}(5)=11.07)$。

（自由度较大时，χ^2 的近似公式：$\chi^2_{1-P(\nu)}=\dfrac{1}{2}(y_P+\sqrt{2\nu-1})^2$）

附表 5 F 分布表（5%，1%）

$$\boxed{F_{1-P}(\nu_1,\nu_2)} \qquad P=\begin{cases}0.05\cdots\text{白体字}\\ \textbf{0.01}\cdots\textbf{黑体字}\end{cases}$$

求自由度为 ν_1,ν_2 的 F 分布上侧概率 0.05 与 0.01 的 F 值的表（白体字为 0.05，**黑体字为 0.01**）

ν_1 \ ν_2	1	2	3	4	5	6	7	8	9	10	12	15	20	24	30	40	60	120	∞
1	161.	200.	216.	225.	230.	234.	237.	239.	241.	242.	244.	246.	248.	249.	250.	251.	252.	253.	254.
	4052.	**5000.**	**5403.**	**5625.**	**5764.**	**5859.**	**5928.**	**5981.**	**6022.**	**6056.**	**6106.**	**6157.**	**6209.**	**6235.**	**6261.**	**6287.**	**6313.**	**6339.**	**6366.**
2	18.5	19.0	19.2	19.2	19.3	19.3	19.4	19.4	19.4	19.4	19.4	19.4	19.4	19.5	19.5	19.5	19.5	19.5	19.5
	98.5	**99.0**	**99.2**	**99.2**	**99.3**	**99.3**	**99.4**	**99.4**	**99.4**	**99.4**	**99.4**	**99.4**	**99.4**	**99.5**	**99.5**	**99.5**	**99.5**	**99.5**	**99.5**
3	10.1	9.55	9.28	9.12	9.01	8.94	8.89	8.85	8.81	8.79	8.74	8.70	8.66	8.64	8.62	8.59	8.57	8.55	8.53
	34.1	**30.8**	**29.5**	**28.7**	**28.2**	**27.9**	**27.7**	**27.5**	**27.3**	**27.2**	**27.1**	**26.9**	**26.7**	**26.6**	**26.5**	**26.4**	**26.3**	**26.2**	**26.1**
4	7.71	6.94	6.59	6.39	6.26	6.16	6.09	6.04	6.00	5.96	5.91	5.86	5.80	5.77	5.75	5.72	5.69	5.66	5.63
	21.2	**18.0**	**16.7**	**16.0**	**15.5**	**15.2**	**15.0**	**14.8**	**14.7**	**14.5**	**14.4**	**14.2**	**14.0**	**13.9**	**13.8**	**13.7**	**13.7**	**13.6**	**13.5**
5	6.61	5.79	5.41	5.19	5.05	4.95	4.88	4.82	4.77	4.74	4.68	4.62	4.56	4.53	4.50	4.46	4.43	4.40	4.36
	16.3	**13.3**	**12.1**	**11.4**	**11.0**	**10.7**	**10.5**	**10.3**	**10.2**	**10.1**	**9.89**	**9.72**	**9.55**	**9.47**	**9.38**	**9.29**	**9.20**	**9.11**	**9.02**

（续）

v_2 \ v_1	1	2	3	4	5	6	7	8	9	10	12	15	20	24	30	40	60	120	∞
6	5.99	5.14	4.76	4.53	4.39	4.28	4.21	4.15	4.10	4.06	4.00	3.94	3.87	3.84	3.81	3.77	3.74	3.70	3.67
	13.7	10.9	9.78	9.15	8.75	8.47	8.26	8.10	7.98	7.87	7.72	7.56	7.40	7.31	7.23	7.14	7.06	6.97	6.88
7	5.59	4.74	4.35	4.12	3.97	3.87	3.79	3.73	3.68	3.64	3.57	3.51	3.44	3.41	3.38	3.34	3.30	3.27	3.23
	12.2	9.55	8.45	7.85	7.46	7.19	6.99	6.84	6.72	6.62	6.47	6.31	6.16	6.07	5.99	5.91	5.82	5.74	5.65
8	5.32	4.46	4.07	3.84	3.69	3.58	3.50	3.44	3.39	3.35	3.28	3.22	3.15	3.12	3.08	3.04	3.01	2.97	2.93
	11.3	8.65	7.59	7.01	6.63	6.37	6.18	6.03	5.91	5.81	5.67	5.52	5.36	5.28	5.20	5.12	5.03	4.95	4.86
9	5.12	4.26	3.86	3.63	3.48	3.37	3.29	3.23	3.18	3.14	3.07	3.01	2.94	2.90	2.86	2.83	2.79	2.75	2.71
	10.6	8.02	6.99	6.42	6.06	5.80	5.61	5.47	5.35	5.26	5.11	4.96	4.81	4.73	4.65	4.57	4.48	4.40	4.31
10	4.96	4.10	3.71	3.48	3.33	3.22	3.14	3.07	3.02	2.98	2.91	2.85	2.77	2.74	2.70	2.66	2.62	2.58	2.54
	10.0	7.56	6.55	5.99	5.64	5.39	5.20	5.06	4.94	4.85	4.71	4.56	4.41	4.33	4.25	4.17	4.08	4.00	3.91
11	4.84	3.98	3.59	3.36	3.20	3.09	3.01	2.95	2.90	2.85	2.79	2.72	2.65	2.61	2.57	2.53	2.49	2.45	2.40
	9.65	7.21	6.22	5.67	5.32	5.07	4.89	4.74	4.63	4.54	4.40	4.25	4.10	4.02	3.94	3.86	3.78	3.69	3.60
12	4.75	3.89	3.49	3.26	3.11	3.00	2.91	2.85	2.80	2.75	2.69	2.62	2.54	2.51	2.47	2.43	2.38	2.34	2.30
	9.33	6.93	5.95	5.41	5.06	4.82	4.64	4.50	4.39	4.30	4.16	4.01	3.86	3.78	3.70	3.62	3.54	3.45	3.36
13	4.67	3.81	3.41	3.18	3.03	2.92	2.83	2.77	2.71	2.67	2.60	2.53	2.46	2.42	2.38	2.34	2.30	2.25	2.21
	9.07	6.70	5.74	5.21	4.86	4.62	4.44	4.30	4.19	4.10	3.96	3.82	3.66	3.59	3.51	3.43	3.34	3.25	3.17
14	4.60	3.74	3.34	3.11	2.96	2.85	2.76	2.70	2.65	2.60	2.53	2.46	2.39	2.35	2.31	2.27	2.22	2.18	2.13
	8.86	6.51	5.56	5.04	4.69	4.46	4.28	4.14	4.03	3.94	3.80	3.66	3.51	3.43	3.35	3.27	3.18	3.09	3.00
15	4.54	3.68	3.29	3.06	2.90	2.79	2.71	2.64	2.59	2.54	2.48	2.40	2.33	2.29	2.25	2.20	2.16	2.11	2.07
	8.68	6.36	5.42	4.89	4.56	4.32	4.14	4.00	3.89	3.80	3.67	3.52	3.37	3.29	3.21	3.13	3.05	2.96	2.87

（续）

v_2 \ v_1	1	2	3	4	5	6	7	8	9	10	12	15	20	24	30	40	60	120	∞
16	4.49	3.63	3.24	3.01	2.85	2.74	2.66	2.59	2.54	2.49	2.42	2.35	2.28	2.24	2.19	2.15	2.11	2.06	2.01
	8.53	**6.23**	**5.29**	**4.77**	**4.44**	**4.20**	**4.03**	**3.89**	**3.78**	**3.69**	**3.55**	**3.41**	**3.26**	**3.18**	**3.10**	**3.02**	**2.93**	**2.84**	**2.75**
17	4.45	3.59	3.20	2.96	2.81	2.70	2.61	2.55	2.49	2.45	2.38	2.31	2.23	2.19	2.15	2.10	2.06	2.01	1.96
	8.40	**6.11**	**5.18**	**4.67**	**4.34**	**4.10**	**3.93**	**3.79**	**3.68**	**3.59**	**3.46**	**3.31**	**3.16**	**3.08**	**3.00**	**2.92**	**2.83**	**2.75**	**2.65**
18	4.41	3.55	3.16	2.93	2.77	2.66	2.58	2.51	2.46	2.41	2.34	2.27	2.19	2.15	2.11	2.06	2.02	1.97	1.92
	8.29	**6.01**	**5.09**	**4.58**	**4.25**	**4.01**	**3.84**	**3.71**	**3.60**	**3.51**	**3.37**	**3.23**	**3.08**	**3.00**	**2.92**	**2.84**	**2.75**	**2.66**	**2.57**
19	4.38	3.52	3.13	2.90	2.74	2.63	2.54	2.48	2.42	2.38	2.31	2.23	2.16	2.11	2.07	2.03	1.98	1.93	1.88
	8.18	**5.93**	**5.01**	**4.50**	**4.17**	**3.94**	**3.77**	**3.63**	**3.52**	**3.43**	**3.30**	**3.15**	**3.00**	**2.92**	**2.84**	**2.76**	**2.67**	**2.58**	**2.49**
20	4.35	3.49	3.10	2.87	2.71	2.60	2.51	2.45	2.39	2.35	2.28	2.20	2.12	2.08	2.04	1.99	1.95	1.90	1.84
	8.10	**5.85**	**4.94**	**4.43**	**4.10**	**3.87**	**3.70**	**3.56**	**3.46**	**3.37**	**3.23**	**3.09**	**2.94**	**2.86**	**2.78**	**2.69**	**2.61**	**2.52**	**2.42**
21	4.32	3.47	3.07	2.84	2.68	2.57	2.49	2.42	2.37	2.32	2.25	2.18	2.10	2.05	2.01	1.96	1.92	1.87	1.81
	8.02	**5.78**	**4.87**	**4.37**	**4.04**	**3.81**	**3.64**	**3.51**	**3.40**	**3.31**	**3.17**	**3.03**	**2.88**	**2.80**	**2.72**	**2.64**	**2.55**	**2.46**	**2.36**
22	4.30	3.44	3.05	2.82	2.66	2.55	2.46	2.40	2.34	2.30	2.23	2.15	2.07	2.03	1.98	1.94	1.89	1.84	1.78
	7.95	**5.72**	**4.82**	**4.31**	**3.99**	**3.76**	**3.59**	**3.45**	**3.35**	**3.26**	**3.12**	**2.98**	**2.83**	**2.75**	**2.67**	**2.58**	**2.50**	**2.40**	**2.31**
23	4.28	3.42	3.03	2.80	2.64	2.53	2.44	2.37	2.32	2.27	2.20	2.13	2.05	2.01	1.96	1.91	1.86	1.81	1.76
	7.88	**5.66**	**4.76**	**4.26**	**3.94**	**3.71**	**3.54**	**3.41**	**3.30**	**3.21**	**3.07**	**2.93**	**2.78**	**2.70**	**2.62**	**2.54**	**2.45**	**2.35**	**2.26**
24	4.26	3.40	3.01	2.78	2.62	2.51	2.42	2.36	2.30	2.25	2.18	2.11	2.03	1.98	1.94	1.89	1.84	1.79	1.73
	7.82	**5.61**	**4.72**	**4.22**	**3.90**	**3.67**	**3.50**	**3.36**	**3.26**	**3.17**	**3.03**	**2.89**	**2.74**	**2.66**	**2.58**	**2.49**	**2.40**	**2.31**	**2.21**
25	4.24	3.39	2.99	2.76	2.60	2.49	2.40	2.34	2.28	2.24	2.16	2.09	2.01	1.96	1.92	1.87	1.82	1.77	1.71
	7.77	**5.57**	**4.68**	**4.18**	**3.85**	**3.63**	**3.46**	**3.32**	**3.22**	**3.13**	**2.99**	**2.85**	**2.70**	**2.62**	**2.54**	**2.45**	**2.36**	**2.27**	**2.17**

（续）

v_2 \ v_1	1	2	3	4	5	6	7	8	9	10	12	15	20	24	30	40	60	120	∞
26	4.23	3.37	2.98	2.74	2.59	2.47	2.39	2.32	2.27	2.22	2.15	2.07	1.99	1.95	1.90	1.85	1.80	1.75	1.69
	7.72	**5.53**	**4.64**	**4.14**	**3.82**	**3.59**	**3.42**	**3.29**	**3.18**	**3.09**	**2.96**	**2.81**	**2.66**	**2.58**	**2.50**	**2.42**	**2.33**	**2.23**	**2.13**
27	4.21	3.35	2.96	2.73	2.57	2.46	2.37	2.31	2.25	2.20	2.13	2.06	1.97	1.93	1.88	1.84	1.79	1.73	1.67
	7.68	**5.49**	**4.60**	**4.11**	**3.78**	**3.56**	**3.39**	**3.26**	**3.15**	**3.06**	**2.93**	**2.78**	**2.63**	**2.55**	**2.47**	**2.38**	**2.29**	**2.20**	**2.10**
28	4.20	3.34	2.95	2.71	2.56	2.45	2.36	2.29	2.24	2.19	2.12	2.04	1.96	1.91	1.87	1.82	1.77	1.71	1.65
	7.64	**5.45**	**4.57**	**4.07**	**3.75**	**3.53**	**3.36**	**3.23**	**3.12**	**3.03**	**2.90**	**2.75**	**2.60**	**2.52**	**2.44**	**2.35**	**2.26**	**2.17**	**2.06**
29	4.18	3.33	2.93	2.70	2.55	2.43	2.35	2.28	2.22	2.18	2.10	2.03	1.94	1.90	1.85	1.81	1.75	1.70	1.64
	7.60	**5.42**	**4.54**	**4.04**	**3.73**	**3.50**	**3.33**	**3.20**	**3.09**	**3.00**	**2.87**	**2.73**	**2.57**	**2.49**	**2.41**	**2.33**	**2.23**	**2.14**	**2.03**
30	4.17	3.32	2.92	2.69	2.53	2.42	2.33	2.27	2.21	2.16	2.09	2.01	1.93	1.89	1.84	1.79	1.74	1.68	1.62
	7.56	**5.39**	**4.51**	**4.02**	**3.70**	**3.47**	**3.30**	**3.17**	**3.07**	**2.98**	**2.84**	**2.70**	**2.55**	**2.47**	**2.39**	**2.30**	**2.21**	**2.11**	**2.01**
40	4.08	3.23	2.84	2.61	2.45	2.34	2.25	2.18	2.12	2.08	2.00	1.92	1.84	1.79	1.74	1.69	1.64	1.58	1.51
	7.31	**5.18**	**4.31**	**3.83**	**3.51**	**3.29**	**3.12**	**2.99**	**2.89**	**2.80**	**2.66**	**2.52**	**2.37**	**2.29**	**2.20**	**2.11**	**2.02**	**1.92**	**1.80**
60	4.00	3.15	2.76	2.53	2.37	2.25	2.17	2.10	2.04	1.99	1.92	1.84	1.75	1.70	1.65	1.59	1.53	1.47	1.39
	7.08	**4.98**	**4.13**	**3.65**	**3.34**	**3.12**	**2.95**	**2.82**	**2.72**	**2.63**	**2.50**	**2.35**	**2.20**	**2.12**	**2.03**	**1.94**	**1.84**	**1.73**	**1.60**
120	3.92	3.07	2.68	2.45	2.29	2.18	2.09	2.02	1.96	1.91	1.83	1.75	1.66	1.61	1.55	1.50	1.43	1.35	1.25
	6.85	**4.79**	**3.95**	**3.48**	**3.17**	**2.96**	**2.79**	**2.66**	**2.56**	**2.47**	**2.34**	**2.19**	**2.03**	**1.95**	**1.86**	**1.76**	**1.66**	**1.53**	**1.38**
∞	3.84	3.00	2.60	2.37	2.21	2.10	2.01	1.94	1.88	1.83	1.75	1.67	1.57	1.52	1.46	1.39	1.32	1.22	1.00
	6.63	**4.61**	**3.78**	**3.32**	**3.02**	**2.80**	**2.64**	**2.51**	**2.41**	**2.32**	**2.18**	**2.04**	**1.88**	**1.79**	**1.70**	**1.59**	**1.47**	**1.32**	**1.00**

例：自由度 $\nu_1=2, \nu_2=10$ 的 F 分布上侧概率 0.05 分位点为 4.10 ($F_{0.95}(2,10)=4.10$), 0.01 的分位点为 7.56 ($F_{0.99}(2,10)=7.56$)。

附表 6 F 分布表 (0.5%)

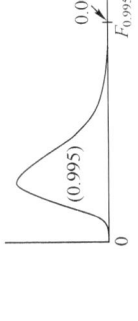

$\boxed{F_{1-P}(\nu_1,\nu_2)}\quad P=0.005$

求自由度为 ν_1, ν_2 的 F 分布上侧概率 0.005 的 F 值的表

ν_1 \ ν_2	1	2	3	4	5	6	7	8	9	10	12	15	20	24	30	40	60	120	∞
1	199.	199.	199.	199.	199.	199.	199.	199.	199.	199.	199.	199.	199.	199.	199.	199.	199.	199.	200.
2	55.6	49.8	47.5	46.2	45.4	44.8	44.4	44.1	43.9	43.7	43.4	43.1	42.8	42.6	42.5	42.3	42.1	42.0	41.8
3	31.3	26.3	24.3	23.2	22.5	22.0	21.6	21.4	21.1	21.0	20.7	20.4	20.2	20.0	19.9	19.8	19.6	19.5	19.3
4	22.8	18.3	16.5	15.6	14.9	14.5	14.2	14.0	13.8	13.6	13.4	13.1	12.9	12.8	12.7	12.5	12.4	12.3	12.1
5	18.6	14.5	12.9	12.0	11.5	11.1	10.8	10.6	10.4	10.3	10.0	9.81	9.59	9.47	9.36	9.24	9.12	9.00	8.88
6	16.2	12.4	10.9	10.1	9.52	9.16	8.89	8.68	8.51	8.38	8.18	7.97	7.75	7.64	7.53	7.42	7.31	7.19	7.08
7	14.7	11.0	9.60	8.81	8.30	7.95	7.69	7.50	7.34	7.21	7.01	6.81	6.61	6.50	6.40	6.29	6.18	6.06	5.95
8	13.6	10.1	8.72	7.96	7.47	7.13	6.88	6.69	6.54	6.42	6.23	6.03	5.83	5.73	5.62	5.52	5.41	5.30	5.19
9	12.8	9.43	8.08	7.34	6.87	6.54	6.30	6.12	5.97	5.85	5.66	5.47	5.27	5.17	5.07	4.97	4.86	4.75	4.64
10	12.2	8.91	7.60	6.88	6.42	6.10	5.86	5.68	5.54	5.42	5.24	5.05	4.86	4.76	4.65	4.55	4.44	4.34	4.23
11	11.8	8.51	7.23	6.52	6.07	5.76	5.52	5.35	5.20	5.09	4.91	4.72	4.53	4.43	4.33	4.23	4.12	4.01	3.90
12	11.4	8.19	6.93	6.23	5.79	5.48	5.25	5.08	4.94	4.82	4.64	4.46	4.27	4.17	4.07	3.97	3.87	3.76	3.65
13	11.1	7.92	6.68	6.00	5.56	5.26	5.03	4.86	4.72	4.60	4.43	4.25	4.06	3.96	3.86	3.76	3.66	3.55	3.44
14	10.8	7.70	6.48	5.80	5.37	5.07	4.85	4.67	4.54	4.42	4.25	4.07	3.88	3.79	3.69	3.58	3.48	3.37	3.26

(续)

v_2 \ v_1	1	2	3	4	5	6	7	8	9	10	12	15	20	24	30	40	60	120	∞
16	10.6	7.51	6.30	5.64	5.21	4.91	4.69	4.52	4.38	4.27	4.10	3.92	3.73	3.64	3.54	3.44	3.33	3.22	3.11
17	10.4	7.35	6.16	5.50	5.07	4.78	4.56	4.39	4.25	4.14	3.97	3.79	3.61	3.51	3.41	3.31	3.21	3.10	2.98
18	10.2	7.21	6.03	5.37	4.96	4.66	4.44	4.28	4.14	4.03	3.86	3.68	3.50	3.40	3.30	3.20	3.10	2.99	2.87
19	10.1	7.09	5.92	5.27	4.85	4.56	4.34	4.18	4.04	3.93	3.76	3.59	3.40	3.31	3.21	3.11	3.00	2.89	2.78
20	9.94	6.99	5.82	5.17	4.76	4.47	4.26	4.09	3.96	3.85	3.68	3.50	3.32	3.22	3.12	3.02	2.92	2.81	2.69
21	9.83	6.89	5.73	5.09	4.68	4.39	4.18	4.01	3.88	3.77	3.60	3.43	3.24	3.15	3.05	2.95	2.84	2.73	2.61
22	9.73	6.81	5.65	5.02	4.61	4.32	4.11	3.94	3.81	3.70	3.54	3.36	3.18	3.08	2.98	2.88	2.77	2.66	2.55
23	9.63	6.73	5.58	4.95	4.54	4.26	4.05	3.88	3.75	3.64	3.47	3.30	3.12	3.02	2.92	2.82	2.71	2.60	2.48
24	9.55	6.66	5.52	4.89	4.49	4.20	3.99	3.83	3.69	3.59	3.42	3.25	3.06	2.97	2.87	2.77	2.66	2.55	2.43
25	9.48	6.60	5.46	4.84	4.43	4.15	3.94	3.78	3.64	3.54	3.37	3.20	3.01	2.92	2.82	2.72	2.61	2.50	2.38
26	9.41	6.54	5.41	4.79	4.38	4.10	3.89	3.73	3.60	3.49	3.33	3.15	2.97	2.87	2.77	2.67	2.56	2.45	2.33
27	9.34	6.49	5.36	4.74	4.34	4.06	3.85	3.69	3.56	3.45	3.28	3.11	2.93	2.83	2.73	2.63	2.52	2.41	2.29
28	9.28	6.44	5.32	4.70	4.30	4.02	3.81	3.65	3.52	3.41	3.25	3.07	2.89	2.79	2.69	2.59	2.48	2.37	2.25
29	9.23	6.40	5.28	4.66	4.26	3.98	3.77	3.61	3.48	3.38	3.21	3.04	2.86	2.76	2.66	2.56	2.45	2.33	2.21
30	9.18	6.35	5.24	4.62	4.23	3.95	3.74	3.58	3.45	3.34	3.18	3.01	2.82	2.73	2.63	2.52	2.42	2.30	2.18
40	8.83	6.07	4.98	4.37	3.99	3.71	3.51	3.35	3.22	3.12	2.95	2.78	2.60	2.50	2.40	2.30	2.18	2.06	1.93
60	8.49	5.79	4.73	4.14	3.76	3.49	3.29	3.13	3.01	2.90	2.74	2.57	2.39	2.29	2.19	2.08	1.96	1.83	1.69
120	8.18	5.54	4.50	3.92	3.55	3.28	3.09	2.93	2.81	2.71	2.54	2.37	2.19	2.09	1.98	1.87	1.75	1.61	1.43
∞	7.88	5.30	4.28	3.72	3.35	3.09	2.90	2.74	2.62	2.52	2.36	2.19	2.00	1.90	1.79	1.67	1.53	1.36	1.00

附表 7 F 分布表 (2.5%)

$$F_{1-P}(\nu_1,\nu_2) \quad P=0.025$$

求自由度为 ν_1,ν_2 的 F 分布上侧概率 0.025 的 F 值的表

ν_1 \ ν_2	1	2	3	4	5	6	7	8	9	10	12	15	20	24	30	40	60	120	∞
1	648.	800.	864.	900.	922.	937.	948.	957.	963.	969.	977.	985.	993.	997.	1001.	1006.	1010.	1014.	1018.
2	38.5	39.0	39.2	39.2	39.3	39.3	39.4	39.4	39.4	39.4	39.4	39.4	39.4	39.5	39.5	39.5	39.5	39.5	39.5
3	17.4	16.0	15.4	15.1	14.9	14.7	14.6	14.5	14.5	14.4	14.3	14.3	14.2	14.1	14.1	14.0	14.0	13.9	13.9
4	12.2	10.6	9.98	9.60	9.36	9.20	9.07	8.98	8.90	8.84	8.75	8.66	8.56	8.51	8.46	8.41	8.36	8.31	8.26
5	10.0	8.43	7.76	7.39	7.15	6.98	6.85	6.76	6.68	6.62	6.52	6.43	6.33	6.28	6.23	6.18	6.12	6.07	6.02
6	8.81	7.26	6.60	6.23	5.99	5.82	5.70	5.60	5.52	5.46	5.37	5.27	5.17	5.12	5.07	5.01	4.96	4.90	4.85
7	8.07	6.54	5.89	5.52	5.29	5.12	4.99	4.90	4.82	4.76	4.67	4.57	4.47	4.42	4.36	4.31	4.25	4.20	4.14
8	7.57	6.06	5.42	5.05	4.82	4.65	4.53	4.43	4.36	4.30	4.20	4.10	4.00	3.95	3.89	3.84	3.78	3.73	3.67
9	7.21	5.71	5.08	4.72	4.48	4.32	4.20	4.10	4.03	3.96	3.87	3.77	3.67	3.61	3.56	3.51	3.45	3.39	3.33
10	6.94	5.46	4.83	4.47	4.24	4.07	3.95	3.85	3.78	3.72	3.62	3.52	3.42	3.37	3.31	3.26	3.20	3.14	3.08
11	6.72	5.26	4.63	4.28	4.04	3.88	3.76	3.66	3.59	3.53	3.43	3.33	3.23	3.17	3.12	3.06	3.00	2.94	2.88
12	6.55	5.10	4.47	4.12	3.89	3.73	3.61	3.51	3.44	3.37	3.28	3.18	3.07	3.02	2.96	2.91	2.85	2.79	2.72
13	6.41	4.97	4.35	4.00	3.77	3.60	3.48	3.39	3.31	3.25	3.15	3.05	2.95	2.89	2.84	2.78	2.72	2.66	2.60
14	6.30	4.86	4.24	3.89	3.66	3.50	3.38	3.29	3.21	3.15	3.05	2.95	2.84	2.79	2.73	2.67	2.61	2.55	2.49
15	6.20	4.77	4.15	3.80	3.58	3.41	3.29	3.20	3.12	3.06	2.96	2.86	2.76	2.70	2.64	2.59	2.52	2.46	2.40

(续)

v_2 \ v_1	1	2	3	4	5	6	7	8	9	10	12	15	20	24	30	40	60	120	∞	v_2
16	6.12	4.69	4.08	3.73	3.50	3.34	3.22	3.12	3.05	2.99	2.89	2.79	2.68	2.63	2.57	2.51	2.45	2.38	2.32	16
17	6.04	4.62	4.01	3.66	3.44	3.28	3.16	3.06	2.98	2.92	2.82	2.72	2.62	2.56	2.50	2.44	2.38	2.32	2.25	17
18	5.98	4.56	3.95	3.61	3.38	3.22	3.10	3.01	2.93	2.87	2.77	2.67	2.56	2.50	2.44	2.38	2.32	2.26	2.19	18
19	5.92	4.51	3.90	3.56	3.33	3.17	3.05	2.96	2.88	2.82	2.72	2.62	2.51	2.45	2.39	2.33	2.27	2.20	2.13	19
20	5.87	4.46	3.86	3.51	3.29	3.13	3.01	2.91	2.84	2.77	2.68	2.57	2.46	2.41	2.35	2.29	2.22	2.16	2.09	20
21	5.83	4.42	3.82	3.48	3.25	3.09	2.97	2.87	2.80	2.73	2.64	2.53	2.42	2.37	2.31	2.25	2.18	2.11	2.04	21
22	5.79	4.38	3.78	3.44	3.22	3.05	2.93	2.84	2.76	2.70	2.60	2.50	2.39	2.33	2.27	2.21	2.14	2.08	2.00	22
23	5.75	4.35	3.75	3.41	3.18	3.02	2.90	2.81	2.73	2.67	2.57	2.47	2.36	2.30	2.24	2.18	2.11	2.04	1.97	23
24	5.72	4.32	3.72	3.38	3.15	2.99	2.87	2.78	2.70	2.64	2.54	2.44	2.33	2.27	2.21	2.15	2.08	2.01	1.94	24
25	5.69	4.29	3.69	3.35	3.13	2.97	2.85	2.75	2.68	2.61	2.51	2.41	2.30	2.24	2.18	2.12	2.05	1.98	1.91	25
26	5.66	4.27	3.67	3.33	3.10	2.94	2.82	2.73	2.65	2.59	2.49	2.39	2.28	2.22	2.16	2.09	2.03	1.95	1.88	26
27	5.63	4.24	3.65	3.31	3.08	2.92	2.80	2.71	2.63	2.57	2.47	2.36	2.25	2.19	2.13	2.07	2.00	1.93	1.85	27
28	5.61	4.22	3.63	3.29	3.06	2.90	2.78	2.69	2.61	2.55	2.45	2.34	2.23	2.17	2.11	2.05	1.98	1.91	1.83	28
29	5.59	4.20	3.61	3.27	3.04	2.88	2.76	2.67	2.59	2.53	2.43	2.32	2.21	2.15	2.09	2.03	1.96	1.89	1.81	29
30	5.57	4.18	3.59	3.25	3.03	2.87	2.75	2.65	2.57	2.51	2.41	2.31	2.20	2.14	2.07	2.01	1.94	1.87	1.79	30
40	5.42	4.05	3.46	3.13	2.90	2.74	2.62	2.53	2.45	2.39	2.29	2.18	2.07	2.01	1.94	1.88	1.80	1.72	1.64	40
60	5.29	3.93	3.34	3.01	2.79	2.63	2.51	2.41	2.33	2.27	2.17	2.06	1.94	1.88	1.82	1.74	1.67	1.58	1.48	60
120	5.15	3.80	3.23	2.89	2.67	2.52	2.39	2.30	2.22	2.16	2.05	1.94	1.82	1.76	1.69	1.61	1.53	1.43	1.31	120
∞	5.02	3.69	3.12	2.79	2.57	2.41	2.29	2.19	2.11	2.05	1.94	1.83	1.71	1.64	1.57	1.48	1.39	1.27	1.00	∞
v_2 \ v_1	1	2	3	4	5	6	7	8	9	10	12	15	20	24	30	40	60	120	∞	v_2

附表 8　z 变换表

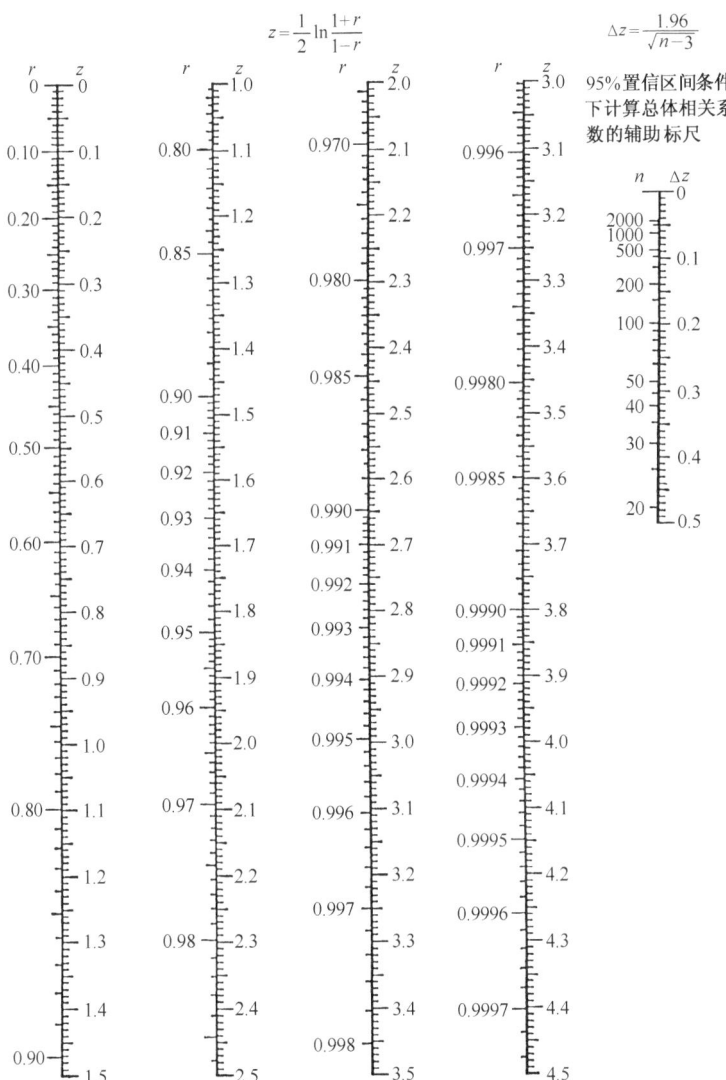

例1 z 变换：与 r = 0.68 相对应的 z 值为 0.83。

例2 逆变换：与 z = 2.0 相对应的 r 值为 0.964。

附表9　r 表

$\nu, P \rightarrow r$

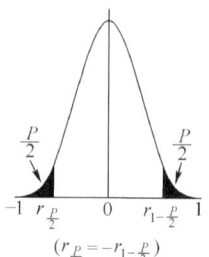

（自由度为 ν 时 r 两侧概率 P 的分位点）

ν \ P	0.10	0.05	0.02	0.01
10	.4973	.5760	.6581	.7079
11	.4762	.5529	.6339	.6835
12	.4575	.5324	.6120	.6614
13	.4409	.5140	.5923	.6411
14	.4259	.4973	.5742	.6226
15	.4124	.4821	.5577	.6055
16	.4000	.4683	.5425	.5897
17	.3887	.4555	.5285	.5751
18	.3783	.4438	.5155	.5614
19	.3687	.4329	.5034	.5487
20	.3598	.4227	.4921	.5368
25	.3233	.3809	.4451	.4869
30	.2960	.3494	.4093	.4487
35	.2746	.3246	.3810	.4182
40	.2573	.3044	.3578	.3932
50	.2306	.2732	.3218	.3542
60	.2108	.2500	.2948	.3248
70	.1954	.2319	.2737	.3017
80	.1829	.2172	.2565	.2830
90	.1726	.2050	.2422	.2673
100	.1638	.1946	.2301	.2540
近似值	$\dfrac{1.645}{\sqrt{\nu+1}}$	$\dfrac{1.960}{\sqrt{\nu+1}}$	$\dfrac{2.326}{\sqrt{\nu+2}}$	$\dfrac{2.576}{\sqrt{\nu+3}}$

例 自由度 $\nu = 20$ 时，两侧概率 0.05 分位点是 0.4227。

习 题 答 案

第一章 （略）

第二章

1. （1）计数值　（2）计数值　（3）计量值　（4）计数值　（5）计量值　（6）计数值　（7）计量值

2.

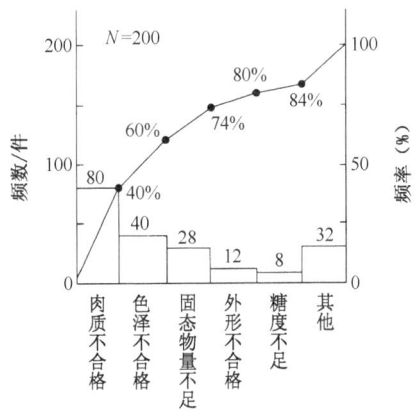

3. $\bar{x}=386.49\text{g}$，$s=4.43\text{g}$

4. （1）$\bar{x}=15.15$。（2）$Me=15.15$。（3）$S=3.115$。（4）$s^2=0.623$。（5）$s=0.789$。（6）$R=2.0$

5. 参见第七章第2题。

第三章

1. （1）二项分布：零件不合格品数，每天的出勤率，电视的收视率。

（2）泊松分布：设备的故障次数，黑板的瑕疵数，交通事故数。

(3) 正态分布：零件的尺寸，磁带的粘结强度，食品的重量。

2.

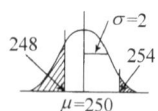

$u_1 = \dfrac{248-250}{2} = -1.0$ 下侧有 15.9% 的零件超出标准。

$u_2 = \dfrac{254-250}{2} = 2.0$ $\dfrac{\text{上侧超出标准的零件}（\%）}{\text{超出标准零件之和}（\%）} = \dfrac{2.3\%}{18.2\%}$

3. $E(\bar{x}) = \mu \to 50$，$E(S) = (n-1)\sigma^2 \to 12$，$E(s^2) = \sigma^2 \to 4$，$E(R) = d_2\sigma \to 4.1$。

4.

$u = \dfrac{51-50}{3/\sqrt{9}} = 1.0$ 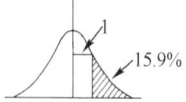 15.9%

5. (1) 假设检验：$u = \dfrac{96-100}{5/\sqrt{9}} = -2.4^*$，显著（5%）

(2) 估计：$96 \pm 1.96 \times 5/\sqrt{9} = 92.73 \sim 99.27$ 分。

第四章

1. (1) 单侧假设检验 $\bar{x} = 25.3$，$S = 140$，$|t_0| = 1.94^* > t_{0.95}(8) = 1.86$。

(2) $s^2 = 17.5$，95% 置信区间：$8.0 < \sigma^2 < 64.2$ 日^2。

(3) 95% 置信区间：$25.3 \pm 2.306 \times 4.18/\sqrt{9}$：$22.1 \sim 28.5$ 日

2. 非配对数据，$\bar{x}_A = 13.66$，$\bar{x}_B = 12.32$，$S_A = 14.06$，$S_B = 11.94$，

(1) $F_0 = 1.18$ 方差无差异。$t_0 = 2.48^*$，均值有差异（5%）。

(2) 均值之差 95% 的置信区间：$0.21 \sim 2.47$（kg/mm^2）

3. (1) 配对数据,单侧假设检验 $\bar{d} = 0.0438$,$s_d = 0.0302$。

(1) $t_0 = 4.11^{**} > t_{0.99}(7) = 2.998$,A 的厚度大于 B。

(2) A 与 B 之差的 95% 置信区间: $0.0186 \sim 0.0690$。

第五章

1. χ^2 分布、正态分布均可利用。(1) 铁路运输与公路运输之间的合格品率无差异(2 组数据不合格品率之差的假设检验: $u_0 = 0.79$)。(2) 改变包装方法使不合格品率发生了变化(减少)(总体不合格品率的假设检验: $u_0 = 2.23^*$)。(3) 新包装方法不合格品率的估计(例如利用正态分布,95% 的置信区间为 1.9~5.6%)。

2. 2×3 分割表。$\chi_0^2 = 5.93 < \chi_{0.95}^2(2) = 5.99$。因此,不能认为供应商之间的不合格品率有差异。

3. 4×3 分割表。$\chi_0^2 = 12.80^* > \chi_{0.95}^2(6) = 12.59$。因此,供应商之间原料的 X 特性是有差别的。D 企业为 Ⅰ 级,C 企业为 Ⅱ 级,A 企业为 Ⅲ 级。

4. $\chi_0^2 = 9.73^* > \chi_{0.95}^2(4) = 9.49$。因此,织机之间断丝数有差异。

5. 由符号检验可知铁板中心与周边的厚度不同,中心厚。

第六章

1. (1) × (2) × (3) × (4) √ (5) √ (6) √

2. (1) np (2) $\bar{X} - R$ (3) u (4) $X - R$ (5) p

3. (1)

组	$\bar{X}$	R
1	35.25	0.8
2	34.92	0.5
3	34.75	1.8
4	34.78	0.4

(2) $\bar{X}$ 控制图:

$\text{UCL} = \bar{\bar{X}} + A_2 \bar{R} = 34.767 + 0.729 \times 1.10 = 35.569$

$CL = \bar{\bar{X}} = 34.767$

$LCL = 34.767 - 0.729 \times 1.10 = 33.965$

R 控制图：

$UCL = D_4 \bar{R} = 2.28 \times 1.10 = 2.51$

$CL = 1.10$，LCL 不表示

4. np 控制图：

$CL = 5.95$。$UCL = 13.16$，LCL 不表示。16 日、17 日过程异常，不合格品较多。

5. np 控制图：$CL = 1.17$，$UCL = 4.41$ 或 5，LCL 不表示。10 号车体越出控制界限。

第七章

1. （1）$n = 9$，$r = 0.550$，不显著（5%）；（2）$n = 20$，$r = 0.450^*$，显著（5%）；（3）$n = 30$，$r = 0.440^*$，显著（5%）；（4）$n = 30$，$r = 0.330$，不显著（5%）；（5）$n = 50$；$r = 0.330^*$，显著（5%）。

2.

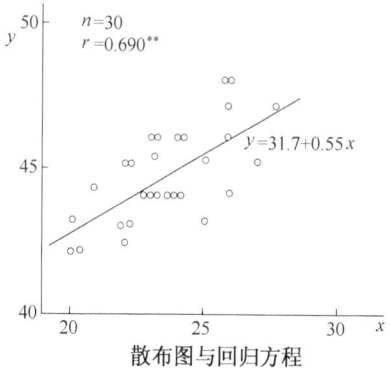

散布图与回归方程

3. （1）$r = 0.963^{**}$。（2）$0.935 \sim 0.979$。（3）$y = 16.35 + 1.15(x - 25.19)$

或 $y = 1.15x - 12.62$。

4. 显著（1%）

第八章

1.

方差分析表

原因	S	ν	V	F_0
反应温度 A	2.122	3	0.707	2.82
误差 e	2.007	8	0.251	
合计	4.129	11		

反应温度 A 不显著，原料 B 包含在误差项内。

2.

方差分析表

原因	S	ν	V	F_0
树脂浓度 A	45.3	2	22.6	5.79*
误差 e	54.8	14	3.9	
合计	100.1	16		

总体均值的点估计：$\hat{\mu}_{A1} = 70.5 \text{kg}$　$\hat{\mu}_{A2} = 73.0 \text{kg}$　$\hat{\mu}_{A3} = 74.3 \text{kg}$

95%的置信区间宽度：A_1，A_3　$n = 6$，± 1.73，A_2　$n = 5$，± 1.89。

3.

方差分析表

原因	S	ν	V	F_0
反应温度 A	212.2	3	70.7	11.17**
原料 B	18.7	2	9.35	1.48
误差 e	38.0	6	6.33	
合计	268.9	11		

总体均值的估计　　点估计　　　95%的置信区间宽度

A_1：　83.3%

A_2：　92.3%　$\Big\}\pm 3.55\%$

A_3：　89.7%

A_4：　82.3%

4.

方差分析表

原因	S	ν	V	F_0
A	70.6	3	23.5	9.07**
B	118.1	3	39.4	15.21**
$A \times B$	13.3	9	1.48	—
e	41.5	16	2.59	
合计	243.5	31		

A、B 均显著，$A \times B$ 不显著（估计时并入误差项）。

A_1：20.38　　　B_1：21.50

A_2：18.50　　　B_2：17.50 （$\times 10^{-3}$%）

A_3：17.75　　　$\underline{B_3：16.62 \pm 1.08}$

$\underline{A_4：16.25}$　　　B_4：17.25

最佳条件是 $A_4 B_3$（碳酸盐最少）。

$\mu_{A_4 B_3}$ 的估计：$\bar{x}_{4\cdot} + \bar{x}_{\cdot 3} - \bar{\bar{x}} = 14.66$

$n_e = 4.6$　　　　± 14.2　　　　（$\times 10^{-3}$%）

5.

方差分析表

原因	S	ν	V	F_0
A	161.4	1	161.4	20.83*
B	75.0	1	75.0	9.68
C	15.2	2	7.6	—
$A \times B$	3.0	1	3.0	—
$B \times C$	6.5	2	3.25	—
$C \times A$	8.1	2	4.05	—
e	15.5	2	7.75	
合计	284.7	11		

只有 A 显著（5%）。由于交互作用小，被并入误差项。此时，A、B 均显著（1%）。总体均值的点估计与区间估计值（95%）分别为：

A_1：44.0 B_1：37.8
A_2：36.7 B_2：42.8   ±2.1
最佳条件为 A_1B_2：46.5，±2.6

第九章

1. （1）×   （2）×   （3）✓   （4）×   （5）×

2. （略）

3. （1）$n=200$，$c=2$。（2）$n=150$，$c=1$。（3）$n=60$，$c=2$。

（4）由表9-3可知，$n=517$，$c=15$。

4. 由表9-4可知，$n=4$，$G_0=0.822$。因此，$\overline{X}_U = (200 + 0.822 \times 3)$ g $= 202.466$ g。

5.

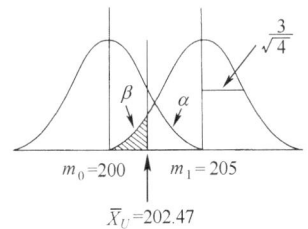

$\begin{cases} \alpha = 5.0\% \\ \beta = 4.6\% \end{cases}$ β 远远小于 10%

参考文献

品質管理一般(実施法,手法を含む)
[1] 新版品質管理便覧編集委員会編:『新版品質管理便覧第2版』,日本規格協会,1988.
[2] 朝香鐵一・石川馨編:『品質保証ガイドブック』,日科技連出版社,1974.
[3] 水野滋:『全社総合品質管理』,日科技連出版社,1984.
[4] 木暮正夫:『日本のTQC』,日科技連出版社,1988.
[5] 石川馨:『第3版 品質管理入門』,日科技連出版社,1989.
[6] 近藤良夫:『全社的品質管理』,日科技連出版社,1993.
[7] 久米均:『品質による経営』,日科技連出版社,1993.
[8] 鐵健司:『TQC その成長と将来』,日本規格協会,1993.
[9] 鐵健司:『TQMとその進め方』,日本規格協会,1999.
[10] 飯塚悦功:『ISO 9000とTQC再構築』,日科技連出版社,1995.
[11] TQM委員会編:『TQM 21世紀の総合「質」経営』,日科技連出版社,1998.
[12] QCサークル本部編:『QCサークルの基本』,日本科学技術連盟,1996.
[13] QCサークル本部編:『QCサークル活動運営の基本』,日本科学技術連盟,1997.
[14] 山田雄愛・岡本眞一・綾野克俊:『文科系のための品質管理』,日科技連出版社,1998.
[15] 大津亘:『設計技術者のための品質管理』,日科技連出版社,1989.

統計的方法に関するもの
——本書程度の内容,あるいはさらに易しく解説したもの
[1] 角田克彦・広瀬淳・市川享司:『QC手法 I』,日科技連出版社,1991.
[2] 角田克彦・広瀬淳・市川享司:『QC手法 II』,日科技連出版社,1991.
[3] 角田克彦・広瀬淳・市川享司:『QC手法 III』,日科技連出版社,1992.

［4］ 二見良治：『QC手法入門 製造編』，日科技連出版社，1988.
［5］ 永田靖：『統計的方法のしくみ』，日科技連出版社，1996.
［6］ 永田靖：『入門統計解析法』，日科技連出版社，1992.
［7］ 鐵健司編：『QC入門講座 全9巻』，日本規格協会，2000.
［8］ 草場郁郎：『パソコン統計的手法』，日科技連出版社，1998.

――専門的で本書よりレベルの高いもの
［1］ 中里博明・川崎浩二郎・平栗昇・大滝厚：『品質管理のための実験計画法テキスト 改定新版』，日科技連出版社，1993.
［2］ 永田靖：『入門実験計画法』，日科技連出版社，2000.
［3］ 楠正・辻谷将明・松本哲夫・和田武夫：『応用実験計画法』，日科技連出版社，1995.
［4］ 塩見弘・関哲朗編：『やさしい信頼性データ解析』，日科技連出版社，1998.
［5］ 奥野忠一・芳賀敏郎・久米均・吉澤正：『多変量解析法 改訂版』，日科技連出版社，1981.
［6］ 宮川雅巳：『品質を獲得する技術―タグチメソッドがもたらしたもの―』，日科技連出版社，2000.

品質管理の手法関係の JIS について

JIS Z 8101-1 : 1999	統計―用語と記号―第1部：確率及び一般統計用語.
JIS Z 8101-2 : 1999	統計―用語と記号―第2部：統計的品質管理用語.
JIS Z 8101-3 : 1999	統計―用語と記号―第3部：実験計画法.
JIS Z 9002 : 1956	計数規準型一回抜取検査（不良個数の場合）（抜取検査その2）.
JIS Z 9003 : 1979	計量規準型一回抜取検査（標準偏差既知でロットの平均値を保証する場合及び標準偏差既知でロットの不良率を保証する場合）.
JIS Z 9004 : 1983	計量規準型一回抜取検査（標準偏差未知で上限または下限規格値だけ規定した場合）.
JIS Z 9009 : 1999	計数値検査のための逐次抜取方式.
JIS Z 9010 : 1999	計量値検査のための逐次抜取方式（不適合品パーセント，標準偏差既知）.

JIS Z 9015-0:1999	計数値検査に対する抜取検査手順—第0部:JIS Z 9015抜取検査システム序論.
JIS Z 9015-1:1999	計数値検査に対する抜取検査手順—第1部:ロットごとの検査に対するAQL指標型抜取検査方式.
JIS Z 9015-2:1999	計数値検査に対する抜取検査手順—第2部:孤立ロットの検査に対するLQ指標型抜取検査方式.
JIS Z 9015-3:1999	計数値検査に対する抜取検査手順—第3部:スキップロット抜取検査手順.
JIS Z 9020:1999	管理図——一般指針.
JIS Z 9021:1998	シューハート管理図.
JIS Z 9031:1956	ランダム抜取方法.
JIS Z 9041-1:1999	データの統計的な解釈方法—第1部:データの統計的記述.
JIS Z 9041-2:1999	データの統計的な解釈方法—第2部:平均と分散に関する検定方法と推定方法.
JIS Z 9041-3:1999	データの統計的な解釈方法—第3部:割合に関する検定方法と推定方法.
JIS Z 9041-4:1999	データの統計的な解釈方法—第4部:平均と分散に関する検定方法の検出力.

日本規格協会編:『JISハンドブック 品質管理—1999年版』.

雑誌について

『品質』,日本品質管理学会,季刊.
『品質管理』,日本科学技術連盟,月刊.
『標準化と品質管理』,日本規格協会,月刊.
『QCサークル』,日本科学技術連盟,月刊.

译 后 记

铁健司先生的新作《质量管理统计方法》是其20世纪80年代出版的《质量管理的统计方法入门》一书之后，为适应新形势、新要求，在质量管理领域理论普及和应用的一部新作。

铁健司先生是日本质量管理界的资深学者，著作颇丰，是戴明奖的获得者。

与同类的质量管理著作相比较，本书的特色主要有以下几方面：

1. 基础性与系统性的有机结合

本书以常用的统计方法（工具）为中心，简明扼要地介绍了常用的QC的七种工具，是一本基础性的普及读物，但作者并没有只停留在方法本身，而是对孕育方法的基础理论进行了深入浅出的介绍，使读者不仅仅了解方法，"知其然"，而且知道方法的理论脉络，"知其所以然"；有豁然开朗之感。作者又进一步将方法引入到实践层面，"理例结合"，贵在应用。从而系统地展示了常用统计方法的理论基础、基本内容及实际的应用。为清晰系统地了解具体方法的机理，书中往往采用"一例到底"的方式，使读者能对同一事物从不同的视角去比较，从而全面地掌握各种统计方法的内涵。

2. 以三基（基本概念、基本理论、基本方法）为线索，剖析了理解的难点、实施的重点

本书的内容基本覆盖了统计学的研究领域，它与应用统计学的相互关系见下图。在相关章节中，作者以"三基"为线索，对理论上的难点通过直观描述和通俗的解析，基于统计学所要求具备的"理解性思维逻辑"，使随机变量所遵循的统计规律跃然纸上，通俗易懂。在现场的应用上按照"点、线、面"和PDCA循环改进的规律，突出方法应用的重点，具有重要的指导意义。

3. 本书依据ISO近年来新修订的标准（如ISO3534：统计学名

词、术语等）对以往所采用的术语、概念和方法等进行了相应的修订，具有应时、新颖的特点。

附图

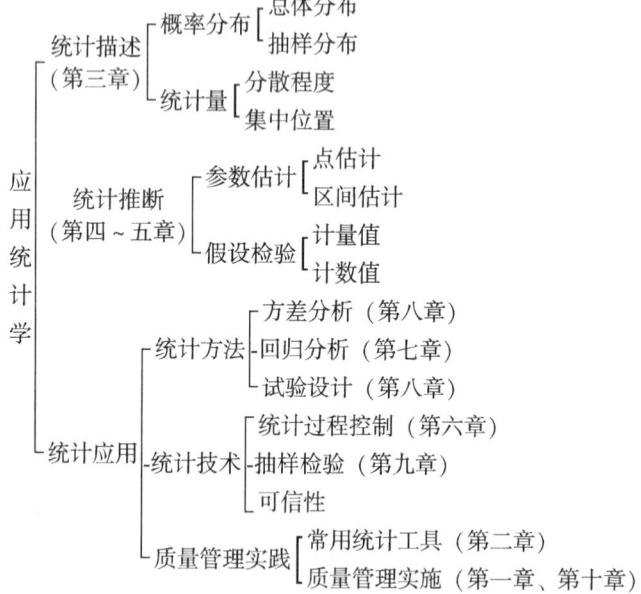

本书内容通俗易懂，读者具有初步的统计知识即可读懂全书，适合从事实际工作的质量管理人员阅读。特别需要指出的是，本书所涉及的内容与全国质量专业技术人员职业资格考试的内容相近，可作为其学习的参考用书。

参加本书翻译的还有张晓东、于唤洲、姜毅然和张婉茹等，本书在翻译和出版的过程中，受到了国家质检总局质量司于献忠司长、董乐群处长及中国航空综合技术研究所质量室吉世强主任的指导和支持，承蒙中国质量协会梁红霞部长、段一泓主任的协助，在此表示衷心的感谢。

韩福荣　顾力刚

2005 年 7 月于北京工业大学

著者简介

铁 健司

1929 年　生于日本千叶县
1953 年　毕业于东京大学农学系水产学专业
1959 年　毕业于东京大学研究生院生物学专业，农学博士
1960 年　就职于农林省东海区水产研究所
1965 年　农林省东海区水产研究所统计研究室主任，1980 年退休
1983～1991 年东京水产大学兼职讲师
1991 年　获戴明奖
现　在　日本科学技术联盟、日本规格协会参事
著　作　《质量保证指南》（合著，日科技连出版社，1974 年）
　　　　《质量管理的统计方法基础》（日科技连出版社，1977 年）
　　　　《质量保证及其在现场应用》（日科技连出版社，1982 年）
　　　　《新版建筑业的 TQC》（合著，日本规格协会，1986 年）
　　　　《新版质量管理手册（第 2 版）》（合著，日本规格协会，1988 年）
　　　　《机能管理的应用》（编著，日本规格协会，1988 年）
　　　　《开展 TQC 的管理活动》（编著，日本规格协会，1990 年）
　　　　《TQC——发展历程与展望》（日本规格协会，1993 年）
　　　　《TQM 及其推进方式》（日本规格协会，1999 年）